信息化时代下
单位人力资源管理研究

周晓燕 曲艳云 李 岩 ◎ 著

中国华侨出版社
·北京·

图书在版编目（CIP）数据

信息化时代下单位人力资源管理研究 / 周晓燕，曲
艳云，李岩著. -- 北京 : 中国华侨出版社，2024.1
　ISBN 978-7-5113-8936-7

　Ⅰ．①信… Ⅱ．①周… ②曲… ③李… Ⅲ．①人力
资源管理－研究－中国　Ⅳ．①F249.23

中国版本图书馆 CIP 数据核字(2022)第 235106 号

信息化时代下单位人力资源管理研究

著　　者：周晓燕　曲艳云　李　岩

责任编辑：刘晓燕

封面设计：北京万瑞铭图文化传媒有限公司

经　　销：新华书店

开　　本：787 毫米×1092 毫米　1/16 开　印张：14.5　字数：245 千字

印　　刷：北京天正元印务有限公司

版　　次：2024 年 1 月第 1 版

印　　次：2024 年 1 月第 1 次印刷

书　　号：ISBN 978-7-5113-8936-7

定　　价：73.00 元

中国华侨出版社　北京市朝阳区西坝河东里 77 号楼底商 5 号　邮编：100028

发行部：(010)69363410　　　传　真：(010)69363410

网　　址：www.oveaschin.com　　E-mail：oveaschin@sina.com

如发现印装质量问题，影响阅读，请与印刷厂联系调换。

前言

在信息化时代，信息技术的快速发展对各个行业都产生了巨大的影响，人力资源管理也不例外。随着信息技术在各个领域的广泛应用，企业必须不断更新和适应新的技术，以提高人力资源管理的效率和准确性。因此，研究信息化时代下单位人力资源管理变得越来越重要。

随着信息化时代的到来，各个行业都经历了重大的变化。传统的人力资源管理方法逐渐无法满足现代企业的需求，因此，需要通过引入信息技术来改进人力资源管理。信息化时代下的单位人力资源管理需要采用一系列新的技术，如人力资源信息化管理、人力资源培训与开发、多元化人才管理和组织文化、员工满意度等。这些新的技术和方法可以极大地提高单位的管理效率、优化人力资源配置，从而帮助企业应对竞争压力和实现可持续发展。

在信息化时代下，人才的竞争也变得更加激烈。企业需要更好地了解人才市场的需求和趋势，制定更加灵活的招聘、培养和留用策略，以吸引和留住优秀的人才。信息化时代下，人力资源管理也需要更好地与企业战略紧密融合，通过制定符合企业发展战略的人力资源规划和管理策略，为企业的长远发展奠定基础。

总之，信息化时代下单位人力资源管理的研究是一个复杂而又重要的课题。在新的时代背景下，单位人力资源管理需要不断创新和变革，以满足企业快速发展的需求。本文将重点探讨信息化时代下单位人力资源管理的新方法和新技术，并对单位人力资源管理进行深入的分析和研究，以期提高单位的竞争力和实现可持续发展。

目录

第一章 人力资源管理与人力资本产出的提升

第一节 人力资源与人力资源管理

信息时代的到来，对人力资源管理这门学科提出了更高的要求，人力资源管理的发展也将面临新的变革。本章将从基础概念入手，在解读人力资源管理、人力资本等基本定义的同时，对人力资源管理发展史进行梳理，作为其后各章理论阐述的铺垫。

一、人力资源

人力资源（Human Resources，HR），指在一个国家或地区中，处于劳动年龄、未到劳动年龄和超过劳动年龄但具有劳动能力的人口之和。或者表述为：一个国家或地区的总人口中减去丧失劳动能力的人口之后的人口。人力资源也指一定时期内，组织中的人所拥有的能够被企业所用，且对价值创造起贡献作用的教育、能力、技能、经验、体力等的总称。

（一）基本简介

人力资源有三个层次的含义。一是指一个国家或地区内，具有劳动能力的人口的总和；二是指在一个组织中发挥生产力作用的全体人员；三是指一个人具有的劳动能力。

（二）基本特征

通常来说，人力资源的数量为具有劳动能力的人口数量，其质量指经济活动人口具有的体质、文化知识和劳动技能水平。一定数量的人力资源是社会生产的必要的先决条件。充足的人力资源有利于生产的发展，但其数量要与物质资料的生产相适应，若超过物质资料的生产，不仅会消耗大量新增的产品，且多余的人力也无法就业，反而不利于社会经济的发展。在现代科学技术飞速发展的情况下，经济的发展主要依赖于参与经济活动的人口的素质的提高。随着现代科学技术的广泛应用，人力资源的质量在经济发展中将发挥愈来愈重要的作用。

人力资源是一种特殊而又重要的资源，是生产要素中最具有活力和弹性的部分，它具有以下五个基本特征。

1. 主观能动性

人力资源的主观能动性体现在三个方面。①自我强化：通过接受教育或主动学习，使自己的素质（如知识、技能、意志、体魄等）得到提高；②选择职业：在人力资源市场中具有择业的自主权利，即每个人均可按自己的爱好与特长自由选择职业；③积极劳动：人在劳动过程中会产生敬业、爱业精神，能够积极主动地利用自己的知识与能力、思想与思维、意识与品格，有效地利用自然资源、资本资源和信息资源为社会和经济的发展进行创造性的工作。

2. 两重性

人力资源既是投资的结果，同时又能创造财富。或者说，它既是生产者，又是消费者。根据舒尔茨的人力资源理论，人力资本投资主要是个人和社会对人力资源进行的教育投资、卫生健康投资以及对人力资源迁移的投资，人力资本投资的程度决定了人力资源的质量。由于人的知识是后天获得的，为了提高知识与技能，必须接受教育和培训，必须投入财富和时间，投入的财富构成人力资本的直接成本（投资）的一部分。同时，人力资源由于投入大量的时间来提高知识和技能，从而失去了许多就业机会和收入，这构成了人力资本的间接成本（即机会成本）。

3. 时效性

人力资源存在于人的生命之中，它是一种具有生命的资源，它的形成、开发和利用都要受到时间的限制。作为生物有机体的人有其生命周期，每个人均要经过幼年期、青壮年期、老年期，人在各个时期的体能、智力的差异决定了其劳动能力必然各不相同，因而这种资源在各个时期的可利用程度也不相同。从个人成长的角度来看，人才的培养也有幼稚期、成长期、成熟期和退化期之分，相应地，其使用则会经历培训期、试用期、最佳使用期和淘汰期的过程。

4. 再生性

人力资源在使用过程中也会出现有形磨损和无形磨损。有形磨损是指人自身的疲劳和衰老，这是一个不可避免的、无法抗拒的损耗。无形磨损是指个人的知识技能与科学技术发展相比的相对老化，我们可通过一定的方式与方法减少这种损耗。人力资源在使用过程中，有一个可持续开发及丰富再生的独特过程，使用过程也是开发过程。人可以通过不断学习更新自己的知识，提高技能，而且，通过工作可以积累经验、充实自己。所以，人力资源能够实现自我补偿，自我更新，自我丰富，持续开发。

5. 社会性

由于每个人受自身文化和社会环境影响的不同，其个人的价值观也不尽相同，他们在生产经营活动、人与人交往等社会性活动中，其行为可能与所处文化所倡导的行为准则发生矛盾，也可能与他人的行为准则发生矛盾，这就要求人力资源管理注重团队的建设，注重人与人、人与群体、人与社会的关系及利益的协调与整合，倡导团队精神和民族精神。

（三）概念区分

1. 人力资源与人口资源、人才资源

人口资源是指一个国家或地区所拥有的人口的总量，它是一个最基本的底数，一切人力资源、人才资源皆产生于这个最基本的底数中，它主要表现为人口的数量。

人才资源是指一个国家或地区中具有较多科学知识、较强劳动技能，在价值创造过程中起关键或重要作用的那部分人。人才资源是人力资源的一部分，即优质的人力资源。

这三个概念的本质是不同的，人口资源和人才资源的本质是人，而人力资源的本质则是脑力和体力，从本质上来讲它们之间并没有可比性。就人口资源和人才资源来说，它们关注的重点不同，人口资源更多是一种数量概念，而人才资源更多是一种质量概念。但是这三者在数量上却存在一种包含关系。在数量上，人口资源是最多的，它是人力资源形成的数量基础，人口资源中具备一定脑力和体力的那部分人才是人力资源；而人才资源又是人力资源的一部分，是人力资源中质量较高的那部分，也是数量最少的。

2. 人力资源与人力资本

（1）人力资源与人力资本的联系

人力资源和人力资本都是以人为基础而产生的概念，研究的对象都是人所具有的脑力和体力，从这一点看两者是一致的。而且，现代人力资源管理理论大多是以人力资本理论为根据的；人力资本理论是人力资源管理理论的重点内容和基础部分；人力资源经济活动及其收益的核算是基于人力资本理论进行的；两者都是在研究人力作为生产要素在经济增长和经济发展中的重要作用时产生的。

（2）人力资源与人力资本的区别

首先，在与社会财富和社会价值的关系上两者是不同的。人力资本是由投资形成的，强调以某种代价获得的能力或技能的价值，投资的代价可在提高生产力过程中以更大的收益收回。因此劳动者将自己拥有的脑力和体力投入生产过程中参与价值创造，据此来获取相应的劳动报酬和经济利益，它与社会价值的关系是一种由因索果的关系。而人力资源则不同，作为一种资源，劳动者拥有的脑力和体力对价值的创造起着重要的贡献作用，人力资源强调人力作为生产要素在生产过程中的生产、创造能力，它在生产过程中可以创造产品、创造财富，促进经济发展。它与社会价值的关系是一种由果溯因的关系。

其次，两者研究问题的角度和关注的重点也不同。人力资本是通过投资形成的存在于人体中的资本形式，是形成人的脑力和体力的物质资本在人身上的价值凝结，是从成本收益的角度来研究人在经济增长中的作用，它强调投资付出的代价及其收回，考虑投资成本带来多少价值，研究的是价值增值的速度和幅度，关注的重点是收益问题，即投资能否带来收益以及带来多少收益。人力资源则不同，它将人看作财富的来源，是从投入产出的角度来研究人对经济发展的作用，关注的重点是产出问题，即人力资源对经济发展的贡献有多大，对经济发展的推动力有多强。

最后，人力资源和人力资本的计量形式不同。资源是存量的概念，而资本则兼有存量和流量的概念，人力资源和人力资本也同样如此。人力资源是指一定时间、一定空间内，人所具有的对价值创造起贡献作用并且能够被组织所利用的体力和脑力的总和。而人力资本，如果从生产活动的角度来看，往往是与流量核算相联系的，表现为经验的不断积累、技能的不断增进、产出量的不断变化和体能的不断损耗；如果从投资活动的角度来看，又是与存量核算相联系的，表现为投入教育培训、迁移和健康等方面的资本在人身上的凝结。

二、人力资源管理

（一）定义

人力资源管理（Human Resource Management，HRM）是指企业或组织对员工的招聘、培训、激励、绩效管理、薪酬管理、劳动关系协调等方面的管理活动。它是一种综合性的管理活动，旨在优化和利用企业的人力资源，提高员工工作效率和生产力，从而增强企业的竞争力和可持续发展能力。

（二）主要内容

人力资源管理（HRM）的主要内容包括以下几个方面：

招聘与员工筛选：招聘是人力资源管理的第一步，需要根据企业的招聘计划，进行岗位需求分析、编制招聘计划、发布招聘广告、筛选应聘者、面试等工作。同时，在筛选应聘者时，需要考虑应聘者的素质、能力、性格以及对岗位的适应性，以确保最终招聘到适合企业的优秀人才。

员工培训和发展：员工培训和发展是 HRM 的重要内容之一。它包括向员工提供岗前培训、职业发展规划、技能培训、职业素质提升、领导力发展等方面的培训。通过培训和发展，员工能够提高工作技能和能力，从而更好地适应工作和提高工作效率。

绩效管理：绩效管理是 HRM 的核心内容，它通过对员工的工作表现进行评估和管理，激励员工的工作积极性和创造力。绩效管理包括制定绩效目标、评估绩效、反馈和奖励等环节，旨在促进员工的个人成长和企业的发展。

薪酬管理：薪酬管理是 HRM 的重要组成部分，主要包括工资制度设计、薪资水平调整、福利待遇等方面。通过合理的薪酬管理，可以激励员工的工作积极性和生产力，增强员工对企业的归属感和忠诚度。

劳动关系管理：劳动关系管理是 HRM 的重要组成部分，旨在协调企业和员工之间的劳动关系，维护双方的合法权益，避免和解决劳动纠纷。它包括劳动合同管理、员工关系处理、劳动争议调解、工会和劳资协商等方面的工作。

（三）分类

人力资源管理可分为宏观管理和微观管理。

宏观管理是指对企业人力资源战略、组织设计、员工配备和结构调整等方面的管理。在宏观管理层面上，人力资源管理主要负责对企业的人力资源规划、组织架构设计和人员配置等方面进行分析和决策，以提高企业的运营效率和竞争力。此外，宏观管理还包括对企业文化、员工福利、劳动关系等方面的管理和规划。

微观管理是指对个体员工的招聘、培训、绩效管理、薪酬管理和劳动关系管理等方面的管理。在微观管理层面上，人力资源管理主要负责员工个人的职业发展规划、绩效考核、薪酬制度设计和培训开发等方面的管理，以提高员工的工作能力和工作效率。

宏观管理和微观管理是相互联系的，它们之间相互促进，共同构成了企业的人力资源管理体系。宏观管理强调人力资源管理对企业整体发展的战略决策和规划，而微观管理则更加注重对个体员工的管理和发展。在实践中，人力资源管理应该将宏观管理和微观管理相结合，以达到最优的管理效果。

（四）发展趋势

随着时代的变迁和社会经济的发展，人力资源管理也在不断发展和变革。以下是几个人力资源管理发展的趋势：

信息化：信息化是当前人力资源管理的主要发展趋势之一。随着信息技术的快速发展，HRM系统已经逐步由传统的人工管理向信息化管理转变。信息化技术的应用可以提高管理效率、降低成本、优化流程和提高管理水平，从而使企业在激烈的市场竞争中更具优势。

多元化：多元化是人力资源管理的另一个发展趋势。随着社会的多元化和员工的多样化需求，企业不仅需要根据员工的技能、经验和能力进行分类管理，还需要根据员工的文化、性别、年龄等因素进行差异化管理，以确保员工的多样性和员工之间的平等性。

人才战略：人才战略是HRM的重要组成部分，也是未来HRM发展的趋势之一。随着全球经济的快速发展和竞争的加剧，企业越来越意识到人才的重要性。人才战略的主要目标是通过选聘、培养和留用高素质人才，来提升企业的竞争力和可持续发展能力。

职业发展：职业发展是 HRM 的另一个发展趋势，也是员工管理的重点之一。职业发展可以激励员工的工作积极性和创造力，促进员工个人成长和企业发展。随着员工个人需求的变化，企业不仅需要提供培训和发展机会，还需要为员工提供职业规划和晋升机会，以满足员工对职业发展的需求。

弹性工作制：弹性工作制是 HRM 的新趋势之一，也是企业响应员工需求的一种方式。弹性工作制可以提供更灵活的工作时间和工作地点，让员工能够更好地平衡工作和生活，提高员工的工作满意度和生产力。

（五）人力资源价值链管理

人力资源价值链是指人力资源从招聘到离职的全过程，其管理可分为以下几个环节：

招聘与选用：招聘是 HRM 的起点，企业需要在招聘过程中制定合理的招聘标准和招聘流程，对候选人进行筛选和评估，确保招聘到最适合企业的人才。

员工培训与发展：员工培训与发展是人力资源管理的重要组成部分，它涉及到员工的职业发展和技能提升。企业需要制定合理的培训计划和培训课程，为员工提供良好的职业发展和学习环境，以提高员工的工作能力和工作效率。

绩效管理：绩效管理是人力资源管理的重要环节，它涉及员工的工作表现和绩效评估。企业需要制定合理的目标和绩效评估标准，对员工的工作表现进行评估和反馈，以提高员工的工作积极性和创造力。

薪酬管理：薪酬管理是人力资源管理的重要组成部分，它涉及员工的薪资水平和福利待遇。企业需要制定合理的薪资结构和绩效考核机制，为员工提供具有竞争力的薪资和福利待遇，以吸引和留住优秀的员工。

离职管理：离职管理是人力资源价值链的最后一个环节，它涉及员工的离职和离职后的管理。企业需要制定合理的离职流程和离职政策，为员工提供优质的离职服务，保持对员工的关注和管理。

三、人力资源管理的新变化

（一）新经营环境下人力资源管理的影响因素

在人力资源管理领导者们还在思考如何抓住千载难逢的机遇大干一场的时候，外部环境以意想不到的节奏在挑战、重构着眼前的一切。其中有三个关键因素在倒逼组织和人力资源管理的变革。

第一，互联网成为一种新的生活方式，拉近了客户、员工和公司的距离。客户、员工和公司一体化的趋势，使得组织结构越来越扁平化、平台化，管理上去行政化、去职能化、去中心化等，对组织和人力资源管理提出了新的挑战。一些企业甚至提出"管理无边界，企业无领导"的口号，来应对新环境的冲击。

第二，顾客需求个性化，极大影响了工业化时代追求规模和效率的生产形式，随着现在的订单批量越来越个性化，顾客要求越来越高，企业要具备为客户细分市场提供极致产品、极致服务和快速响应的能力，公司以客户为中心，也进一步要求人力资源管理部门以客户为中心，一方面人力资源管理部门要为业务部门"减负"，让人力资源管理职能和流程不要束缚业务运作，让员工专注、聚焦于为顾客创造价值；另一方面，人力资源管理更要以客户为导向，急业务部门所急，想业务部门所想。

第三，新生代员工的价值观变化。受成长环境的影响，新生代员工追求自我成就，追求工作、生活平衡，要求平等、参与、分享，员工要求自主、掌控、有存在感。面对新生代员工，管理工作将发生很大的变化，传统的计划、组织、领导、控制职能要转变为教练、授权、协调、激励职能。

互联网、个性化和新生代三重因素叠加，迫使我们反思组织和人力资源管理：用互联网理念来检讨组织设计，看它是否灵活弹性，能否快速响应顾客；用个性化理念来检讨职能流程，看它是否约束了资源、增加了成本；用新生代价值观来审视员工管理，看看是否管理过度，员工是否体验到工作的意义和乐趣。

（二）人力资源管理角色的变革

经营环境的变化给人力资源管理带来了新的影响，使传统人力资源管理面临新的挑战，呼唤人力资源管理者改变自己的角色，并能从战略层面支持组织的发展。战略性人力资源管理逐渐受到管理者的重视。传统人力资源管理向战略性人力资源管理转型，从宏观层面来看，需要将人力资源管理实践与企业竞争战略结合起来，通过协助企业获取竞争优势、达成企业目标，来提升人力资源管理在企业经营中的地位；从操作层面来看，需要转变人力资源管理的角色。

战略性人力资源管理角色（战略伙伴）：人力资源部门与一线经理在企业战略执行过程中成为战略合作伙伴，可以根据市场前沿的迅速变化不断制定改进和整合企业人力资源战略以支持企业运行，使之更加贴近市场发展，成为企业战略的真正执行者。

公司基础建设管理角色（管理专家）：人力资源部门以管理专家的身份参与组织基础建设，成为任务组织和实施方面的专家，以高效的行政支持为组织提供专业的人力资源管理方面的建议和人力资源支持，确保组织流程再造工程的成功，最终达到高质量、低成本的组织产出。

员工贡献管理角色（员工支持者）：人力资源部门成为员工的坚强后盾，做领导和员工双方沟通的桥梁，将员工的顾虑和担忧及时地反馈给领导，同时通过多种途径和方式促进员工多为组织做出贡献，最终提高员工的组织承诺和业务能力，提高员工进行价值创造的能力。

转型与变革管理角色（变革推动者）：人力资源部门成为持续变革的推动者，运用流程创造、文化创造等不断提升组织适应环境的变革能力，成为创造革新组织的积极力量。

第二节 企业人力资源管理存在的问题

一、战略伙伴支持不足

人力资源服务于企业战略，那企业的战略是什么呢？企业目标从长远来看就是愿景、使命、价值观，从近期来看就是关键任务的参与完成。许多人认为，做人力资源的最大好处就是不用承担业绩，不用像业务部门一样背负巨大的工作压力。这样的观点首先就违背了企业的宗旨，但这就是目前很多大型企业的人力资源管理现状。

现实中，企业能否建立人才管理体系，要看人力资源高管的水平。企业战略是由董事会制定、CEO（首席执行官）来执行；关键任务由各业务主管分管执行，目前很少有企业的 HRVP（人力资源副总裁）能参与到这个过程中来，绝大多数处于列席的状态。多数企业人力资源部所做的工作量所消耗的时间，占整体工作量的时间比重不足，能够参与业务策略讨论并落地执行组织绩效考核的时间更少。如何帮助企业达成组织目标是人力资源管理者的核心职责之一，但人力资源管理者对公司业务又鲜少参与，这个矛盾使得人力资源的运作很容易偏离企业战略，偏离组织目标，从而舍弃战略服务，只是做"秘书类"的工作。

二、管理机制运转不畅

在 20 世纪 80 年代中国开始引进人力资源管理体系，包括人力资源规划、薪酬福利、招聘甄选、培训开发、绩效管理、劳动关系管理六大模块。这些年来，很多企业在集团组织与下属公司都相应地成立了人力资源部，关于人力资源管理方面的研究和实践也越来越多。但同时我们也要看到存在的问题，很多时候，人力资源工作者觉得老板与财务的联系过于紧密。这一问题一方面源于体系内部整合不合理，六大管理模块各行其是，没有紧密关联，缺乏整体合力，使得人力资源的管理体系运行得并不顺利；另一方面则是业务部门的人力资源管理模式运用不当，业务部门只擅长业务方面的工作。具体表现为以下几个方面。

第一，客户意识不足。人力资源面向的内部客户包括领导、直线经理和员工。正如我们要想让客户埋单，就要解决客户的问题、实现客户的价值一样，人力资源部门也需要站在被服务对象的角度去思考问题。但现状是人力资源部门更多地充当了监管者的角色，强调大家要遵守制度和规范。但所有的制度和规范都是为这些角色服务的，人力资源如果没有内部服务意识，而是充当"监督"的角色，很容易出现问题。监管越多，被抱怨的也就越多，如业务部门主要的抱怨是人力资源部不仅不促成业务，还阻碍了业务发展。

第二，价值链不通。企业管理的价值链包括价值创造、价值确认和价值分配，其中任何一个环节没有理顺，其他环节所做工作的成效都受影响，比如绩效管理没有做好，或者做得只是流于形式，没有与分配制度连接，就会出现吃"大锅饭"的现象；相应地，价值创造的积极性没有调动起来，能力提升不到位，即使绩效考核做得很好，但没有利润，企业和员工都会感觉不好。

第三，部门工作局限。人力资源忙于自己部门内的事，与其他部门划界而治，比如认为企业文化是老板的事，完成业绩是业务部门的事，核算经营是财务部门的事，而人力资源部门就只有签订劳动合同、发放工资、缴纳社保、组织招聘、组织培训、绩效考核等工作，完成这些任务即可。长此形成部门工作界限。

第四，人力资源管理体系不完善。相对于财务管理体系而言，人力资源管理体系总给人一种错觉——这是人力资源部的部门工作体系，不是企业其他管理者的工作。与之形成鲜明对比的是，财务管理工作从来都被默认为总经理的核心工作，同时也是各业务单元的工作，没有必要去做特别说明。造成这一误解的深层原因是一些企业或组织的人力资源管理体系不完善，人力资源管理的标准化和规范化基础比较薄弱，等等。

三、工作效率亟待提升

对于集团化大型企业来说，人力资源部门首先要解决的问题是"数对人头、发对工资、签好合同、出对报表"。这些问题看似平常，但这就是目前许多企业存在的现实问题，这些问题占据人力资源管理80%左右的工作量。

现实中，许多企业人力报表的规范和样式经常变化，显得"多、乱、杂"，建议人力资源管理工作日常通过项目的形式将数据和报表规范统一，形成企业标准。但这些标准不必成为社会标准。每个企业都会制定自己的标准，把一个企业的标准推荐给另一个企业时，基本不会被全盘接纳。因为各有道理，所以变成了很多标准，但多一个分类标准，就相当于多了一种"语言"，人为地为同一集团公司的不同机构创造了"多语言环境"，无异于增加沟通上的困难。

目前不少企业通过外包服务或共享服务的方式，解决现有人力资源部门的事务性工作问题，但这并不是说外包就是人力资源管理转型的唯一选择，关键在于效率，不论谁做，只要能提升工作效率就可以。至于自己做还是外包，只是在财务上归结为内部成本还是外包费用的问题。

人力资源从业者往往有做不完的计划、招聘、培训、绩效考核、薪酬核算、员工服务等部门内工作，人力资本的管理突破没有达到普遍的程度。人力资源管理只有解放自己，才能更好地帮助企业成功。要解决这个问题，关键在于管理工具的使用，好的管理工具能大幅度提升工作效率。

为了提高工作效率，IT技术支持系统是必然的选择。为什么呢？我们可以推导一下这个过程：管理需要制度化，制度是企业管理的基本方式；但光有制度是不够的，好的制度传导机制需要有一套行之有效的流程；流程需要表单化，流程和表单都需要信息化。同时，高效的流程需要IT技术的支撑，因此，在互联网信息化的环境下，应用 IT 技术成为企业人力资源管理不可或缺的基本能力。

大型集团企业实施人力资源信息化的过程并不轻松，它需要将集团下属企业的系统全部统一，归置在统一的信息化管理平台上，我们称之为"私有云系统"。过去我们经历了十多年的人力资源信息化建设，目前完全达到标准的企业数量仍有待提升，而且已经实现的集团企业还只是达到基础模块的上线使用水平。人力资源模块要做到全面信息化，还有很长的路要走。

四、面对企业变革的踌躇

改变人力资源管理的现状不仅要改进自己和本部门的工作方式，还要提高企业的劳动生产率。从大型企业的实践来看，人力资源管理的提升，是一个管理体系和机制的提升，而不仅仅是局部工作的调整，需要动员大家一起用"变革"的方法来促进体系的发展。

但许多大型集团企业和人力资源的高管还没有形成变革思维，甚至心存"牵一发而动全身"的畏惧；人资部门也会觉得本身的工作已经趋于饱和，为什么还要自找麻烦去做一些高难度的事情呢？但也就是这种惰性，使很多企业踌躇彷徨，缺乏人资改革的动力。

第三节 企业人力资本产出的提升

面对当前的企业环境和人力资源管理的现状，企业需要为人力资源体系重新定位。如果人力资源体系不能高效运行，"取缔人力资源部"的提法就会一直存在——如果没有人力资源部，就可以让所有的管理者肩负起管理职责，一定程度上帮助企业实现组织瘦身。因此，企业的人力资源部要想继续存活与发展，就需要拿出变革的勇气，解决现有的问题，实现自身价值，营造良好的企业环境。

一、服务战略贴近业务

外资企业有"HRBP"岗，即人力资源业务合作伙伴，相当于为业务管理者提供关于人力管理方面的政策和方法的职务。但这一蜕变并不是改个名字和增加一个岗位就可以完成的，而是在规划设计方案、解决问题的过程中完成的。因此，大型企业可以深入研讨和学习"三支柱"（包括专家中心、业务伙伴和共享服务中心三部分）的共享服务模式，重点关注人力资源业务伙伴角色的转变，让服务战略贴近业务，从中找到适合本企业的模式，助力变革成功。

二、人才管理体系落地

把人力资源管理上升到企业级的管理，需要 CEO 组织推动人力资源管理的转型，变革公司的管理体系，发动各级管理者参与到企业人力资源管理体系的建设中来。人力资源管理体系建设的主体是各级主管，其中人力资源总监可以说是驱动者。

实际变革的过程中会产生一个问题：HRBP 这一角色属于人力资源体系吗？在现代企业，HRBP 的劳资关系归入人力资源部，还是归入业务部门，属于操作细节问题。如果归入人力资源部，就代表人力资源要形成一个驱动体系；如果归入业务部门，那 HRBP 就是业务部门的一员，就是业务部门的管理者。不论怎样，HRBP 一直在组织内工作，为企业服务，至于关系，与各部门可以是矩阵式的汇报关系。

基于以上可以产生两种模式。一种模式是人力资源总监建立驱动体系，帮助各级管理者打通组织、人才、绩效、分配、激励的管理逻辑、流程和具体的操作办法，如阿里巴巴的"HR 政委"体系，通过该驱动体系落实业务主管、企业愿景和人才驱动。另一种模式是由人力资源专家中心提供管理方法和工具，各级管理者为主体，负责人力资源管理的部分工作。

三、数据化人力资本分析

在数据分析方面，人力资源需要跨界向财务学习。财务部门不但专业性、规范性强，而且财务的数据化分析一直与业务保持着紧密联系，周期性地为企业领导提供财务三大表（包括资产负债表、利润表和现金流量表），与企业生产、经营保持着良好的互动关系。

财务三大表有如下三个特点。第一，清晰明了，不复杂。财务三大表建立在规范的会计分录基础上，并不是把需要分析的信息全放在报表中展现，避免看起来太累。第二，可以检验追溯数据。财务三大表通过复式记账平衡性，不仅可以记录资金数据，还可清晰地展示业务方向，同时用来检验记账的准确性。第三，财务三大表具有通用性。尽管各企业分属不同的行业，且产品和服务不同，但最终都以货币的形式，以企业单位为主体，统一归集到三大表上。这些表让企业负责人一目了然，可以快速了解经营情况。如果要做详细分析，有辅助核算和明细表可供查询；如果要与市场对照，可以看最终的经营结果和上市报告。

人力三大表的普及要依赖技术平台。生产工具的工作平台决定了人力资源的工作方式和工作效率。假如我们穿越到古代，生活在没有电、没有手机、没有网络的时代，我们现在的生活方式和工作模式就无法启动。同样，在 IT 技术和互联网的环境下，不懂人力资源管理系统的人，不可能是人力资源管理的高手，其管理思想也很难实现。互联网络、计算机和软件系统帮我们搭建一个工作平台、一个神经网络，让我们可以随时随地了解企业人才的变化。未来不使用 IT 技术的人，将可能被彻底淘汰。

技术进步和人力资源管理思想的共同发展，为提升企业对人的管理提供了更多可能。在互联网的环境下，人才的管理平台发展为全员系统，人人可以参与人力资源的管理，这样自然可以打破企业各部门边界之分，重新定义人力资源管理。

第二章 人力资源管理的相关理论

第一节 企业人力资源管理的一般系统理论

系统科学是用系统的观念来研究和处理各种复杂事物的科学学科群，其内部包含着一个基本的核心思想，这就是由美籍奥地利理论生物学家贝塔朗菲在 20 世纪 30 年代末所创立的"一般系统论"。它是一门研究普遍的、非具体的、抽象的一般系统的理论学科。当然，研究一般系统或事物的一般规律是为了解决具体系统和具体问题，如科学研究问题、社会经济问题以及管理科学问题等。毫无疑问，人力资源管理问题是有关社会科学的问题，企业的人力资源构成了一个相互联系的完整系统，其内部是由许许多多个体及群体（正式的或非正式的）或许多子系统构成，因此，我们可以用"一般系统"的观念来认识它，从而更明确有效地说明企业人力资源的存在方式及运动变化的规律。

一般认为，系统是一定边界范围内相互作用的多个要素构成的有机整体。在这里，系统整体性概念的重要性怎么强调都不过分。从系统理论发展史来看，整体性概念可追溯到古希腊时代。

一、人力资源管理系统的边界性

边界的概念有助于人们了解开放系统与封闭系统之间的区别，封闭系统有固定的、不可渗透的边界，而开放系统在于它与更广泛的超系统之间有可渗透的边界。在物理学和生物学中，边界是比较容易确定的，它们是看得见的。例如，我们可以精确地确定人体物质意义上的界限。但是，如何描述企业人力资源管理系统的边界？和人体那样的实物不同，人力资源管理系统没有精确的边界。笔者认为，该系统的边界就是员工录用标准和退出标准，它对企业人力资源的进出起着过滤作用（当然，企业人力资源管理系统内部还有其他边界，如普通员工要进入高级技术人员或高级管理人员阶层，其边界就是资历、能力等方面的条件。这里主要谈员工的录用与退出）。

而在过滤（或渗透）程度方面，不同企业人力资源管理系统之间有着较大的差别。这是由企业产品的技术含量等许多因素决定的。尽管人力资源管理系统的边界是开放的、可渗透的，但它的另外一个重要职能是其对人力资源的过滤作用，也就是说，边界对流入和流出的人力资源要进行筛选。从这个意义上说，边界也是企业内外人力资源流动的障碍，因为任何一个组织都无法应付所有可能的求职者。

对于人力资源管理系统来讲，边界的存在一方面使系统得以生存，另一方面又使其输入和输出受到约束。因此，当我们对企业人力资源系统实施控制时，必须考虑到流出和流入的量的大小。如一个发高热的病人，热度很高，需要作静脉输液，但输液速度必须受限制，不能指望很快把药物输入体内，而是要慢慢地注入。人体发热时需将热量输出体外，但皮肤的排泄量也是有限的，不能无约束地快速将热量通过皮肤输出体外。因此，一个企业如日中天时，切不可盲目扩张，从而放松对员工素质的要求。如早些年郑州亚细亚的失败，其到处设点，扩张速度太快，导致员工整体素质急剧下降，不能不说是其短命的重要原因之一。所以，无论从理论上还是从实际中，如何将系统边界性理论应用于企业人力资源管理领域，是一个亟待解决的问题。

企业必须把有限的资源和精力投入核心业务中，以突出自己的竞争优势。其他辅助性的业务活动可适当选择外包，以获取专业的服务。如企业可以把员工培训的职能外包给专业的培训公司，把企业高管、特殊人才的招聘外包给猎头组织等，在减轻企业人力资管理业务负担的同时也可得到专业的服务。

在无边界职业生涯时代，员工很少终生只在一个组织工作，而大多是在多个组织工作。组织和员工之间的心理契约发生着改变。传统职业生涯，员工以对企业的忠诚换取长期的职业安全。无边界职业生涯，员工以工作绩效换取可持续的就业能力。同时，无边界职业生涯在边界、技能、生涯管理责任、方式等方面也发生了变化。随着知识经济和信息技术的迅速发展，虚拟人力资源成为一种发展趋势。职业生涯在这种条件下往往突破组织的界限，发生本质的变化，如今可以说已进入了无边界职业生涯时代，这也给职业生涯管理提出了新问题。与传统职业生涯不同，面临新的问题，无边界职业生涯管理也应采取相应的策略。

这些观点丰富和发展了人力资源管理边界性理论，也为当前的人力资源管理的系统理论研究提出了新的挑战。

二、人力资源管理的超系统观念

当前，学习型组织理论热潮方兴未艾，而超系统综合理论概念贯穿于该理论始终。相对于某个员工来讲，该员工所在的部门是他的工作环境，企业的其他成员和生产条件一起构成了这个员工的超系统；而对于某部门来说，企业是该部门的工作环境，其他部门和企业条件构成了该部门的超系统。超系统综合原理给我们的启示是，企业员工之间的关系应是互助合作关系，大家应该同舟共济，共同把企业搞好，这样个人也得到实惠。

从更大范围上讲，在市场上，公司与协作的公司，甚至与竞争对手的公司可能通过协议形成集团公司。企业与企业可能形成大型联合企业，这又是原有企业的超系统。这时，企业人力资源管理系统的边界扩大了。通过这种协作，把原属不同企业的人力资源集成在一起，原有的人力资源可得到更为充分合理的运用。如虚拟企业、敏捷制造等联盟形式，无不体现了超系统综合原理在当代企业管理实践中的应用。

三、人力资源管理的等级层次

（一）划分等级层次的必要性

系统的等级层次原理对企业人力资源管理工作具有重要的指导意义。分层次、分等级进行管理，是现代组织中的一个普遍现象，也是一个重要的管理原则。

分层结构的各部分都是稳定的系统；在同样规模和复杂性的系统间，等级层次系统各部分之间所需要的信息传输量要比其他类型系统少得多；对等级层次系统来说，一个组织的复杂性，从组织中任一特定位置来观察，几乎与其总规模无关。这就说明在一切复杂的系统中，存在着分层现象的客观基础。特别是在社会组织中，管理幅度的限制，决定了在一切规模较大的组织中必须划分等级层次。一个领导，无论其能力多大，能直接管理的人和处理的问题都是有限的。一个领导的控制面超过一定程度，就等于他的下级工作没有人做，实际上就等于没有组织。另外，在建立等级层次时，特别要注意管理层次与管理幅度的辩证关系。

要减少管理层次，固然有利于消除层次过多的弊病，但随着管理幅度的增大，也同样有可能妨碍管理的有效性。那么，在人力资源管理实践中，如何有效地实行分级管理呢？对此，人们总结了几个基本原则：第一，只设最必要的管理层次。管理层次少，可以减少管理人员和管理费用，信息沟通也比较迅速，并可以减少信息流通过程中的"失真"现象，还便于高层管理人员直接接触基层，方便了解情况和及时进行控制和协调。第二，层次间只保持必要的联系。即上级不能越级指挥，随意干预下级的工作。而下级也只有在遇到新的复杂情况时，才需要向上级报告和请示，上级只保留例外事项的决定权和控制权。

（二）现代人力资源层次的划分

现代组织行为学把人力资源放在三个不同的层次上来分析。第一个层次，可以把组织看成为追求组织目标而工作的个人集合体，也就是说，从个体层次上分析人的行为。第二个层次可以把分析的重点放在组织内的班组、车间、科室和各部门等工作中人们的相互影响，也就是说，从群体的层次上分析人的行为。最后，可以把组织看成一个整体从而分析组织行为。总之，组织行为学要研究个体行为、群体行为和组织行为这三个层次。

我们还可以从另一种角度来划分人力资源管理系统的层次，即从人力资源自身的能力及企业使用状况来划分：第一层次的人力资源指一些智力水平、知识技能未达到一定要求的人员。这部分人员常产生于当企业技术构成提高以后。第二层次的人力资源是指一部分未利用的人力资源。这部分人群的智力水平、知识技能均已达到一定要求，但是还没被充分利用。例如，学非所用的人、用非所长的人等。第三层次的人力资源是指一部分已开发的人力资源。主要包括一些正在充分发挥其聪明才智的人群。原则上说，一个企业，第三层次的人力资源越丰富，其发展就越快，经济效益就越好。

三个层次的人力资源是可以互相特化的。例如，企业的技术构成提高后，就可能使许多第三层次的人力资源转变为第一层次的人力资源。经过培训、学习后，相当部分的员工掌握了新技术、新知识，那么这部分员工就转变为第二层次的人力资源了。当这些员工上岗工作后，他们又从第二层次的人力资源转变为第三层次的人力资源。目前，大中型企业中，人员常常超编，有真才实学的人不少，同时怀才不遇的人也不少，这说明不少员工是处于第一、第二层次的人力资源，有待于开发。一旦大中型企业中的人力资源大部分都转化为第三层次人力资源之时，也就是大中型企业腾飞之日。要达到这个目的，人力资源管理体系的改革势在必行。

要实现人力资源层次的转变，关键工作在于培训。从现代科技发展的速度来看，人人都需要培训。从某种意义上说，任何一个人的自然发展趋势是退化到第一层次人力资源，因此，要使自己一直成为第三层次的人力资源，一定需要不断培训，不断学习。

一个企业只有拥有足够数量的第三层次人力资源时，我们才可以认为该企业开发人力资源卓有成效，该企业才可能有发展前途，才可能在竞争激烈的市场占一席之地。

进入 21 世纪，在经济知识化、网络化、全球化的推动下，企业组织结构正经历着一场变革，逐渐从直线制、职能制、事业部制为主要形式的金字塔式的组织结构向团队化、虚拟化、网络化为主要特征的扁平化组织结构发展。后者与前者的区别在于企业组织结构中的等级层次在信息技术的推动下大大压缩，然而等级层次在企业中并没有消失。扁平化的组织结构并没有否定管理层次的存在，等级层次仍然是组织结构的一个重要特征。

四、人力资源管理系统的有序性

（一）企业人力资源管理系统必须保持有序性

在人力资源管理系统中，各子系统的有序性行为是靠严格合理的规章制度来实现的。职工的录用、解聘制度，以及上下班制度、上下级之间关系、报酬获得方式等都要靠制度对职工的自由度进行合理的约束，当然还有职工自觉性的约束。总之，没有约束，系统的组织内部是无联系的、混乱的、无秩序的，这样组织就无法工作。只有对系统各部分的自由性行为有合理的约束，使系统进入有序状态，系统才能协调配合，才能有计划有步骤地去实现自己的工作目标。

在系统科学中，有序被定义为"对称性的破缺"。一个系统如果内部完全是均匀的、处处等同的、无差异的，这是一种无序状态，而分化、多样性、差别性才是有序。从人类社会历史看，社会生产最早是不分化的，是一种混沌无序的社会劳动方式。后来的发展中则出现了社会分工。分工越细，社会结构越复杂，则越是有序。在当今一些企业人力资源的招聘中，并不是人人都符合企业要求的，求职者此前必须受过较长时间的专业训练，才能进入井然有序的企业，胜任某一职位的工作。

其实，早在 20 世纪初，泰勒发表了名为《科学管理原理》这一著作，书中已把现代"有序"概念应用于企业人力资源管理中。他最早把专业分工的思想系统化、制度化，并落实到生产现场的实际管理工作中。他提出企业的人力资源应各司其职、各负其责。而被誉为"现代经营管理理论之父"的法约尔则以整个企业为研究对象，提出了比较全面的有序性思想。

（二）对于企业人力资源管理系统来讲，并不是有序程度越高越好

过去，韦伯《德国古典管理理论的代表人物》的"理想的行政组织体系"曾被认为是效率最高、无可争辩的组织结构体系。依靠严格的规章制度、铁面无私的管理方式，组织的有序性得到了极大程度的保证。但是，随着社会的发展，韦伯的理论受到越来越多的批评。

从管理史的发展过程来看，对人的管理水平的提高并不是体现在企业人力资源管理系统有序度的提高上。恰恰相反，现代人力资源管理系统日益向有序与无序相结合的混沌态转变。现在西方企业又出现了给员工更大自由度的岗位分担制、部分工作制、弹性工作制、非连续工作制等，使职工有更多时间自行处理个人事务、发展个人兴趣爱好以及进修学习等。事实证明，这些方法比那些"高度有序"的管理方法更有效。可见，符合人力资源管理系统混沌本性的自组织管理方向的发展是不可阻挡的趋势。

（三）人力资源管理系统的有序性必须要靠开放性来保证

系统有序性原理，有助于我们加深对人力资源管理系统开放性的理解，人力资源系统，应该是具有活力的耗散结构，只有不断地从外界吸收新的人才，接受新的思想，即引入负熵，才能抵抗系统自身不断产生的增熵，从而维持该系统的有序性。

五、人力资源管理系统的结构与功能

系统结构说明的是系统的内部状态和内部作用，而功能说明的是系统的外部状态和外部作用。结构与功能的关系，在实际系统中存在着多种情况。

主要表现有以下几种。

（一）要素不同，结构不同，功能不同

在纷繁复杂的物质世界，无限多样的物质系统，皆因不同的要素组成不同的结构而相互区别。这是因为组成系统结构的要素是决定一个系统功能状况的最基本的条件。组成系统结构的要素一旦发生变化，就会影响到系统整体结构组成方式的变化，从而给系统的整体功能带来影响。

在人力资源管理系统中，为提高人力资源的整体素质，常常需要招聘优秀科技人才和管理人才。同时，又要对多余人员、不称职人员进行调整或清理。这些措施都是为了提高企业人力资源系统结构中要素的素质，进而改善人力资源的系统结构，从而为系统整体功能的提高打下坚实的基础。

（二）要素相同，结构不同，功能亦不同

决定系统功能的条件除了要素外，系统中各要素的不同排列组合，同样会改变系统的功能。最典型的例子是石墨和金刚石，两者的构成是同样数量的碳原子，但碳原子之间的空间关系不同，结构方式不同，就形成了物理性能差别极大的两种物质——石墨很软，而金刚石则十分坚硬。

在企业人力资源管理系统中，把人力资源进行不同的组合，会取得完全不同的效果。反映在组织结构形式方面，选用不同的组织结构形式，对企业人力资源作用的发挥，乃至企业的生产经营有着巨大影响。用系统论的语言来说，组织结构是企业人力资源管理系统中各子系统之间关系的一种模式。它是由组织的目标和任务以及环境的情况所决定的。

现在企业常采用的组织结构形式有以下几种：直线制、直线职能制、矩阵结构、事业部制等。这些组织结构各有自己的优缺点，都只适合于某种特定的环境。在一种环境中有效的结构形式，搬到另一种环境中，也许就不那么有效了，甚至完全无效。不存在适合所有环境的唯一最佳的结构形式。在实际生活中，它们常常是相互交叉的。例如，一个组织中可能同时存在事业部制和矩阵制。

（三）要素不同，结构不同，功能可以相同

同一功能，可用不同要素结构来实现，或者说以不同要素结构的系统实现同一功能，这种情况在现实生活中经常可见。以做饭为例，要点燃液化气炉，点火手段可以有火柴、打火机或用电子打火等多种形式，其要素结构不同，但都具有引火的功能。在社会实践中，人们总是用设计简单、方便使用并且低廉的结构系统来代替复杂的、难以取得的或代价高昂的结构系统，以求实现和获得同样或更好的功能。这种不追求系统基质和结构是否一致，而把研究重点放在获得同样的功能上的做法，正是现代功能模拟技术基础。

现代价值工程思想中的功能分析方法充分体现了这一原理的精髓。正是基于这一点，如今，价值工程思想已开始用于现代人力资源管理中。如在人员素质评价问题中的应用。价值工程理论认为，在设计某项功能的实现方法时，应完全摒弃原有方法的具体结构，而应以功能分析为核心，设计出具有新思路的新结构来作为实现这一功能的手段。这种新结构应具有这样的特点，即其功能费用比值趋近于1。即用最低的寿命周期成本可靠地实现用户所要求的必要的功能。

价值工程思想给我们的启发是：在人力资源管理过程中，应以最合适的人力资源管理成本可靠地实现本企业所要达到的目标。这就要求我们在制订人力资源需求计划、人力资源培训计划及设计企业管理机构时，要积极收集企业内外的有关信息，使企业人力资源总量和素质结构及内部组织结构始终与企业内外环境变化相协调。这样，虽然企业人力资源系统的要素与结构随着环境的变化在不断调整，但均可实现企业赢利这一功能。

（四）要素相同，结构相同，可以具有多种功能

任何一个系统都不能离开环境，同一结构的系统由于在不同环境中对外界发生的作用不同，其功能的发挥也是多种多样的。同是一种药物，对于不同的人具有不同的功能。人参是一种生津、宁神、益智的大补品，对于久病而体弱的人，具有促使其康复的医疗作用，而对于正在发高烧的病人，服用反而会加重病情。同是一个人，在不同的环境中发挥着不同的功能。经理在不同的环境中担当的角色有以下多种。

针对企业外部，经理担任：①挂名首脑角色，主持某些事务或仪式；②联络者角色，同所领导的组织以外的无数个人和团体维持关系，通过各种正式或非正式渠道来建立和维持本组织与外界的联系；③发言人角色，面向外部，把本组织的信息向组织周围的环境传播。

针对企业内部，经理担任领导者角色，负责对下属进行激励和引导，包括对下属的雇佣、训练、评价、报酬、批评等。

在企业内部及外部信息沟通方面，经理担任：①信息接收者角色，接受包括内部业务的信息，外部事件的信息（客户、竞争者、市场等）；②信息传播者角色，指把外部信息传递给自己所在的组织，把内部信息从一位下属传播给另一位下属。

第二节 企业人力资源管理的信息理论

一、概述

人际间信息传递与沟通在企业人力资源管理中具有十分重要的意义。目前，有关人力资源管理或有关信息论的文献很多，但将两者结合起来的文献却非常少见。对传统管理理论，具体分析了这三种理论对企业人力资源管理的信息内容、信息传递路线及信息传递所用媒体的影响。然后，在组织理论研究的基础上，结合现代组织网络理论分析方法，认为现代组织网络理论综合了几种传统方法的特点，更好地描述了人际信息流动的各个方面特征，为系统而又全面地描绘企业内外人际信息的交流提供了一个高效而实用的工具。最后，指出了人力资源管理水平是否提高与组织中人们的信息沟通程度是密切相关的。可以预见，与信息理论的结合，将使人力资源管理理论的创新迈向一个新的高度。

信息是人类社会实践、社会组织和管理科学不可缺少的重要工具，通过信息交流，人们才能实现相互的协同和彼此的合作。人力资源管理与信息理论的联系，主要体现在组织中人际间信息沟通的内容、形式等方面，它在企业人力资源管理中的地位是无法取代的。信息沟通系指一个组织成员和另一成员传递决策前提的过程。没有信息沟通，显然就不可能有组织。因为，如果没有信息沟通，集体就无法影响个人行为了。因此，信息沟通对组织来说是绝对必要的。组织中的信息沟通是一个双向过程，它既包含向决策中心传递命令、建议和情报，也包含把决策从决策中心传递到组织的其他部分。可见，如果没有信息传递与沟通，要实现人力资源的管理是不可想象的。

二、信息时代企业人力资源管理的信息论思维

21世纪是知识经济的时代，信息技术得到空前发展。企业信息化建设很大程度上以ERP（企业资源计划）的建设为代表，而ERP中最核心的部

分无疑就是人力资源管理了。世界资源的开发重心也开始逐渐由物质资源的开发转移到以知识信息积累为基础的人力资源开发上来。人力资源管理已成为事关一个组织发展的重要因素，人力资源的信息化也势在必行。

（一）现代信息技术对企业人力资源诸管理的影响

现代信息技术扩展了人的信息器官，使人类之间的信息交流质量、速度得到千百倍的提高。而人力资源则是企业系统最活跃的、决定性的因素。因此，如何利用信息技术来更好地加强对人力资源的管理，以提高企业员工的积极性、主动性和创造性，从而提高企业的工作效率和企业的核心竞争力已成为现代企业能否健康发展的关键。

1.信息技术改变了企业的组织结构

随着信息技术的发展和应用，与信息传递方式密切相关的组织结构也开始从金字塔形向扁平式组织结构转变。原来起上传下达作用的中间层组织逐渐消失，高层决策者可以与基层执行者直接联系，基层执行者也可以根据具体情况及时进行决策。这就使企业的管理层次减少，管理人员得到精简。过去一些大企业设立了许多平行部门，各司其职，互不协调，效率不高。现在把这些相互关联的平行部门加以整合，变成了综合性部门，提高企业的效率和竞争力。

2.信息技术改变了企业人力资源配置的时空观

信息技术极大地缩短了时间和空间距离，使企业的人力资源配置打破了传统的时空界限，提高了企业人力资源管理的工作效率，员工可以更方便地获取各种知识和信息，多渠道、多种方式地发挥自己的才能。企业对劳动力的任用也有了充分的自由。一个职工可以同时为几家企业工作，一个企业也可以通过广泛快捷的信息网络在全国，乃至全世界录用、选拔优秀人才，实现了企业人力资源的最优配置。

3.信息技术更有利于人力资源管理职能的发挥

现代企业人力资源管理是以组织中的人为管理对象，其职能包括下列五个方面：员工的选用、员工的稳定、员工的发展、员工的评价和员工的调整。企业从员工的招收、录用、培养到考核、调整，都可利用现代化的技术，特别是网络信息技术，方便、快捷、及时、准确地完成上述一系列活动。如企业在进行员工招聘、考核时，管理人员可利用信息网络远距离获取信息并加以分析、评价和反馈，有效地对职工进行管理。

4.信息技术改变了人力资源管理的模式

传统的人力资源管理注重员工的招聘、档案合同的管理、员工的考评培训、工资制度等有关企业内部的事务性管理，人力资源部门作为企业内部的后勤服务部门对业务部门提供服务和支持，而忽视了与市场和顾客的联系，不重视顾客的需求和市场的变化，缺乏对企业经营业务和发展方向的整体把握。因此，它处于一种被动的、从属的地位。

5.信息技术要求企业员工具备较高的素质和能力

由于信息技术的广泛应用，对员工的要求越来越高，员工从直接的手工操作者变成监控者、编程者、决策者和一定程度上的自我管理者，要求员工具备一定的知识结构、创新能力、获取新知识的能力，这些素质和能力的提高直接依赖于现代企业人力资源的开发。随着产品种类、产品生产技术等变化的加快，要求员工经常接受培训，进行终身学习，不断掌握新的知识和技能。另外，在自动化的生产系统和办公系统中，操作上的小失误会被放大而引起系统混乱，这就要求员工具有高度的责任心、团队精神和全局观念。

6.信息技术有利于企业人力资源的充分开发

企业人力资源的开发包括：启发、挖掘员工已具有的智能；培养、训练、提高员工的智力、知识、技能、思想水平；充分调动、发挥员工的积极性、自觉性、创造性。企业可利用信息技术，采用科学方法对员工进行素质测评，准确评价员工的知识、技能、智力水平。信息技术还为企业员工的教育培训提供了有效途径。网络技术的应用加快了知识的编码，尤其是隐性知识通过信息编码后转变成显性知识，有利于知识共享，使员工可以不受时间、地点、资金、人员等因素的限制，很快学到企业内、外部的新知识、新技术和先进经验，从而获得启发、教育和培训。

7.信息技术避免了传统信息传递方式带来的障碍

传统的信息传递方式时间长、环节多，易使信息传递延误、失真和人为扭曲，还易使上级、同级人员之间相互猜疑，增加了沟通的难度。而现代的信息和通信技术为企业提供了方便、可靠、及时、准确的信息网络，使企业职工和领导者可以凭借信息系统，发布企业发展、经营管理的有关信息并及时得到反馈，缩短信息传递时间，增加管理的透明度，避免发生正面冲突，良好地协调企业部门之间、职工之间的关系。

信息技术的飞速发展是知识经济时代的主要特征之一，企业人力资源管理也深受现代信息技术的影响，一种完全不同于传统时代的人力资源管理正在现代企业经营中形成。

（二）现代信息传播方式对企业人力资源管理的影响

随着人们进入信息化时代，生活方式发生了很大变化。大众传媒如今已经渗透到每个人的生活中。

1. 现代信息传播方式概述

在信息化初期，人们的传播媒介是报刊、广播、电视、电话等，而互联网的应用与普及，是现代传媒真正跨入现代化的标志。现代信息传播方式主要有报纸报刊、电影电视、广播以及网络，各自在传播信息时有着不同的特点。

（1）报纸

发行量较大，是过去受众面最大的传统信息传播媒介，也是企业比较青睐的信息传播工具，由于信息量大，且内容详细、全面，读者在阅读报纸时，可以系统的了解信息；报纸很便宜，价格大众都能够接受；报纸能够选择，信息五花八门，读者在面对众多报纸时，可以选择自己比较喜欢的类别，或是自己近期关注的内容。

（2）广播

广播的特点在于对象广泛，没有单一的听众类群；传播迅速，功能多样化，在无线电传播下，人们能够第一时间收听广播，而不需要时间间隔，同时，听众可以根据自己的喜好和要求收听节目，选择频道；广播的感染力很强，很容易带动听众的情绪而产生共情。

（3）电视

现在电视基本上是每个家庭都具备的电子产品，其覆盖率很高，公众接受率也很高，图文并茂，并且具有极强的画面感，很容易让观众接受。

（4）网络

作为后起之秀，其发展空间很大。相对于其他的信息传播媒介，网络具有很强的时效性，传播速度快捷，能够做到及时性；网络的覆盖面和传播面广泛，网民日渐增多；网络信息具有多媒体化的特性，包括文字、图片、视频、语音等；不同于其他的传播媒体，网络能够实现在线互动，相互评论。

2. 现代信息传播方式对人力资源管理的影响

现代媒介传播主要以网络为主，新型媒介如微博、微信以及博客等逐渐被称为主流传播媒介，随着网络环境的不断发展，这些传播媒介对人力资源管理产生了重要影响。下面，主要就网络媒介传播对人力资源管理的影响进行分析。

（1）网络对人力资源管理工作内容的影响

人力资源管理工作在网络时代的影响下，最为直接的表现就是工作内容的改变。这种改变主要是指，在人力资源管理中，工作人员会接触越来越多的有关信息化技术的工作，这种信息技术的使用对人力资源的工作内容会带来很大的改变。传统的工作内容往往过于单一，员工在工作时，大多是进行固有的工作，但是在网络时代的冲击下，传统的保守工作在越来越多的新技术的影响下，工作内容变得丰富多彩。

（2）网络对人力资源管理工作形式的影响

传统的人力资源管理工作，企业对纸质文书的依赖性和需求性很大。过去依赖纸质文书的工作方式十分的复杂、烦琐，工作人员的工作压力很大，这不仅是浪费了人力资源，对于时间的浪费也是十分严重的。但是在网络时代下，网络作为传播媒介对企业人力资源管理的工作方式影响，使人力资源的工作形式发生了质的变化。工作人员可以利用网络对企业的人力资源进行开发和培训，员工的各项档案也可以利用软件管理系统进行存储，在需要使用的时候可以迅速地找出，这不仅节约了资源，员工的工作效率也有了质的改变。与此同时，人力资源管理形式的改变，使员工的管理方式和员工的绩效管理工作也发生了改变。比如员工的绩效考核，传统的方式都是依靠人工来完成，而人工操作会受到主观意识的影响，这样的考核结果往往会受到质疑，同时对于企业的发展带来一定的弊端。

（3）网络对人力资源工作架构的影响

对于任何一个企业来说，人力资源管理内部都存在着级别管理和范围管理上的差别。在传统的人力资源管理模式中，企业的人力资源管理的重心过多地集中在对领导阶层的管理，对于基层员工的管理采取漠视的态度，这对基层人员的工作情绪与工作效率都有负面的影响，这种基层和管理层管理脱节的做法，往往会对企业的运营带来不良的影响。如今在网络的影响下，人力资源管理的工作架构将会发生改变。因为网络具有公开、公平的特性，在网络的影响下，企业的人力资源管理工作会及时地传达给各个员工，通过网络，能够了解基层员工的工作状况并能与他们进行沟通，使企业的人力资源管理在架构上更加平衡。相对于传统的人力资源管理工作架构，现在不会有过多的关注在企业的管理级别上，实现管理层与基层管理能够同时发展，这是企业人力资源管理工作上的一个重要突破。在这种人力资源的工作构架中，员工的工作情绪会得到改善，工作效率也会得到提高，这对企业的长期发展将起到良好的作用。

新的信息传播方式对于人力资源管理提出了新的要求，对于整体的人力资源管理工作内容提供更加便携的途径与渠道，尤其是现代以网络为主的新型媒介对于人力资源管理带来更高的工作效率。同时也需要处理好媒介对于人力资源管理的负面影响，如信息泄露等问题，但随着社会不断发展，人力资源管理发展必然呈现网络化、现代化以及多样化的趋势。

第三章 人力资源管理者队伍建设

第一节 人力资源管理者的任务

现代人力资源管理是一个人力资源的获取、整合、保持、激励、控制、调整及开发的过程，包括求才、用才、育才、激才、留才等内容和工作任务。一般说来，现代人力资源管理主要包括以下几大系统：人力资源的战略规划、决策系统；人力资源的成本核算与管理系统；人力资源的招聘、选拔与录用系统；人力资源的教育培训系统；人力资源的工作绩效考评系统；人力资源的薪酬福利管理与激励系统；人力资源的保障系统；人力资源的职业发展设计系统；人力资源管理的政策、法规系统；人力资源管理的诊断系统。具体地说，现代人力资源管理主要包括以下一些具体内容和工作任务。

一、制订人力资源计划

人力资源管理者的首要任务就是制定人力资源规划。人力资源规划是预测未来的组织任务和环境对组织的要求，以及为了完成这些任务和满足这些要求而设计的提供人力资源的过程。它要求通过收集和利用信息对人力资源活动中的资源使用活动进行决策。对于一个企业来说，人力资源规划的实质是根据企业经营方针，通过确定企业人力资源来实现企业的目标。人力资源规划分为战略计划和战术计划两个方面。

（一）人力资源的战略计划

战略计划主要是根据企业内部的经营方向和经营目标，以及企业外部的社会和法律环境对人力资源的影响，制订的较长期计划，一般为两年以上。但同时要注意其战略规划的稳定性和灵活性的统一。在制订战略计划的过程中，必须注意以下几个方面。

1. 国家及地方人力资源政策环境的变化

包括国家对于资源的法律法规的制定，对于人才的各种措施，如国家各种经济法规的实施，国内外经济环境的变化，国家以及地方对于人力资源和人才的各种政策规定等。这些外部环境的变化必定影响企业内部的整体经营环境，使企业内部的人力资源政策也应该随着有所变动。

2. 企业内部的经营环境的变化

企业的人力资源政策的制定必须遵从企业的管理状况、组织状况、经营状况变化和经营目标的变化，由此，企业的人力资源管理必须依据以下原则，根据企业内部的经营环境的变化而变化。一是稳定原则。稳定原则要求企业不断提高工作效率，积累经营成本，企业的人力资源应该以企业的稳定发展为管理的前提和基础。二是成长原则。成长原则是企业在资本积累增加、销售额增加、企业规模和市场扩大的情况下，人员必定增加。企业人力资源的基本内容和目标是为了企业的壮大和发展。三是持续原则。人力资源应该以企业的生命力和可持续增长，并保持企业的永远发展潜力为目的。必须致力于劳资协调，人才培养与后继者增加工作。现实中，企业的一时顺境并不代表企业的长远发展，这就要求企业领导者和人力资源管理者，具有长远目标，从企业长远发展大局出发，协调好劳资关系，做好企业的人才再造和增加接班人的工作。因此企业的人力资源战略必须是企业整体战略的一个有机组成部分，而人力资源战略就是联系企业整体战略和具体人力资源活动的一座桥梁。

3. 人力资源的预测

根据公司的战略规划以及企业内外环境的分析，而制定人力资源战略计划，为配合企业发展的需要，以及避免制订人力资源战术计划的盲目性，应该对企业的所需人才做适当预测。在估算人才时应该考虑以下因素：因企业的业务发展和紧缩而需增减的人才；因现有人才的离职和退休而需要补充的人才；因管理体系的变更、技术的革新及企业经营规模扩大而需要储备的人才。

4. 企业文化的整合

企业文化的核心就是培育企业的价值观，培育一种创新向上、符合实际的企业文化。在企业的人力资源规划中必须充分注意企业文化的融合与渗透，保证企业经营的特色、企业经营战略的实现和组织行为的约束力，只有这样，才能使企业的人力资源具有延续性，具有适合本企业的人力资源特色。国外一些大公司都非常注重人力资源战略的规划与企业文化的结合，松下公司"不仅生产产品，而且生产人"的企业文化观念，就是企业文化在人力资源战略中的体现。总之，一个企业的人力资源规划，必须充分与企业外部环境和内部环境相协调，并融合企业文化特色。

（二）企业人力资源的战术计划

战术计划是根据企业未来面临的外部人力资源供求的预测，以及企业的发展对人力资源需求量的预测，而制订的具体方案，包括人员招聘、辞退、晋升、培训，工资政策和组织变革等。在人力资源的管理中有了企业的人力资源战略计划，就要制订企业的人力资源战术计划。人力资源的战术计划一般包括三部分。

1. 招聘计划

针对人力资源所需要增加的人才，制订相应的招聘计划，一般一个年度为一个时期。其内容包括：计算各年度所需人才，并计算考察出可内部晋升调配的人数；确定各年度必须向外招聘的人才数量；确定招聘方式；寻找招聘来源，确定所聘人才如何安排工作职位，并防止人才流失。

2. 人才培训计划

人才培训计划是人力资源计划的重要内容，人才培训计划应按照公司的业务需要和公司的战略目标，以及公司的培训能力，分别确定下列培训计划：新进入才培训计划；专业人才培训计划；部门主管培训计划；一般人员培训计划；人才选送进修计划。

3. 绩效考核计划

一般而言，企业内部因为分工的不同，对于人才的考核方法也不同，在市场经济情况下，一般企业应该把员工对于企业所做出的贡献作为考核的依据，这就是绩效考核方法。绩效考核计划要从员工工作成绩的数量和质量两个方面，对员工在工作中的优缺点进行判断。如市场营销人员和公司财务人员的考核体系就不一样，因此在制订考核计划时，应该根据工作性质的不同，制订相应的人力资源绩效考核计划。它包括以下三个方面：工作环境的变动性大小；工作内容的程序性大小；员工工作的独立性大小。绩效考核计划做出来以后，要制订相应的考核办法，一般有以下主要方法：员工比较法；关键事件法；行为对照法；等级鉴定法；目标管理法。

二、激发员工积极性

现代企业人力资源管理的主要目的是通过卓有成效的管理和开发措施，充分调动职工的工作积极性，保证生产经营目标的实现。建立激励机制正是调动职工积极性的重要措施，具有十分重要的意义。人力资源管理者要通过物质激励、精神激励等多种途径充分调动员工的工作积极性。

（一）物质激励

物质激励是指通过发放工资、奖金、津贴、福利等物质性手段对员工产生的激励作用。物质激励是建立企业激励机制的重要途径。科学合理的物质激励方案是现代企业管理的一项重要内容。

在企业人力资源管理中，要非常重视工资的激励作用。工资不仅仅是员工劳动的报酬，也是激励员工努力工作的重要手段。如何使工资成为激发员工努力工作的动力，是企业人力资源管理的一项重要内容。

1. 拉开工资差距

拉开工资差距是充分发挥工资激励作用的有效办法。如果企业员工工资水平基本相同，员工就有可能感到没有追赶的目标，感到再努力工作也不会提高收入，从而影响工作积极性。拉开工资差距要考虑三个因素。

一是工资差距要根据企业不同岗位承担的不同工作确定，真正使贡献大的员工得到高收入，体现按劳分配的原则。

二是实行高工资的员工数量应少，如果多数员工普遍提高工资，就不能称为拉开工资差距，也起不到激励作用。这就需要企业在确定哪些岗位和人员实行高工资时，根据企业的实际情况，衡量不同岗位不同工种，进行综合对比。

三是工资差距要合理。工资差距过小，起不到激励的作用；工资差距过大，企业难以承受。

2. 保证最低需要

保证最低需要要求企业在确定工资标准时，必须参照当地的生活水平和国家有关规定，使内部员工工资都能够满足基本的生活需要。如果企业做不到这一点，员工就会由于基本生活没有保障而无法安心工作，企业人力资源的各项措施都难以发挥成效。

3. 保持工资涨幅

企业在设计工资制度时，要使员工工资在一定基数的基础上，随企业效益的变化适当上涨。一般地说，多数企业都会及时调整员工工资。员工工资上涨必须保持一定的幅度。这个幅度要合理，不能太大，也不能太小。如果这个幅度过大，可能导致员工保持较高的期望值，一旦企业经济效益下降，员工期望值不能得到满足时，就会影响员工积极性的发挥。过高的工资涨幅也使企业的自我积累减少，容易削弱企业发展后劲。但是，涨幅过小又不能起到激励员工的作用。因此，研究符合企业实际情况的工资涨幅十分必要。

4. 照顾多数员工

企业设计工资制度时，既要体现按劳分配的原则，充分调动员工的工作积极性，形成竞争激励机制，又要注意照顾多数员工的利益。企业的发展要依靠广大员工的共同努力，否则就不能有大的发展。因此，企业要保证有足够的财力照顾多数员工的利益，保证多数员工的基本生活需要。在此前提下，设计工资制度。

在发挥好工资作用的同时，也要运用好奖金、实物等方法的激励作用。同时，在物质激励手段的运用中应坚持一定的原则。一是坚持按劳分配原则。按劳分配使一切有劳动能力的人都能够努力为企业工作，坚持按劳分配原则能够体现出激励的作用，促使职工努力工作。二是保证企业发展后劲的原则。搞好物质激励必须建立企业内部的自我约束机制，服从和服务于企业生产经营的需要。这就要求企业坚持分配总额与经济效益紧密挂钩，既使企业员工收入不断提高，又不能影响企业的发展后劲。三是物质激励和精神激励相结合的原则。物质激励不是万能的，这一点已经被中外企业实践和学术理论界研究证明。因此，企业在对员工进行物质激励时一定要与思想教育相结合，引导员工正确看待物质利益，切实关心员工、爱护员工，从灵魂深处激发员工的工作积极性。

（二）精神激励

精神激励是相对于物质激励而言的。它是通过表扬、鼓励等手段，使员工受到肯定和尊重，从而激发他们的工作热情，努力完成所承担的工作任务。马克思主义哲学认为，内因决定外因。物质激励属于外因，精神激励才是调动员工积极性的动力。实践证明，当员工取得成就时，最渴望得到承认和表彰。

三、进行岗位分析

岗位分析是人力资源管理者的一项重要任务，它是一个全面的评价过程，这个过程可以分为四个阶段：准备阶段、调查阶段、分析阶段和完成阶段，这四个阶段关系十分密切，它们相互联系、相互影响。

（一）准备阶段

准备阶段是岗位分析的第一阶段，主要任务是了解情况，确定样本，建立关系，组成工作小组。具体工作如下：明确工作分析的意义、目的、方法、步骤；向有关人员宣传、解释；与员工建立良好的人际关系，并使他们做好心理准备；组成工作小组，以精简、高效为原则；确定调查和分析对象的样本，同时考虑样本的代表性；把各项工作分解成若干工作元素和环节，确定工作的基本难度。

（二）调查阶段

调查阶段是岗位分析的第二阶段，主要任务是对整个工作过程、工作环境、工作内容和工作人员等主要方面做一个全面的调查。具体工作如下：编制调查问卷和提纲；灵活运用各种调查方法，如面谈法、问卷法、观察法、参与法、实验法、关键事件法等；广泛收集有关工作的特征以及需要的各种数据；重点收集工作人员必需的特征信息；要求被调查的员工对各种工作特征和工作人员特征的重要性和发生频率等做出等级评定。

（三）分析阶段

分析阶段是岗位分析的第三阶段，主要任务是对有关工作特征和工作人员特征的调查结果进行深入全面的分析。具体工作如下：仔细审核收集到的各种信息；创造性地分析、发现有关工作和工作人员的关键成分；归纳、总结出工作分析的必需材料和要素。

（四）完成阶段

完成阶段是岗位分析的最后阶段，前三个阶段的工作都是以达到此阶段作为目标的，此阶段的任务就是根据规范和信息编制"工作描述"和"工作说明书"。

第二节 人力资源管理者的素质要求

人力资深管理者的素质要求是由人力资源管理的任务、职能以及人力资源管理者的角色决定的。现代企业中，需要人力资源管理者具有多方面的知识，在理论和实践经验方面都拥有过硬的专业素质，具体应包括如下几项。

一、过硬的人格品质

人格，是一种内在修养，是一个人能力、气质、品格的综合反映。人格是人的一切品质的总和，人力资源管理者应当具有高尚健全的人格，要有成熟的自我意识，具有自爱、自尊、自信、自强等心理品质，有强烈的责任感、事业心，能够全身心地投入工作。人的素质是决定工作质量的根本因素。人的素质既与他的知识、能力和悟性有关，也与其人格密不可分，并以人格为中轴线。因此，人格在一定程度上决定着一个人事业和社会活动的效果和成败。从内涵的角度看，主要是指人的心理素质、思维方式、个性特点和进取精神。由此进一步产生了人格的重要特征：使命感和责任心、敏感性和创新意识、合作精神、有目标的行为强度。人格的外延则是指，因重要的人格特征结构而产生的个人形象，以及对周围人的影响力。人脑海中智慧的释放不仅需要组织的物质动力，更需要来自他人和群体的精神感召与激励。

人格本身便是一种有价值的力量。作为人力资源管理者，只有依靠其人格所产生的威望（地位和权力难以产生人格魅力）潜移默化地影响企业的员工。因此，人力资源管理者既是组织人格化的体现，也代表了组织人力资源管理的总体水平。实践证明，导致企业人力资源管理水平低下的诸多要素，无不与人力资源管理者的品质（人格）有关。所以，有学者认为，未来的企业管理会以人格管理为核心。

有的管理专家认为，企业人力资源管理的首要任务是：物色和引进具有良好人格的专业人才。人力资源管理与开发如若忽视员工管理，企业其他的管理措施将收效甚微，甚至出现负面效应。

人力资源管理者的人格品质不应成为一个空洞的口号，它应包括两方面的内容，即思想修养与职业道德。

人力资源管理者的思想修养一般包括以下内容：①具有坚定的人生观和全心全意为员工服务的精神，时刻以企业的利益为重，不为个人或小团队谋私利。②有先进的理论水平和正确的世界观和方法论，坚持理论联系实际的作风。③坚定不移地贯彻执行国家的法律法规，敢于同危害国家及企业利益的行为做斗争。④事业心强，有朝气、有干劲、有胆识，为企业建设勇于探索、锐意改革，做出积极贡献。⑤解放思想，实事求是，尊重知识，尊重人才。⑥有优良的思想作风和严格的组织纪律，谦虚谨慎，公平正派，作风民主，平易近人。

人力资源管理者的职业道德的基本要求是：①有爱心，爱职业、爱员工、敬重领导。②有责任心，认真做好工作中的每一件"小事"。人力资源管理工作事无巨细，事事重要，事事都是责任。③业务精益求精，时时、事事寻求合理化，精通人力资源管理业务，知人善任，用人有方，追求人与事结合的最佳点。④具有探索、创新、团结、协调、服从、自律、健康等现代意识。⑤树立诚信观念，诚信乃做人做事之本。

二、合理的知识结构

所谓合理的知识结构，就是既有精深的专门知识，又有广博的知识面，具有事业发展实际需要的最合适、最优化的知识体系。当然，建立合理的知识结构是一个复杂长期的过程，必须注意以下原则：①整体性原则，即专博相济、一专多通，广采百家为我所用。②层次性原则，即合理知识结构的建立，必须从低到高，在纵向联系中，划分基础层次、中间层次和最高层次，没有基础层次较高层次就会成为空中楼阁，没有高层次，则显示不出水平。任何层次都不能忽视。③比例性原则，即各种知识在顾全大局时，数量和质量之间合理配比。比例性原则应根据培养目标来定，成才方向不同知识结构的组成就不一样。④动态性原则，即所追求的知识结构决不应当处于僵化状态，而须是能够不断进行自我调节的动态结构。这是为适应科技发展知识更新，研究探索新的课题和领域、职业和工作变动等因素的需要，不然跟不上飞速发展的时代步伐。

人力资源管理者必须具有合理的、广博的知识，其知识结构应是"金字塔"式的，基础知识是塔基，相关知识是塔身，而塔尖则是专业知识。作为人力资源管理者，起码应掌握哪些领域的知识呢？专家们认为，对人力资源管理工作有益的主要的知识领域大体如下。

（一）专业知识

人力资源管理是专业性很强的工作，必须掌握与人力资源管理相关的专业知识，主要有以下几点。

人力资源管理者战略与企业文化：根据企业的发展规划，诊断企业现有人力资源状况，结合企业经营发展战略，考虑未来的人力资源的需要和供给状况，如何把人力资源管理者战略与企业文化紧密地结合起来。

组织结构设计：根据企业战略目标、资源状况、现有的核心流程以及同行企业的最佳实践模式，分析公司的组织结构，设计企业组织机构。

流程分析与流程再造：流程是组织内部从供应商到客户的价值增长过程，流程的有效性与效率将直接影响到组织的有效性、效率与客户满意度。

工作分析：工作分析是人力资源管理的一项传统的根本职能与基础性工作。一份好的职位说明书无疑是一幅精确的"企业地图"，指引着人力资源的方方面面。

基于战略的绩效管理：绩效问题是任何公司都面临的长期挑战，人力资源管理者必须掌握绩效管理与绩效目标分解的工具、方法；绩效制度设计与基本操作、绩效目标设定与分解等相关知识。

全面薪酬战略体系：薪酬的不同要素该如何正确的组合才能有效地发挥薪酬的作用；薪酬管理有效支持公司的战略和公司价值的方法和工具。

能力管理：建立素质模型，将素质模型应用到人力资源管理的不同领域，从而真正将人力资源管理回归到建构组织能力和人力资源开发利用上。

招满：制定人才选择战略，进行准确的工作分析和胜任特征分析，有效的人力资源分析与规划，应聘者的专业技能及综合能力的评估；对招聘成本的评估。

培训体系的建立与管理：培训是促成"以人为本"的企业文化的重要手段，制订有效的年度培训计划是人力资源管理者面临的严峻挑战。

（二）其他领域的知识

企业在选择人力资源管理者时，要非常注重对候选人所掌握的专业知识的考察，但是，人力资源管理者要参与企业的战略决策，要与其他业务部门沟通，仅仅具备人力资源方面的专业知识显然是远远不够的。还必须掌握其他领域的知识，这样才能符合新时期对一个合格的人力资源管理人员的要求，那就是成为企业的战略合作伙伴、企业的人力资源管理领域的技术专家。相关知识包括：组织行为学、心理学、项目管理、经济学、统计学、市场营销学、财务管理学、生产管理学、战略学、法律等。这些学科对提高人力资源管理者的专业水平十分重要。通过学习哲学，探索人类特性和人类行为的本质。通过学习伦理学，处理和解决道德观念和价值判断问题。通过学习逻辑学，讨论推理规律和原则。通过学习数学，推理数量、体积、系统之间的精确关系。通过学习心理学，研究个人意识和个人行动的现象。通过学习社会学，研究人类群体的形式和功能。通过学习人类学，研究自然、环境同人类社会和文化形态之间的关系。通过学习医学，通晓健康保健常识。通过学习历史学，汲取历史经验教训。通过学习经济学，旨在对有限资源的各种竞争的用途做出最佳选择。通过学习管理学，研究对有组织的人员的灵活领导。通过学习组织行为学，提高管理能力，促使管理者达成近期和远期目标，并使他们所管理的人的目标也同时得以实现。

三、先进的人力资源管理观念

先进的人力资源管理观念主要是"管理观念"和"价值观念"的转变。先进的人力资源管理观念，强调提高员工的素质与能力，具体包括下述管理观念的转变。

指导思想的转变：由"对工作负责"，"对上级负责"，到"对工作的人负责"。

管理方法的转变：由"教你如何"，到"叫你如何"，再到"引导你如何"。

管理手段的转变：由管理者的"中心指挥"变为"中心导向"。

管理组织的转变：由下属的"参与管理"到"共同肩负责任"。

管理职能的转变：由"组织、控制、指挥、协调"到"育才为中心，提高人的素质为目的"。

管理环境的转变：由"简单""缓慢"到"复杂""多变"。

管理者自我意识的转变：由"上级比下级高明"到"下级的具体专长和具体能力应高于上级"。

管理内容的转变：由"简单的任务完成"到"建设高情感的管理场所"。

管理目标的转变：由追求"一般"到追求"卓越"。

管理效果的转变：由"差强人意"到"主动精神"。

尊重人才，尊重知识，是现代价值观的核心，为了确立起这一新的价值观念，必须丢弃"长（官）者为尊"的旧的传统价值观念，切实做到"不唯上不唯书只唯实"的处事准则，在人才使用中，要遵守应有的原则：一是用其所长，用人所长，容其所短，把人才放在最能充分显示其才能的岗位上，管者尽其谋，勇者尽其力。二是用其所愿，在服从工作需要和服从分配的前提下，尽可能与个人的意愿、兴趣、特长结合，力求个人自身价值的实现和企业的发展目标相统一。三是用当其时，珍惜人才的使用年限和最佳年龄，打破论资排辈、求全、平衡、照顾的束缚，大胆破格破例录用资历浅、资质好的青年人才。对业绩卓越、时代感强、身体健康的人才，即使到了退休年限，经审批仍可延期任用。同时，要保护积极做事的人，保护那些有干劲、有棱角、锋芒毕露的人。成功的人往往是个性很强的人。个性强的人，干得多，说得多，错的自然也多，要尽量保住他。只要不是原则问题、道德问题，而是个性特征问题，如冒失、自认第一、易得罪人等，只要不影响大局，就应给予保护。

四、基本的工作能力

仅有合理的知识结构、先进的人力资源管理理念，对一个人力资源管理者来说是远远不够的，是否能胜任此工作，还必须具备大量的直接经验，这些直接经验体现于基本的工作能力之中。人力资源管理者的基本工作能力有写作能力、组织能力、表达能力、观察能力、应变能力、交际能力。

（一）写作能力

写作是人力资源管理者的基本任务，人力资源部门的规章制度、文书通告等大多出自人力资源管理者之手。所以写作能力是人力资源管理者的基本功。符合人力资源工作要求的文字写作本身就是人力资源工作的有机组成部分。人力资源管理者写作任务的范围是比较广泛的。可能有制度、通告、新闻稿件、公共关系简报、信函、致辞、演讲稿、有关公告、祝贺语等。人力资源管理者应是一名公文写作高手，在写作的文字中不仅要能够准确表达意思，而且要能准确地表达态度和情感。简单来说，人力资源管理工作的文字写作不仅要符合一般的写作要求，且要符合人力资源工作的要求。

1.内容要真实准确

人力资源管理工作的基本原则之一就是"真实"，人力资源管理者在进行文字写作时，一定要反映真实的情况，用事实说话。

2. 立场要公正

既不能偏袒组织的利益，也不能迎合公众不正当的要求和情趣，人力资源管理者要客观公正地反映情况。

3. 形式要多样

人力资源管理工作的文书，大多是干巴巴的公文，但也有洋溢着善意，向员工传递友好的情感慰问信等。涉外单位如宾馆等单位的人力资源管理者，还应有较强的外语表达能力。

（二）组织能力

人力资源管理者的组织能力是指人力资源管理者在从事人力资源管理活动过程中计划、组织、安排、协调等方面的活动能力。人力资源管理者的组织能力包括以下内容：①计划性。人力资源管理活动是要有计划的，不仅要明确为什么进行，进行什么和怎样进行，而且要知晓先做什么，后做什么。只有明确了这些，人力资源管理活动才能有条不紊地顺利进行，否则将陷入杂乱无章的境地。②周密性。要保证人力资源管理活动成功，就要对方方面面的问题考虑周全。作为人力资源管理者不仅要重视大的方面如活动的内容、形式，而且对一些细小的方面如员工的接待、环境的布置、仪表、仪容、穿着服装等均应引起足够的注意，不要因为细节方面的失误而破坏总体效应。③协调性。一项人力资源管理活动并不是少数几个人力资源职员的事，而是需要各方面的配合和支持。所以组织能力强的人力资源管理者也应是一个协调关系的专家，调动积极性的高手。争取各方面的帮助，把人力资源管理工作做好。

（三）表达能力

作为经常要和各方联系的人力资源管理者，具有较强的交际能力是很必要的。要善于借助报告、信件、演讲和谈话来表达自己的想法；要学会用微笑、点头、拍肩膀来激励手下的员工，通过各种方式肯定下属所取得的成绩；要不失时机地安慰失望者和悲伤者，充分支持和关怀下属。善于与人交流永远都是人力资源管理者必备的素质。在进行交流表达时，必须学会用积极的说话方式，这样有助于改善态度，更有力地影响周围的人。

（四）观察能力

人力资源管理者的观察能力是人力资源管理者在人力资源管理理论的指导下，对周围的人和事从人力资源管理者角度予以审视、分析、判断的能力。人力资源管理者观察能力的强弱对于人力资源管理工作的效果和组织的人力资源管理状态来说至关重要。人力资源管理者的观察能力可以从三方面表现出来：①对周围的事从人事管理的角度予以审视。人力资源管理者的头脑中应有一根人力资源管理意识的弦，把周围发生的事与维持良好的人事关系结合起来。②对周围的事从人力资源管理的角度予以分析。人力资源管理者应能准确地分析周围所发生的事件的前因后果，能够从此预测出人力资源管理发展的趋势。③对周围的事从人力资源管理的角度予以判断。人力资源管理者应能对周围的事或现象给组织的人力资源管理状态所带来的影响做出正确的判断，人力资源管理者若能做到上述几方面，那么他的观察能力便是强的，便会有利于人力资源管理工作的开展。

（五）应变能力

人力资源管理者的应变能力是指人力资源管理者在遇到一些突发性的事件或问题时的协调和处理能力。人力资源管理工作的内容有时是多变的，因而对于人力资源管理者来说，具备较强的应变能力也成为从事人力资源管理工作的基本要求之一。在人力资源管理工作中，应变能力强不是指一般意义上的化险为夷，保证员工不受伤害，而是指人力资源管理者在遇到突发性的问题并亲自解决时，使自己的工作对象——员工也不受到伤害，始终与员工处在良好的关系状态上。人力资源管理者的应变能力应包括这样的内容：①遇事不慌张，从容镇定。应变能力首先要求的是遇到突如其来的事或问题，不可惊慌失措，而要保持镇静，迅速地寻找对策。②忍耐性强，不可急躁发火。突发性的事件或问题，有些会令人力资源管理者难堪，这时，人力资源管理者要有较强的情感驾驭能力，要尽可能地克制和忍耐，耐心地说服和解释。③思维灵活，迅速想出解决的办法。应变能力不是被动的能力，而是主动的，也就是说要根据突如其来的事件，找出解决问题的办法，或变通的办法，使工作不受突发性事件的影响。④提高预见性，打有准备之仗。应变能力严格来说不是一时间的奇想，而是经验的总结和积累。如果对各种可能出现的情况都有所考虑，那么当问题形成或出现时，也比较容易解决。

（六）交际能力

人力资源管理工作要求人力资源管理者具有一定的交际能力，人力资源管理者的交际能力不是日常生活中的应酬，而是与交往对象——员工迅速沟通，赢得好感的特殊才能。人力资源管理者的交际能力可以包括下列方面：①交际礼仪的掌握。交际有一定的规范和要求，交际活动还要有序地遵守这些规范和要求。像服装、体态、语言、人际距离、宴会的座位安排等在交际活动中如运用得当，可以大大增强人际沟通的效果。人力资源管理者应通晓这些交际中的礼仪。②交际艺术的掌握。交际艺术是指交际中的技巧，人力资源管理者掌握了这种技巧可以帮助他们更好地、更有效地与员工沟通。交际艺术涉及对时间地点的巧妙运用，对交际形式的创造性发挥，有助于消除对方心理障碍等。③交际手段的运用。交际能力也可在对交际手段的运用上表现出来。如怎样恰到好处地赠送礼品、纪念品；怎样准确地使用语言和非语言；怎样驾驭自己的情感等。

（七）其他能力

其他能力包括综合分析能力、直觉能力和认识自己的能力等。①综合分析能力。人力资源管理者因其掌握着本单位的特殊业务而充满自信。然而，面对今后更加激烈的竞争环境，仅仅依靠自信是不够的。具有求知的欲望、分析问题的技巧、系统的方法、开放的思想以及立体的思维将是非常重要的，而且也是必不可少的。总之，应具备融会贯通的综合分析能力。②直觉能力。人力资源管理者的工作实际上是人情味很浓的工作。平时，员工不仅仅和人力资源管理者商谈工作，甚至有可能和人力资源管理者沟通生活中的事情。如果人力资源管理者能凭借个人的直觉，与员工建立起良好的关系，将有助于单位同事之间的相互沟通与信任。③认识自己的能力。成功的管理者往往注重对自身实力、弱点、机会和威胁进行定期分析，这有助于不断提高个人的素质，增强责任感。

（八）健全的心理素质特征

人力资源管理者应当具有健全的心理素质，以下为心理素质的内容。

1.基本心理素质

人力资源管理者的基本心理素质包括性格、积极性、心愿、才智、意识、直觉、虚心、有说服力等内容。具体地说，第一，人力资源管理者必须有使人信任的性格和正直的品质。第二，积极性，人力资源管理者是主动工作的人。他提出的主意，有成功的机会，同时也冒失败的风险，但有一点不变，"让我们行动——让我们一起行动"。第三，为员工服务的心愿，人力资源管理者相信并听取员工的意见，愿意帮助他们成长并有发展。第四，人力资源管理者必须有高水平的思维能力。对复杂事物能有效地加以分析，学习得快，并对学习有持续的兴趣。第五，意识和洞察力。人力资源管理者不但意识到他的周围在进行什么，而且有洞察力去评价这对单位和人的重要性。第六，预见和远见。人力资源管理者有直觉和预见，有远见地意识到什么能影响环境和环境中的人们的各种可能情况，能够预测一些事件的发生。第七，虚心和灵活性。人力资源管理者是虚心考虑事实、有新思想的人，具有灵活性而不优柔寡断。第八，有说服力。人力资源管理者应有较强的表达力（口头和文学），并对人有同情感。能说服人们，而不是命令人们干某事。

2. 具有情商

情商，是指通过知觉，调整、控制自己的情绪以适应环境需要的能力。生活质量高、工作业绩好的人，往往不是智商最高的，而是情商最高的人。情商低的人在不顺心时必然情绪低落，此时，再高的智商也会因不断受到情绪压抑而无从发挥。人力资源管理者一方面是领导的助手、参谋，另一方面，人力资源工作又直接关系到组织成员任免调迁、薪酬福利等员工的切身利益，这种角色特点决定受委屈和受气是免不了的，所以必须具有较高的情商。情商高的第一要素是具备识别情绪的能力，不但能分辨出自己的不同情绪，还要能准确地判断别人的情绪，并且对不同情绪的前因后果有深刻的了解。及时准确地判断自己和他人的情绪，是进行人际交往、做好人力资源管理工作的首要条件。

一般地说，获得良好情绪要遵循以下方法：①管理习惯。人是习惯的动物，每一个小小的习惯都在时时决定着自己的处事方式。习惯导出行为，行为带出感觉，感觉产生情绪，所以，要获得良好的情绪，首先要管理好自己的习惯。无论是起居饮食，还是待人处事，保持自己已具有的良好习惯，改善不良习惯，不断尝试新的良好做法。从一点一滴做起，并且立即开始，持之以恒，决不可坐等奇迹出现。良好的情绪是从点点滴滴的良好行为中积累而得的。②乐观向上。情商高的人会时时处处提醒自己，先看到好的、美的、长的、优胜的一面，把消极压缩到低限度。情商高的人还善于逆向思维，如，感激伤害你的人，因为他磨练了你的心志；感激欺骗你的人，因为他增长了你的智慧；感激鞭打你的人，因为他激发了你的斗志；感激遗弃你的人，因为他教会你独立；感激一切使你坚强的人。③与人为善、助人为乐。多为别人着想，多帮助别人，世界会变得更加美好。

（九）工作方法得当

人力资源管理要走向制度化、规范化，必须摒弃那些凭经验的随意性的管理方法。人力资源管理者应掌握以下人力资源管理的先进方法。

1.任务管理法

通过时间运作研究确定标准作业任务，并将任务落实到人，这样一个组织中的每一个人都有明确的责任，按职责要求完成了任务，就付给一定的报酬，任务管理法的基本要求是规定组织中每一岗位人员在一定时限内完成任务的数额。也就是平常说的全额工作量科学管理和经验管理的区别，不在于是否给组织的成员分配任务，而在于所分配任务的质和量是否用科学方法计算得来的，用科学方法去计算任务的质量要求，就必须进行时间和动作研究。任务管理法最明显的作用在于提高组织的效率，而提高效率的关键又在于科学地做时间、动作的研究。

2.权变管理法

权变方法是以组织的系统理论为基础，是组织系统理论在管理实践中的运用。权变理论指出了管理人员做选择时至关重要的四个因素：一是组织中人员的性格；二是任务和技术的类型；三是组织的经营活动所在的环境；四是组织面临的变化和不确定程度。大多数研究都是针对后三个因素进行的。运用组织管理的权变方法，首先要求我们善于"诊断"组织和环境的特点。根据组织和环境的特点来确定组织的目标，并调整组织结构，协调组织活动，使组织能适应环境的变化而存在和得到发展。

3.法律管理法

组织管理的法律化只有通过法律制度才能贯彻和落实，因为组织管理的显著特点之一是法律管理。《中华人民共和国劳动法》等法律法规从法律角度保护企业人力资源管理的顺利开展，为推进企业人力资源管理的顺利进行提供了法律依据。

4.经济手段法

经济手段是指按照客观经济规律的要求，运用经济手段调节各方面的经济关系，以提高企业经济效益和社会效益的管理方法。在实际工作中，使用的经济手段有工资、奖金、罚款、经济责任等。运用这些经济手段，调节各方面的经济关系，有利于调动广大员工的积极性，有利于提高工作效率和效益。经济手段法的实质是贯彻物质利益原则，使员工从经济利益上关心自己的工作成果，积极主动地开展各项经济活动，实现管理目标。各种经济手段的使用，都有一定的环境和条件要求，在使用过程中，要对经济环境和经济条件进行分析，不能硬性规定，不能机械搬用。

5.定量分析法

定量分析方法已越来越普遍地被运用到企业的组织管理中。定量技术最重要的作用是，迫使管理人员以明确的形式表述一个问题。人力资源管理者在人力资源管理活动中能够量化的工作尽量量化，这有利于增强工作的针对性和可操作性。

第三节 人力资源管理者的培养

人力资源管理者的培养是一项系统的工程，总体上，要按照人力资源管理者的素质要求，采取切实措施，改进其素质，增强其能力，提高其工作积极性。

一、建立人力资源管理者的激励机制

建立有效的激励约束机制是人力资源管理的关键与难点，但通常所说的激励，往往是指如何调动领导者的积极性，而有关人力资源管理者的激励问题却言之甚少。其实，企业的激励问题是一个系统工程，政策制定者要用系统的观点来考虑问题，谋求建立一条完整的"激励链"。因此，建立人力资源管理者的激励机制是非常重要的。

随着市场竞争的日益激烈，人力资源管理者将成为各类企业"争夺"的重点。在一些企业里，人力资源管理者缺乏准确定位，从现代企业管理者权利角度分析，这是一个典型的矛盾体。用人体制的不规范，堵死了许多人力资源管理者的升迁之路。权责失衡，升迁无望，严重挫伤了人力资源管理者的积极性。企业和人力资源管理者之间仅靠行政权力维系，缺乏共同的价值取向，企业的人才流失在所难免。一个技术工人带走的也许仅是一项技术，而一个人力资源管理者带走的可能是新技术和管理技术，更为严重的是可以造成企业人心波动和士气低落，对企业的稳定和凝聚力是一个很大的冲击。随着企业改革的深化，企业的产权结构将发生根本性转变，资本的力量日益显现，企业对人才的需求空前高涨，人才竞争日益激烈。作为企业的核心人力资源，人力资源管理者势必成为各类企业争夺的目标。目前很多企业的薪酬体制不能留住人才，如果不未雨绸缪，提前做好准备，企业的关键人才很有可能在一夜之间"消失殆尽"。

人力资源管理者是企业的稀缺资源，是实现企业目标的原动力。在企业里，人力资源管理者起到承上启下的作用。企业的管理理念靠他们来传递，人力资源管理工作靠他们来组织实施。人力资源管理者的业务素质和工作态度直接影响企业的管理效率和经济效益。经营者的激励毕竟处于宏观层面上，对企业来说，微观层面上的激励问题往往是最关键的，也是最重要的。人力资源管理者是企业微观层面的核心部分，正确认识它们的价值，重点研究相关激励措施是企业不可或缺的。多数人力资源管理者具有丰富的实践经验和较高的业务水平，是人力资源中最为稀缺的部分。培养一名合格的人力资源管理者，企业需要付出巨大的成本和代价。从一名普通员工成长为一名合格的人力资源管理者，通常需要十年左右时间，投入的金钱更是无以计数。一些具有管理潜质和创新意识的人力资源管理者本身就是企业的一种无形资产，具有不可替代性，对企业的发展关系重大。因此，企业应将人力资源管理者作为一项重要的长期投资来看待，像经营有形资产一样，不断开发他们的潜力，使其为企业带来成倍的收益。

人力资源管理者是基层团队的带头人，是企业理念的传递者。所谓团队必须具备三方面的条件，首先是一个具有凝聚力的整体，其次是要有共同的愿景和价值取向，三是要有学习与创新能力。现代企业的经营理念是企业文化的核心，是企业在长期实践中摸索出来的，具有深厚的人文底蕴和先进的管理思想，最关键的是要获得员工的认同。在企业经营理念的传递过程中，人力资源管理者是关键的一环，起到承上启下的作用，企业经营理念的传递不同于贯彻一般规章制度，很大程度上需要自觉自愿地接受。如果人力资源管理者缺乏热情和对企业的忠诚，那么经营理念的传递在人力资源管理者这一级就会大打折扣。为什么许多企业的员工乃至人力资源管理者跟不上企业决策层的思路，不是理解不了，而是不愿意接受。人力资源管理者是基层单位的带头人，先进理念的传递者、实践者，其价值取向、学习能力、人格魅力和组织能力构成了团队内核，对团队成员具有极强的吸引力和导向作用。

从需求角度出发，激发人力资源管理者的活力，研究人力资源管理者的激励问题，首先要分析他们的需求状况。需求层次理论说明人的行为是由主导需求决定的，只有未满足的需求才能起到激励作用。而林茨伯格的双因素理论则认为：导致工作满意的因素和导致工作不满意的因素应区别对待。管理者消除了工作中令员工不满意的因素只能维持没有不满的"保健"状态，而不会对员工产生积极的激励作用。如工资水平、工作环境、劳动保护等因素，处理不好会引发人们产生对工作的不满情绪。但处理好也只能预防和消除这种不满，而不能起到真正的激励作用。两种激励理论都有其不同的侧重面，单纯利用其中任何一种都有失偏颇。在分析人力资源管理者的需求因素时，要有权变管理的思想。综合利用两种理论工具，可以较为全面地展示人力资源管理者需求状况，为制定有效激励方法提供科学依据。如果企业人力资源管理者的工资远远低于同行业水平，或者是与经理层的工资水平差距过大，人力资源管理者就会觉得自己所得到的薪酬与主观愿望有很大的差距，其工作积极性和绩效水平就会降低。在这种情况下，提高收入就是一项主要激励措施。如果人力资源管理者收入水平相对较高，那么增加工资就成为"保健因素"，不能起到激励作用。此时应该考虑工作本身所具有的内在激励因素，如工作表现机会带来的愉悦、工作成就感、由于良好的工作成绩而得到的奖励、对未来期望、职务上的责任感等与自我价值实现有关的激励因素。

采用科学方法形成有效激励机制。人力资源管理者是一个特殊的群体，大多都有成就一番事业的目标和冲劲。如果简单地来用"胡萝卜加大棒""重赏之下，必有勇夫"等措施，几乎起不到激励作用，有时可能适得其反。对人力资源管理者的激励应采用"动静"结合、"长短"结合的办法。"动静"是指动态与静态激励因素相结合，其中"静态"因素包括职务工资、职务消费等与职务相联系的待遇，"动态"因素包括绩效工资、项目工资等与工作效果与效率有关的收入。"长短"是长期与短期因素相结合。其中"短期"

因素包括年度目标奖励、年度绩效评价与评比等以一个年度为周期的激励措施；"长期"因素包括期股期权、长期培训、签订长期雇用合同等与企业长期目标与可持续发展相关的激励因素。在建立现代企业制度方面，许多企业只关注领导者的激励问题，对人力资源管理者的激励缺乏深入研究。高层管理人员实行了年薪制或期股期权，其人力与管理资本参与企业收益分配，而人力资源管理者的工资模式仍停留在旧体制上，通常情况下，高层管理人员的收入是人力资源管理者的 5 到 10 倍。收入差距过大，使高层管理人员与人力资源管理者的分配机制失去联动效应，"激励链"在人力资源管理者这个环节上断裂。在企业改革过程中，宏观与理论研究固然重要，但涉及企业具体问题的研究也必不可少。缺少了激励研究就失去了操作性和有效性，像人力资源管理者激励此类的重要问题应该引起企业的高度重视。

二、参与企业重大决策培养管理能力

让人力资源管理者参与企业的重大决策，是培养人力资源管理者能力，提高素质的重要手段。很多企业让人力资源管理者参与高层次会议，让他们就高层次管理问题，如组织结构、经营管理人员的奖酬机制、部门之间冲突的协调等提出自己的建议，供企业董事会参考。这样可以为人力资源管理者提供分析和处理整个企业范围内的高层决策问题的机会和经验，促进了他们的成长。它同时挖掘了管理者的创造力，给管理层带来了新思路。这一过程本身又促使人力资源管理者仔细研究政策问题，为自己的决策承担责任。特别是在企业酝酿变革的时候，采取这种方式让人力资源管理者更多地了解企业发展，让他们有更多机会参与决策过程，非常有利于人力资源管理者理解公司的发展状况，支持企业的变革。

三、塑造人力资源管理者健康的人格

可从以下几个方面塑造人力资源管理者的人格品质。

（一）充实考评内容

一直以来，企业对人力资源管理者的考核与评估过多着眼于其工作表现和业绩，而几乎不关注人力资源管理者个人智力价值的发挥与实现、心理素质的养成，以及人格的塑造。实质上，从人格的内涵和外延两个方面考察、评价人力资源管理者行为，并积极引导和发现他的优良品质，进而提高其综合素质，正是企业重要的责任之一。企业的人力资源管理应立足长远战略，通过人格塑造和针对性的评估，以建立完善的人力资源管理者人格档案。同时，管理者要避免强制性灌输，运用心理学技巧，对人力资源管理者进行个性化的成才设计、形象策划和挫折咨询等辅导。

（二）纠正观念偏差

很多企业在人力资源管理者的选聘与任用上，常常侧重从企业短期目标导向出发，只偏重人力资源管理者的文凭与知识，因此把人才价值等同于专业技能，却很少深入人格层面考验他们。最新理论研究表明，个人的专业技能与知识结构同其人格发展成正比关系——良好的人格有助于专业技能的提高和发挥。因此，企业应修正自身的人才观念，在招聘、日常管理和人才培养等环节，充分考虑人格因素，建立相关测评体系。

（三）拓宽培训视界

目前，众多企业已开始从人格塑造的深度，研究、培养人力资源管理者良好的心理素质与完美的人格。企业人力资源管理者培训与学校教育本质的不同在于，学校仅让学生知道别人也知道的知识，因此学校教育期间只需要学生具有一般的人格；而企业对人力资源管理者的培训往往要求他们学会别人尚未掌握的知识，所以需要特殊的人格培养。企业培训的特点决定了"学习型企业"并不等于"学校式企业"，其培训功能不能局限于知识的灌输，高科技企业也不例外。企业对人力资源管理者的人格教育与培训不能完全以课堂教学的方式进行。企业可以采用更为灵活的办法：以会代训，通过会议向人力资源管理者传输新知；以责代训，通过轮岗、承担项目等形式授权负责；阶段性特视角色，通过角色转换，培养、锻炼和提高人力资源管理者能力；以教代训，安排有经验的人力资源管理者承担培训新人的任务，让其得到特殊的培训，提高纵观全局以及与人合作的能力。

（四）超前关注人格

目前，越来越多的企业把支持教育发展视为自己的社会责任和发展机遇，并将某些学校的学生视为企业未来的人力资源。企业在经济资助之余，要刻意提前介入学校教育，超前关注企业未来人力资源管理者的人格教育，以本企业的道德理念影响和改变相对封闭、抽象的学校教育。

四、进行反馈和评价

每个人在认知上，都存在四个部分，第一部分是竞技区，就是自己知道别人也知道的部分。第二部分是掩饰区，是自己知道别人不知道的。第三部分是盲区，别人知道自己不知道的。最后一个是未知区，自己不知道别人也不知道的。同样，在对自己的认知上，每个人也都存在一个盲区，只有得到别人的反馈，才能全面认识自己，才能了解自己的优点和需要改进的地方。因此，很多企业推行了反馈评价办法，据此对人力资源管理者做好培养。

在具体操作中，要通过人力资源管理者身边的上级、下级、同事对其本人的评价，发掘出人力资源管理者自身的优势和劣势，帮助人力资源管理者本人清晰地认识自我，并在未来的工作中加以改进。对人力资源管理者胜任力的评价分为计划、质量管理等几大指标，每一指标下又分多个子指标，以保证每个指标都是切实可评价的。评分结果需短，但要相当实用。

因为上面很清晰地列出被评分者的强项与不足，更给出人力资源管理者今后注意提高的详细建议。

当然，除了上面提到的几种方式，企业还可以对人力资源管理者有针对性的进行一些管理课程培训。现在市场上有各种各样的培训课程可供选择，企业可以根据企业中人力资源管理者的实际需要选择。总之，在任何一个企业，人力资源管理者的培养都是一个长期持续不断的过程，企业需要综合考虑培养目标、培养内容、培养对象及企业资源等因素，在具体的管理实践中不断摸索、创新，将这些工具变成适合自己和为了自己的管理模式，才能在企业竞争中取得优势。

第四节 人力资源管理者的职业化

人力资源管理者是做好组织人力资源管理的重要保证。人口资源管理者必须有先进的人力资源管理理念、过硬的人格品质、合理的知识结构、较强的工作能力、健全的心理素质与一定的人事工作经验。加强人力资源管理者队伍建设十分重要。

一、人力资源管理者的概念

人力资源管理者即人力资源管理人员，是从事人力资源规划、员工招聘选拔、绩效考核、薪酬福利管理、培训与开发、劳动关系协调等工作的专业管理人员。人力资源管理者的任务是选人、育人、用人、留人，调动各类员工的积极性和创造性，同时也必须运用劳动法规和劳动合同来规范人力资源管理活动，协调处理企业的劳资纠纷，从而求得人与事相适应，达到事得其人、人适其事、人尽其才、事竟其功的目的。人力资源管理者的作用越来越受到企业决策层的重视，许多企业逐渐走出了人事管理的误区，如今已经把人力资源管理看成是一种战略性的管理，并把人力资源经理或管理者称为战略合伙人。

就企业组织结构来讲，一般企业的组织都可以分成三个管理层次，即决策层、中间层和操作层。组织的层次划分通常呈现金字塔式，即决策层的管理者少，执行层的管理者多一些，操作层的管理者更多。通常我们也称决策层的管理者为高层管理者，执行层的管理者为中层管理者，操作层的管理者为基层管理者。不同层次不同岗位的管理者，在组织运行中扮演着不同的角色。高层管理者最重要的角色是决策角色，确定公司经营的大政方针、发展方向和规划，掌握政策，制定公司规章制度以及进行重要的人事组织及其变动等，也就是说，凡关系到公司全局、长远发展的重大问题，凡是与外部协作和市场竞争有关的重大问题，均由高层经理处理决策。基层管理者则主要是调动下属成员进行团队合作，组织一线职工努力完成生产计划和工作任务。而作为中间的企业中层管理者是企业的中坚力量，则承担着企业决策、战略的执行及基础管理、与决策层的管理沟通等工作。他们的工作具有承上启下的作用。

二、人力资源管理者的职业化

在人力资源管理理念和实践的萌芽与发展初期，人力资源管理者很多是从一线员工中调任的，通常是在经营业务上并不出色却善于与人相处的管理人员，甚至有部分是因为在工作中不能胜任或即将退休而被调配到人资部门。部门多定位于从事行政性、事务性的工作，这与当时的时代背景和管理意识相一致。在知识化、网络化和竞争化的时代进程中，人力资源管理人员的职业化、专业化趋势日渐成熟，人力资源管理逐渐开始由一个专业成为一个职业。

职业和工作并非对应的概念，工作是职业的初级阶段，随着社会分工的细致和知识体系的强化与扩张，工作发展到一定阶段时，才成为职业。职业是具有较高社会地位的知识性工作，包含四个基本特征：专业化知识、自治、对其他次要工作群体的权威以及一定程度上的利他主义。因此，从工作向职业转变的过程可以说就是职业化的过程。

工作如果能够向社会证明其将有的贡献性就能够成为职业，比如责任感、较高的教育水平以及服务意识等，这些特征能够证明其符合公认的职业地位。对于职业特征的研究最终发展出职业主义意识形态，研究发现成功的企业在价值和职业主义方面与其他企业相比具有鲜明的特色。职业主义的两个基本要素就是专门化的知识和自治权，职业化是基于共同知识的专业化与基于独立利益的自治的形成过程。基于共同知识的专业化意味着共同的知识话语与规则的形成，但是知识话语的确立并不仅仅涉及知识的重新布局，而且势必涉及社会利益格局某种程度的改变，涉及利益的社会再分配。也就是说，它意味着拥有共同的文化资本，分享共同的文化背景，以及拥有同样的生产关系（话语的生产和分配）的阶段的形成。这里的自治包括职业独立，独立于政府和社会之外；也包括职业自律，职业角色通过职业理念和精神的内化而成为职业良心。

职业化是劳动社会化分工条件下的组织原则，也是劳动力市场构建的一种方式。职业化使工作跳出了自由竞争的劳动力市场，市场的准入资格、竞争程度、薪资水平等都发生了变化，各种形式的职业同盟逐渐形成。

随着人力资源管理在组织中的地位日益重要，人力资源管理者的角色定位被提升到前所未有的高度：组织的战略合作伙伴。在传统的人力资源管理中，更为强调个体人力资源的产出（营业额、满意度以及绩效），各个人力资源职能相互之间是分离而独立的。但在战略人力资源管理中，战略是商业导向，关注于组织的整体效能；人力资源则被作为资产、资源，采用广泛的、权变和一体化的方法进行管理。战略化意味着人力资源对其他工作、职业的影响力以及在组织绩效的影响中权重更大。立足于职业化的角度，人力资源战略化的基础和核心是人力资源职业自治。

然而，要想使人力资源管理在组织内真正成为战略性职能，必须将其当成独立的职能部门来看待，即为了有效地向企业内部客户提供服务，人力资源管理者对于工作的控制权和自主权理应得到加强。在美国的一些企业中，高层人力资源管理者已经开始把人力资源管理作为战略性业务单元来看待，试图根据他们的顾客基础、顾客需求以及满足顾客需求的技术等条件来界定其业务内容。这种理念的根本正是与职业化理念相契合的，其基础都是要赋予人力资源管理以职业自治权。因此，可以说，人力资源管理的战略化进程正是人力资源管理职业化发展的体现，职业化的成熟将会为人力资源管理在组织内的定位和运作提供良好的基础和平台。

人力资源管理者的职业化已经成为大趋势。目前，我国已经出台相关的规定，对人力资源管理者进行规范，我国已经形成比较规范的人力资源管理者职业体系。人力资源管理者的职业等级分为四个，分别为：企业人力资源管理员（国家职业资格四级）、助理企业人力资源管理师（国家职业资格三级）、企业人力资源管理师（国家职业资格二级）、高级企业人力资源管理师（国家职业资格一级）。目前开展有人力资源管理员（国家职业资格四级）、助理人力资源管理师（国家职业资格三级）、人力资源管理师（国家职业资格二级）的全国统一鉴定、颁发证书工作。

第四章 企业战略视角下的人力资源工作研究

第一节 实施战略管理的必要性

一、战略管理的作用

（一）实现组织目标的"黏合剂"

作为合作和交流的工具，战略为整个组织确定一个共同的发展方向，成为整个组织发展的"黏合剂"。

（二）战略决策的"最佳伴侣"

战略是关键的成功要素。在企业的经营管理中，每天有上百个决策，战略可限制其范围及简化决策，起着优化决策的作用。

（三）组织发展的"校偏器"

作为目标或通向目标的桥梁，战略体现了企业的价值观和员工的精神追求。能够在发展过程中增强组织的适应性、灵活性，密切关注外部环境的变化，预防某些不利事件发生，保障组织目标的顺利实现。

二、企业战略的构成要素

一般来说，企业战略由四个要素构成。

（一）经营范围

经营范围是指企业从事生产经营活动的领域，又称为企业的定域。它反映出企业目前与其外部环境相互作用的程度，也可反映出企业计划与外部环境发生作用的要求。

（二）资源配置

资源配置是企业的特殊能力，每家企业配置资源的能力不同，它是指企业过去和目前资源与技能配置的水平和模式。企业资源是企业生产经营活动的支持点。企业只有以其他企业不能模仿的方式，取得并运用适当的资源，形成自己的独特技能，才能很好地开展生产经营活动。如果企业资源贫乏或处于不利境况时，经营范围便会受到限制。

（三）竞争优势

竞争优势是企业通过其资源配置模式与经营范围的决策，在市场上所形成的与其竞争对手不同的竞争地位。

（四）协同作用

协同作用是企业从资源配置和经营范围决策中所能寻求到的各种因素综合作用的结果，即分力之和大于各分子简单相加的结果。协同作用可以分为四类。

投资协同作用：企业内各经营单位联合利用企业的设备、共同的原材料储备、共同研究开发新产品，分享企业专用的工具和专有的技术。

作业协同作用：充分利用已有的人员和设备，共享由经验曲线造成的优势等。

销售协同作用：企业产品使用共同的销售渠道、机构和手段。

管理协同作用：以上三种协同作用，实际上是发生在生产经营活动过程的三个阶段上。还有一种是从质的方面把握的，即管理协同作用。管理协同作用是相当重要的，因其作用的"乘法效应"，该作用不能简单地以定量方式表示，不同的经营单位可以分享以往的管理经验。实践表明，协同作用可以正，也可以负。

三、企业战略的层次

正如企业目标是多层次的，有总体目标、各层次目标、各经营项目目标，组成完整的目标体系，企业战略，不仅要说明企业整体目标及实现这些目标的方法，而且要说明企业内每一层次、每一类业务、每一部分的目标及其实现方法。因此，大型企业有三种层次，总体战略由企业的总部制定，而经营单位战略、职能性战略则分别由分公司及各相关部门制定。相对而言，中、小型企业因其内部没有相对独立的经营单位，便不必硬分为三个层次。

（一）总体战略（公司战略）

大中型企业，特别是多种经营企业中，它是最高层次的战略。从公司的经营发展方向出发，经过公司各种经营单位之间的协调，确立形成从有形资源的利用到整个公司价值观念、文化环境的建立机制。

（二）经营单位战略（经营战略）

经营单位战略，是在企业总体战略的制约下，指导和管理具体经营单位的计划和行动，为实现企业整体目标服务。经营单位战略，主要是针对不断变化的外部环境，实现在各自的经营领域里的有效竞争。

（三）职能部门战略（职能层战略）

职能部门战略是企业内主要职能部门的短期战略计划，使职能部门的管理人员可以更加清楚地认识到本职能部门在实施企业总体战略中的责任和要求，有效地运用开发、营销、生产、财务、人力资源等各经营职能，保证实现企业目标。

四、战略管理的过程和框架

战略管理是一种循环复始、不断发展的全过程总体性管理。在战略管理中，企业高层管理人员要根据企业的使命和目标，分析企业经营的外部环境，确定外部环境中存在的经营机会和威胁。评估自身的内部条件，认清企业经营的优势和劣势。在此基础上，企业要制订用以完成使命、达到目标的战略计划。

在执行战略的过程中，企业管理人员还要以战略实施成果和效益进行评价，同时，将战略实施中的各种信息及时反馈到战略管理系统中，确保对企业经营活动的有效控制，并根据变化的情况修订原有战略或制定新战略，开始新的战略管理，根据战略计划的要求，管理人员应配置企业资源，调整企业结构和分配管理工作，并通过计划、预算和进程等形成、实施既定战略。

五、战略管理应遵循的原则

根据哥伦比亚大学学者约瑟夫·斯蒂格利茨（Joseph E Stiglitz）的研究，战略管理应遵循以下原则。

（一）适应环境原则

战略管理，首先必须意识到战略并非存在于"真空地带"，而是与外部环境的变化息息相关，外部环境对战略的实施有着很重要的影响，因此，在战略管理过程中必须注重与外部环境协调发展。

（二）全过程管理原则

战略是一个过程，包括战略的制定、实施、控制与评价。在这个过程中，各个阶段互为支持、互为补充，忽略其中任何一个阶段，企业战略管理都不可能成功。

（三）整体最优原则

战略管理要将企业视为一个整体来处理，要强调整体最优，而不是局部最优。战略管理不强调企业某一个局部或部门的重要性，而是通过制定企业的宗旨、目标来协调各单位、各部门的活动，使他们形成合力。

（四）全员参与原则

因为战略管理是全局性的，并且有一个制定、实施、控制和修订的全过程，所以战略管理绝不仅仅是企业领导和战略管理部门的事，在战略管理的全过程中，企业和员工都将参与。

（五）反馈修正原则

战略管理涉及的时间跨度较大，一般在五年以上。战略的实施过程通常分为多个阶段，因此需要分步骤实施整体战略。在战略实施过程中，环境因素可能会发生变化。此时，企业只有不断地跟踪反馈，方能保证战略的适应性。

战略管理过程，也是一个创造性思维的过程。"兵无常势，水无常态"，企业的一项战略决策，往往不能单靠定量分析和固定模式来制定，许多情况下，战略管理者的经验、直觉、创造力和价值观等因素都会对战略产生影响。在现代，创造性思维在决策制定中的作用越来越重要。

第二节　企业战略环境分析

现代企业经营的实质，是解决企业外部环境、内部条件和经营目标三者之间的动态平衡问题。

一、外部环境与企业战略

环境是企业生存发展的土壤和条件，是企业的生存空间，对环境的侦测是制定企业战略的关键一步。侦测环境的目的是"知彼"，即商机、需求在哪里，威胁问题有哪些，这样才能"成竹"在胸，"胜券"在握。

从系统论角度看，企业作为一个开放系统，是从属于某个特定的社会乃至世界这一更大系统的子系统。影响和制约企业生产经营活动的外部诸因素的集合为环境。

战略环境对企业的影响是全局性的而非局部性的；对企业的影响是长远的、现在的和未来的，而不是过去的；是动态的而非静止的。

企业面临的环境分为三个层次：宏观环境、行业环境和竞争环境。宏观环境因素可以概括为四类，即 PEST（political，economic，social，technological）。

环境的变化可以沿两个方向来考察。

复杂性：组织所面临的环境影响因素的多少，它们之间的相互关联性及处理这些环境影响所需要的知识的复杂性。

动态程度：环境影响因素随时间的变化趋势。如果不随时间变化或其变化幅度不足以影响企业的经营，则可以认为环境是静态的；反之，是动态。

二、环境变化的影响

外部环境包括政治、经济、社会等一系列外部因素。企业管理是在一系列外部环境中进行的。进行外部环境分析的目的，是为了了解环境的性质和一般变化趋势，要明确它们对企业可能的影响，从而帮助管理人员制定正确的战略。

（一）环境变化对行业边界的影响

客观环境的变化可能使行业的边界发生移动，即行业的范围会随着环境的变化而变化。如美国法律的变化已经改变了财务服务、电信和航空等行业的范围。现在要说明服务或电信行业的概念已很困难，因为这些行业所提供的产品和服务范围正在迅速变化。

（二）环境变化对顾客行为的影响

环境变化也能显著影响企业消费者的多少、特性和行为。例如，在长时期内，人口及其购买力几乎影响所有市场的大小和潜力。再如人口老龄化，老年人用品市场、养老服务市场正在形成和扩大。

（三）环境变化对供应商的影响

环境变化直接影响供应商的数量、类型及其产品和供货成本。例如，政治、法律环境变化影响供应商行业的结构和竞争动态，而税收政策、直接补贴和进出口限额可能帮助或限制供应商的有关经营行为及其竞争强度。

（四）环境变化对产品替代的影响

环境变化会导致产品替代，如晶体管取代电子管、彩显管取代黑白管、石英表和电子表取代机械表等，还有从农村移居城市、双职工家庭及晚婚等生活、工作方式的变化，已对建筑业、娱乐业产生重要影响。

社会价值观的变化也能引起产品替代。例如，越来越多的人关注自身生存环境和健康，人们优先选择营养食品、饮料、各种健身器材，更注重居住环境的美化、绿化等因素。

（五）环境变化对关键成功要素的影响

通常，开发技术能创造新的成功因素。例如，电子企业进入手表行业，从机械表制造商手中夺取了大量的市场份额，从而对机械表制造商构成了极大的威胁。

三、行业环境分析

行业环境是根据企业所处的行业来思考的环境。行业泛指由于产品类似而相互竞争、满足同类的购买需求的一组企业，行业环境分析的任务是：探究某行业长期利润潜力的来源及其状况，发现影响该行业吸引力的相关因素，以确定企业进行行业选择的范围和风险。

五力分析法，是指一个行业中的竞争远不止在现有的竞争对手中进行，而是存在着五种基本竞争力量的较量。它们是：①潜在的加入者；②代用品的威胁；③购买者讨价还价的能力；④供应者讨价还价的能力；⑤现有竞争者之间的抗衡。

（一）新加入者的威胁

对行业的分析需要建立两个重要概念：进入壁垒和退出壁垒。把这两个因素进行不同的组合，会形成不同的优势行业或劣势行业。

进入壁垒高可以有效减少竞争对手数量，退出壁垒低可以有效降低退出门槛，进入壁垒和退出壁垒的高与低是相对的，无严格的数量界限。供应商与购买者的议价是"纵向"竞争，另外三种是"横向"竞争。

对潜在的进入者分析：当某一行业，尤其是某一新兴行业获得高额利润时，会刺激行业内现有企业追加投资，提高生产能力，会吸引行业外企业的进入。这样，可能会降低产品价格，从而造成行业利润率下降。从行业现有企业角度，总希望少一些新的进入者。那么这些潜在的进入者来自哪里？会以哪些方式进入？

可能的进入者和进入方式：行业内的竞争者，可以是生产完全相同产品的企业，也可以是生产其他产品系列的企业。行业外一些企业，可以是与行业有技术、市场关联的，也可以是完全没有联系的企业。

进入障碍：是指影响新进入者进入现有行业的因素，是新进入者必须克服的障碍。

（二）竞争对手之间的抗衡

竞争是市场经济保持活力的主要法宝，因此企业是在激烈的竞争中从事经营活动的。竞争对手所来自的地域包括：本国、他国和地区内；行业内、行业外；行业内、外联合。产生激烈竞争的因素有：工业增长缓慢；众多竞争对手；竞争对手实力相当；固定成本或库存成本高；缺少差异化；生产能力过剩或退出障碍高等。

竞争对手不止一个时，是四面出击，还是利用其中某些对手或防范另一类对手？大量研究发现，在很多产业中，合适的竞争对手可以采取增强竞争优势；改善当前的产业结构；协助市场开发；扼制进入；加强而不是削弱企业的竞争地位等方法实现企业战略。这样做有助于实现自身战略目标、改善所处产业结构，有助于企业市场开发及扼制进入。

（三）替代的威胁

所有产业都面临替代的威胁。有的是经济因素，如人造革代替皮革，人造蟹肉代替天然蟹；有些是原材料短缺，如各种化学纤维代替棉麻；有些是技术进步的结果，如晶体管代替电子管，彩显代替黑白显。从替代品的作用看，有的只起短暂的补充作用，如人造革、人造蟹肉；有的是永久代替，并导致某一行业的衰退，如晶体管代替电子管，彩显代替黑白显。

替代的威胁限制了原有产品价格的无限上扬。替代品是广泛存在的，但对不同行业的影响程度并不相同，当一个行业只有少数几家企业且市场范围有限或难以迅速增加供给时，替代品的影响更加密切。

辨识替代品：本质在于寻找那些与该产品实现相同总体功能的产品或服务，而不仅仅是那些具有相同形式的产品。

替代的经济性：替代是否真正发生，还取决于替代过程给顾客带来的利益是否足以补偿所造成的损失。即一种产品带给顾客的转换诱惑超过了顾客的转换成本，就可替代另一产品转换诱惑的大小取决于替代品与当前使用的产品的相对价值/价格比，还受顾客转换欲望和其评价标准的影响。

替代和防替代战略：针对替代品的威胁，行业内的现有企业最好采取集体主义的反击行为。

当替代品与企业产品之间有很强的关联性时，不妨进入替代品产业，以获取关联优势（共同的销售渠道和买方等）。

当整个行业面临因技术进步等环境变化所带来的替代威胁时，寻求与替代品的共存与联合可能是更明智的策略。例如，在安全警卫行业，电子报警系统是强大竞争力的替代品，尤其在一些重要部门和单位。安全警卫行业能采取的最佳策略，就是将人工警卫与电子报警系统相结合。

（四）作为竞争对手的供应商（寄生关系）

企业主要关心原料的价格、数量，并设法维持一种强有力的与供应商讨价还价的能力。把供应商作为竞争对手的观念实际上是倡导这样一种原则，即尽可能减弱他们讨价还价的能力，以获得更大的利益。

作为合作伙伴的供应商，为了获得原材料或者其他货物的稳定供应和维护质量的一致性及与供应商的长期而灵活的关系，企业最好把供应商作为合作伙伴。

（五）顾客讨价还价的能力

顾客是企业产品或服务的购买者，是服务的对象。可以是个人、家庭、组织机构、政府部门，可能在国内，也可能在国外。限制顾客的讨价还价能力和分析其购买行为及特点是企业成功经营的基础、前提。

1. 顾客的讨价还价能力

企业最不安的是顾客采取了它所不期望的行为，如许多顾客突然开始购买竞争对手的产品，要求企业提供更好的服务、降低价格等。顾客具有较强的讨价还价的能力：相对于供应商而言，顾客的数量小、规模大（购买），即顾客非常集中；顾客的转换成本较低，较易找到其他供应商或替代品；顾客的产品是标准化的，缺少差别化，顾客对价格非常敏感；顾客具有后向一体化的资源、能力；顾客充分了解供应商的详细信息，如产品制造过程、成本和价格、供应商与其他竞争对手交易的时间、条件等相关信息。

2. 顾客的购买行为和特性分析

顾客分析的目的在于了解顾客为什么选择某一产品或服务（价格低？质量高？快速送货？可靠服务？广告？推销员能干？）。"五因素模型"是认识行业结构特点的重要分析工具之一，应用时，需要明确和注意以下几点。

第一，不同行业的获利性有很大的差异，因此，行业的吸引力是决定企业绩效的关键要素之一。

第二，即使同一行业，不同企业的获利能力也有很大不同，即企业资源和发展能力对其经营业绩有非常重要的影响。行业结构和相对竞争地位共同决定了一个企业的业绩水平。

第三，行业的行为和获利性随着时间的推移可能发生显著的变化。如20世纪80年代早期，汽车、计算机制造行业有高利润，20世纪90年代早期，只能维持中、低水平的利润率，所以不能单用静态分析，还必须做纵向分析，考察行业随时间的变化。

第四，由于行业结构随环境的变化而变化，并且，很可能人们难以预测，因此，必须承认行业结构所固有的动态性，并努力使企业资源和能力与之相匹配。

第五，行业结构并不完全取决于外部因素，还受企业，尤其是领先企业战略决策的影响和制约，同时与企业之间的相互竞争结果有密切关系。

换言之，"五因素模型"可能难以说明战略与行业结构之间的双向作用过程。

竞争环境是指同行的动向，这是对企业战略有最直接影响的因素。我们可以把范围缩小到某一种产品，如个人电脑的制造商，它所面临的竞争环境就是每一家个人电脑生产厂商所形成的市场，但同行的范围可略为扩大，例如家电同行的范围，就包括电视、电冰箱、空调等不同的产品。

将行业环境与竞争环境做比较，它们似乎相当接近，但其中最大的差别在于行业环境分析着眼于行业整体角度，属中观分析。竞争环境分析则是从企业自身的角度去分析竞争对手的态势，属微观分析。

第三节　人力资源战略

一、人力资源战略简述

（一）人力资源战略概念

人力资源战略是组织为适应外部环境的变化及人力资源开发与管理自身需要，根据组织的发展战略，在充分考虑员工期望的前提下制定的人力资源开发与管理的纲领性长远规划。

（二）人力资源战略与企业战略的关系

人力资源战略是组织战略的重要组成部分；人力资源战略是人力资源开发与管理活动的纲领性文件；人力资源战略是组织战略实现的必要保障。

（三）人力资源战略管理的过程

人力资源战略管理的过程包括：公司战略的制定与企业文化的梳理；人力资源战略制定的准备阶段；人力资源战略的制定阶段；人力资源战略的实施阶段；人力资源战略的反馈与控制阶段。

人力资源战略的形成与公司战略及企业文化密不可分，公司的战略与文化决定了人力资源战略。

二、战略性人力资源管理系统设计的依据

（一）企业的使命、愿景和战略

使命：企业存在的理由和价值，即回答为谁创造价值，以及创造什么样的价值。

愿景：企业渴求的未来状态，即回答企业在未来将成为一个什么样类型的企业。

战略：是将使命与愿景进行落实的关键步骤。

（二）组织系统研究

组织系统研究包括：组织模式的选择；部门设置与职能定位；流程梳理；定职责、定岗位、定编制、定人员。

（三）职位系统研究

职位系统研究包括：职位；职位分析；职位评价。

第四节 人力资源规划

一、人力资源规划概述

（一）人力资源规划的含义

人力资源规划是为实现社会组织的经营目标，根据组织发展的需要和内外条件，运用科学的方法，对人力资源的需求和供给状况进行分析和估计，在职务编制、人员配置、教育培训、薪资分配、职业发展等方面所编制的人力资源管理的职能性计划。

人力资源规划是在组织发展方向和经营管理目标既定的前提下为实现这一目标而进行的人力资源计划管理，它确定社会组织需要什么样的人力资源来实现组织目标，并采取相应措施来满足这方面的需求。也就是说，人力资源计划管理的任务，是确保社会组织在适当的时间获得适当的人员（包括数量、质量、层次和结构等），实现人力资源的最佳配置，使组织和员工双方的需要都能得到满足。

人力资源规划就是要将社会组织目标和策略转化为人力方面的需求，并通过人力资源管理体系和工作，在量与质、长期与短期方面达到人力的供需平衡。

这一目的的实现方法有：首先通过建立稳定、有效的内在劳动力系统，使组织内部人力供给和运作维持相对的稳定，同时也可以建立内在劳动力系统和外在劳动市场的有效联系，有机地调节内部劳动力系统。其次，人力资源规划可以使组织内部成员个人技术得以充分发挥，以求人尽其才。再次，人力资源规划可以协调和指导其他不同人力资源管理功能的实现，可以说人力资源规划提供了整个人事管理发展的方向，也提供了评估整个人事管理作业的依据。因此，要搞好人力资源规划，就需要注意以下几个原则：制定人力资源规划要以社会组织总目标和总策略为中心；要了解内部劳动力系统和外在劳动力市场的状况；要取得高层主管的参与支持；要注意整个人力资源管理体系的搭配。

（二）人力资源规划的作用

为社会组织经营发展对人力资源的动态需求提供保证；为社会组织人力资源活动提供有序及前瞻性的管理；为社会组织更好地控制人员结构，降低人工成本提供依据。

（三）人力资源规划的分类

从不同的角度，可以对人力资源规划进行分类，分类角度有以下两种。

1.总体规划和具体计划

（1）人力资源总体规划

人力资源总体规划指计划期内人力资源管理总目标、总政策、总步骤和总预算的安排。人力资源具体计划是总规划的分解，包括职务计划、人员配置计划、人员需求计划、人员供给计划、人员补充计划、人员接替提升计划、教育培训计划、工资薪酬计划、劳动关系计划和退休解聘计划等。

（2）人力资源各项业务的具体计划

人力资源的具体计划是总体规划的展开和具体细化，每一项业务计划都由目标、任务、政策、步骤及预算等部分构成，从不同角度保证人力资源总体规划的实现。总体规划目标的实现是各项业务计划实施的结果。

2.长期规划、中期规划和短期规划

按照规划涉及的时间长短，人力资源规划有长期规划、中期规划和短期规划三种。

（1）长期人力资源规划

长期人力资源规划指跨度为5～10年或以上的具有战略意义的规划，它为社会组织人力资源的发展和使用状况指明了方向、目标和基本政策。长期人力资源规划的制定需要对内外环境的变化做出有效的预测，才能对社会组织的发展具有指导意义。长期人力资源规划比较抽象，可能由于内外环境的变化发生改变。

（2）中期人力资源规划

中期人力资源规划一般为1～5年的时间跨度，其目标、任务的明确与清晰程度介于长期和短期两种规划之间，是实现长期人力资源规划目标过程中的具体环节，也是制定短期人力资源规划的具体指导。

（3）短期人力资源规划

短期人力资源规划时间跨度一般为1年左右。和长期人力资源规划相比，短期人力资源规划对各项人事活动要求明确、任务具体、目标清晰。

（四）人力资源规划的内容

1. 人员补充计划

人员补充计划是社会组织根据组织运行的情况，对组织可能产生的空缺职位加以弥补的计划，目的在于促进人力资源数量、质量的改善，是社会组织吸收员工的依据。人员补充计划有两种情况：第一，人员补充主要是针对人员需求，招聘和选拔新员工到企业中来而进行的。社会组织一般在以下几种情况下有补充员工的需要，一是自然减员，二是技术革新，三是离职现象，四是规模扩大。第二，人员补充计划也和人员晋升计划相联系。所以，在社会组织进行招聘录用活动时，必须考虑到若干年后员工的使用情况。只有用发展的眼光看待人员使用的问题，才能制订出合理的人员补充计划，使组织每一发展阶段都有恰当的人选满足工作的要求。

2. 培训开发计划

社会组织要树立"全员培训"的思想，并针对每位员工的状况来制订培训开发计划。同时，现代管理强调"以人为本"，越来越多的管理者都认识到人力资本是企业的第一资本。与物质资本相比，拥有人力资本才更拥有主动权，组织对人力增加资本投资，对员工进行的各种培训、研修或研讨的计划也属于人员发展规划。

培训开发计划的目的，是通过内部的努力为组织发展准备所需的人才，是为了更好地使人与工作相适应。培训开发计划与组织的晋升计划、配备计划及个人的职业计划密切相关。这些计划之间的互动，不仅能使培训的目的性更强，而且能够调动员工参加培训的积极性，从而提高培训的效果。

3. 人员配备计划

社会组织员工在未来职位上的安排和使用，是通过组织内部人员的有计划流动实现的，这种人员流动计划称为配备计划。配备计划一般在以下几种情况下执行：第一，当组织要求某种职务的人员同时具备其他职务的经验或知识时，就应使之有计划地流动，以培养高素质的复合型人才。第二，当上层职位较少而等待提升的人较多时，通过配备计划实现人员的水平流动，可以减少他们的不满，等待上层职位空缺的产生。第三，在组织人员过剩时，通过配备计划可以改变工作分配方式，对组织中不同职位的工作内容进行调整，解决工作负荷不均的问题。

4. 薪资激励计划

薪资激励计划对于社会组织来说，一方面是为了确保社会组织人工成本与经营状况保持恰当的比例关系，另一方面是为了充分发挥薪酬的激励作用。薪资总额取决于组织内员工不同的分布状况和工作绩效。社会组织通过薪资激励计划，可以在预测组织发展的基础上，对未来的薪资总额进行测算和推测，并确定未来时期内的激励政策，如激励方式的选择、激励倾斜的重点等内容，以充分调动员工的积极性。

5. 人员晋升计划

所谓人员晋升计划，是指根据工作单位的组织需要和人员分布状况，制订的员工提升方案。对于单位来说，要尽量使人和事达到最大限度的匹配，这对于调动员工积极性和提高人力资源利用率是非常必要的。对于员工来讲，晋升不仅是员工个人利益的实现，也意味着工作责任和挑战的增加。二者结合起来，会使员工产生一种能动性，使社会组织获得更大的利益。

一般说来，晋升规划中对晋升比率、年资、晋升时间和晋升条件等都做了明确的规定。当然，晋升规划中也应有对特殊情况的处理，如有特别突出贡献的员工可以提前晋升、跨级晋升等。

6. 员工职业计划

社会组织的员工职业计划，是指对员工在组织内的职业发展做出系统的安排。通过职业计划，能够把员工个人的职业发展和组织需要结合起来。所以，这项工作对于个人和组织都非常重要。

社会组织加强员工职业计划的管理，除了晋升计划、激励计划和培训开发计划以外，制订和实施平行调动或岗位轮换计划等也是激励员工成长的手段。

除以上六项外，人力资源规划还包括人员发展规划、劳动关系计划、退休解聘计划等。通过以上对人力资源规划的含义和基本内容的概要介绍可以看出，人力资源规划在社会组织的人力资源管理中起先导作用，对整个人力资源管理工作有重要的战略意义。另外，由于人力资源规划是与组织发展战略相联系的，在实施社会组织目标和战略规划的过程中，它还能指导人力资源管理的具体活动，并不断地对人力资源管理政策和措施做出相应调整。

二、人力资源预测

（一）人力资源预测概述

人力资源预测是指在对社会组织进行评估和预言的基础上，对未来一定时期内人力资源供需状况的假设。人力资源预测可分为人力资源需求预测和人力资源供给预测。人力资源需求预测是指社会组织为实现既定目标而对未来所需员工数量和种类的估算。人力资源供给预测是确定社会组织是否能够保证员工具有必要能力，以及到什么地方去招聘员工的估计。

人力资源预测是建立在对社会组织人力资源现状和市场人力资源环境了解和分析的基础之上的，所以在社会组织进行人力资源预测时，一定要注意分析以下人力资源政策在稳定员工上所发挥的作用：市场上人力资源的供求状况和发展趋势；本行业其他社会组织的人力资源政策；本行业其他社会组织的人力资源状况；本行业的发展趋势和人力资源需求趋势；本行业的人力资源供给趋势；社会组织的人员流动率及原因；社会组织员工的职业发展规划状况和社会组织员工的工作满意状况等。

（二）人力资源预测方法

1. 德尔菲法

德尔菲法又叫专家评估法、专家预测法，适合于技术型企业的长期人力资源预测。现代社会技术更新非常迅速，用传统的人力资源预测方法很难准确预测组织未来对技术人员的需求。相关领域的技术专家可以把握技术发展的趋势，所以更加容易对该领域的技术人员状况做出预测。

德尔菲法一般采用匿名的问卷调查方式，听取专家对企业未来人力资源需求后的分析评估。所谓匿名的方式，就是指专家互相之间不知道每条意见是谁提出来的，在整个过程中，各个专家之间不进行任何形式的交流。信息的交流和传递完全由预测活动的发起者来进行。

德尔菲法是一种比较系统的、常用的人力资源需求预测判断法，它主要依靠人的主观判断力，而不是使用处理数字的方法。

为了增加预测的可信度，可以采取多次讨论法。如在第一次讨论中，各专家独立拿出自己对技术发展的预测方案，管理人员对这些方案进行整理，编写成企业的技术发展方案。第二次讨论主要是根据企业的技术发展方案来进行人力资源预测。这样通过多次反复，最终达成一致意见。

2. 模型预测法

模型预测法是通过数学模型对真实情况进行实验的一种技术。模型预测技术首先要根据社会组织自身和同行业其他企业的相关历史数据，通过数据分析建立起数学模型，根据模型确定销售额增长率和人员数量增长率之间的关系，然后通过组织未来的计划销售增长率来预测人员数量的增长情况。模型预测法适合于大、中型社会组织的长期或中期人力资源预测。模型预测法包括人员接替模型和马尔可夫模型。

一般来说，在信息充分的条件下，统计学方法的准确性和可靠性都比主观判断法要高，随着计算机技术的迅速发展，统计学方法正在受到管理层特别是专家们越来越多的关注。但是，统计学方法的准确性和可靠性是以其有限的灵活性和对完全信息的依赖为代价的，现代的劳动力市场正在变得越来越纷繁芜杂和难以预料，在这种情况下，单纯使用以历史趋势为依据的统计学方法就很可能带来偏差。所以，社会组织管理者和人力资源管理专家对形势的主观判断在人力资源预测方面的重要作用仍是不容忽视的。在有些现实情况下，主观判断法的协助已经变成解决问题不可或缺的重要方法。由于统计学方法、主观判断法和模型预测法在优势方面具有互补性，在实际的人力资源预测中，对于这些预测技术，人们常常是配合使用的。

3. 统计学方法

统计学方法对环境变化的适应性较差，所以，当组织在较为稳定的环境中运作，并且预测所需的一些企业要素具有某种程度的确定性时，统计学的方法是可以起到良好效果的。反之，则需要结合使用判断的方法。

三、人力资源规划制定步骤

（一）收集信息

人力资源预测要收集的信息主要包括社会组织外部和内部两个方面。社会组织外部的信息也就是组织所面临的外部环境，包括国家政策、社会的经济法律环境、本行业科技和工艺的发展状况、外部劳动力市场，以及竞争对手、客户和供应商的发展战略等。社会组织内部的信息包括组织的生产经营现状和人员使用现状等。这些信息是组织制定人力资源规划的依据，收集信息工作的好坏直接影响组织人力资源规划的成败。准确、全面、有效的信息收集可以使组织在人力资源预测和规划的制定中运筹帷幄而决胜千里，达到事半功倍的效果。

（二）分析和预测

在收集到以上各方面信息的基础上，就可以开始对社会组织的人力资源供求状况进行分析和预测了，包括预测劳动力的需求、供给及劳动力是过剩抑或短缺等。

人力资源预测的方式有许多种，常用的方式有经验预测、现状预测、定员预测和自上而下预测。这些方式分别适用于不同类型的人力资源预测。

1. 经验预测

经验预测是人力资源预测中最简单的方式，它适合于较稳定的小型社会组织。经验预测，顾名思义就是用以往的经验来推测未来的人员需求。不同管理者的预测可能有所偏差。通过多人综合预测或查阅历史记录等方法，可以有效提高预测的准确度。需要注意的是，经验预测只适合于一定时期内社会组织的发展状况没有发生方向性变化的情况。对于新的职务或者工作的方式发生了较大变化的职务，不适合使用经验预测。

2. 现状预测

现状预测假定当前的职务设置和人员配置是恰当的，并且没有职务空缺，所以不存在人员总数的扩充。人员的需求完全取决于人员的退休、离职等情况的发生。所以，现状预测就相当于对人员退休、离职等情况的预测。人员的退休是可以准确预测的；人员的离职包括人员的辞职、辞退、重病（无法继续工作）等情况，所以离职是无法准确预测的。通过对历史资料的统计和比例分析，可以更为准确地预测离职的人数。现状预测法适合于中、短期的人力资源预测。

3. 定员预测

定员预测适用于大型社会组织和历史悠久的传统企业。由于这类社会组织的技术更新比较缓慢，组织发展思路非常稳定，每个职务和人员编制也相对确定。这类组织的人力资源预测可以根据组织人力资源现状来推出未来的人力资源状况。在实际应用中有效率定员法、设备定员法、岗位定员法、比例定员法和职责定员法等几种方法。

4.自下而上预测

自下而上预测是从单位组织结构底层开始的逐步进行预测的方法。具体方法是，先预测单位组织结构中底层的人员需求，然后将各个部门的预测层层向上汇总，最后定出单位人力资源总体预测。由于组织结构底层的员工很难把握组织的发展战略和经营规划等，他们无法制定出中长期的人力资源预测。这种自下而上的方法适合于短期人力资源预测。

（三）制订人力资源规划方案

制订人力资源规划方案一般步骤如下。

1.制订职务编制计划

要根据组织总体发展规划，结合职务分析报告的内容来制订。职务编制计划应阐述组织的组织结构、职务设置、职务描述和职务资格要求等内容。

2.制订人员配置计划

根据社会组织发展规划，结合组织人力资源盘点报告，来制订人员配置计划。人员配置计划阐述了组织中每个职务的人员数量、人员的职务变动和职务空缺数量等。制订人员配置计划的目的是描述组织未来的人员数量和素质构成。

3.预测人员需求

根据职务编制计划和人员配置计划，使用预测方法来进行人员需求预测。人员需求中应阐明需求的职务名称、人员数量和希望到岗时间等。最好形成一个标明有员工数量、招聘成本、技能要求、工作类别及为完成组织目标所需的管理人员数量和层次的分列表。实际上，预测人员需求是整个人力资源规划中最困难和最重要的部分。因为它要求以富有创造性、高度参与的方法处理未来经营和技术上的不确定性问题。

4.确定人员供给计划

人员供给计划是人员需求的对策性计划。主要阐述人员供给的方式（外部招聘还是内部选拔）、人员内部流动政策、人员外部流动政策、人员获取途径和获取实施计划等。通过分析劳动力过去的人数、组织结构和构成，以及人员流动、年龄变化和录用等资料，就可以预测出未来某个特定时刻的供给情况。预测结果勾画出了组织现有人力资源状况及未来在流动、退休、淘汰、升职和其他相关方面的发展变化情况。

5.制订培训计划

为了提升社会组织现有员工的素质，以适应组织发展的需要，对员工进行培训是非常重要的。培训计划中包括培训政策、培训需求、培训内容、培训形式和培训考核等内容。

6.制订人力资源管理政策调整计划

计划中明确计划期内人力资源政策的调整原因、调整步骤和调整范围等。其中包括招聘政策、绩效考评政策、薪酬与福利政策、激励政策、职业生涯规划政策和员工管理政策等。

7.编写人力资源部费用预算

其中主要包括招聘费用、培训费用等方面的预算。

8.关键任务的风险分析及对策

每个社会组织在人力资源管理过程中都可能遇到困难，如招聘失败、新政策引起员工不满等，这些事件很可能影响组织的正常运转，甚至会对组织造成致命的打击。风险分析就是通过风险识别、风险估计、风险驾驭和风险监控等一系列活动来防范风险的发生。

人力资源规划方案编写完毕后，应首先积极地与各部门经理进行沟通，根据沟通的结果进行修改，最后再提交公司决策层审议通过。

（四）人力资源规划的执行与评价

制定好人力资源规划后，要将人力资源规划在方案执行阶段付诸实践，从而发挥作用。要确保方案及时、正确地执行，就需要有适合的人员专门负责规划的实施，并要给予他们必要的权力和资源。在人力资源规划执行的这个阶段，比较重要的一点就是保证执行过程进展信息的及时反馈。只有保证了畅通的信息反馈，才能根据实际情况对规划进行动态的跟踪与修改，保证预期效果的获得。最后，还要对人力资源规划的执行结果进行评价，对工作结果做出是否有效的评价。更重要的是，要深入了解人力资源规划的每一具体环节和结果之间的相互影响，以便为下一步工作改进提供参考和依据。

在人力资源规划的执行过程中，人力资源的供需平衡是非常重要的。在社会组织的运营过程中，人力资源的供需失衡状态是绝对的，而人力资源的供需平衡状态则是相对的。一般来说，在社会组织扩张时期，组织对人力资源的需求较为旺盛，人力资源供给不足，人力资源部门要用大部分时间进行人员的招聘和选拔；在社会组织稳定时期，组织人力资源在表面上可能会达到稳定，但组织局部仍然可能存在着退休、离职、晋升、补充空缺、不胜任岗位和职务调整等情况，组织处于结构性失衡状态；在社会组织衰败时期，组织人力资源总量过剩，人力资源需求不足，人力资源部门需要制定裁员、下岗等政策。

总之，在整个组织的发展过程中，组织的人力资源状况始终不可能自然地处于平衡状态。人力资源部门的重要工作之一就是不断调整人力资源结构，使组织的人力资源始终处于供需平衡状态。只有这样，才能有效地提高人力资源利用率，降低组织人力资源成本。

第五节 人力资源管理的工作分析

一、工作分析的背景——组织设计

工作分析离不开组织环境。工作或职务是由特定资格的人承担的一系列职责，它存在于特定的组织关系之中。管理学就是将工作分析作为组织设计的基本组成部分之一。

组织设计，指根据组织目标及达到目标的需要，从横向和纵向两个方向确定各个部门及其成员、各个层次的职责和职权，以及组织内部人员、部门和层级之间如何协调一致地开展工作并实现组织目标的一种活动。组织设计最终形成以事（工作）为媒介、以人为中心的正式的职务结构。

（一）工作分析与设计

工作分析与设计是组织设计最基础的工作。进行组织设计时，首先要将组织总的任务目标进行层层分解，分析并确定为完成组织目标究竟需要哪些基本的职能与职务，然后设计和确定组织内实现这些职能与职务时应该有哪些具体管理工作和作业工作，需要配备的人员数量、素质或资格要求，应享有的权利范围和应担负的岗位职责等。

（二）部门划分

分析每个职务上的人员（每个岗位）所从事工作的性质，以及职务间的区别和联系，按职责相似或关系密切的原则，将各个职务人员分归到不同的部门，形成部门化。

（三）层次设计和结构形成

部门形成后，为了使每一部门开展工作及整个企业目标一致地运作起来，部门间还要确立一些基本关系，这些基本的关系中最重要的一种关系就是纵向的层级关系，即上下级关系。同时要形成处在相同层级的不同部门之间横向的相互协调关系。

综上所述，组织设计的过程也是组织目标分解即分工的过程，这种分工向两个方向展开：横向和纵向。横向分工向各部门分解了须完成的细分目标和完成目标任务所需的职责和职权，同时形成了协作关系；纵向分工按层级分解目标，并规定各层次为完成目标任务所需的职责和职权，同时形成了命令链条和上下级关系。

围绕组织目标形成的这种横纵交错的组织网络，其上的每个节点即一个职务，承担着相应的职责，工作分析就是要完成各个节点即职务的职责、任职资格、横向纵向工作联系和价值、工作条件等重要信息的分析。

二、工作分析的时机和意义

（一）工作分析的时机

新建组织在组织设计时会进行系统的工作分析。除此之外，其他场合的工作分析通常有一定目的性，是为了解决人力资源管理中的特定问题，组织出现以下情况时，会考虑进行工作分析。

1.组织进行了结构和业务流程的变革或调整

这将导致职务和职位的显著变化，为适应新的结构和业务流程的要求，就需要重新进行工作分析。

2.现有工作说明书已不能适应组织内外环境的变化

组织内外环境的变化对组织中各项工作的职责和任务、任职资格的要求会有显著影响，比如行业技术发生大的变化、劳动力市场供需情况变化、市场竞争更加激烈等，可能会提高甚至彻底改变对工作的各项要求。

（二）工作分析的意义或作用

工作分析是人力资源管理的首要环节和基础性工作，有效的工作分析能够提高人力资源管理各项工作的科学性，改善企业管理绩效。工作分析的结果——工作说明书，明确界定了各个职务的职责和任职资格、岗位编制、岗位等级等信息，被运用于人力资源管理的各项活动。

1.为人力资源规划的制订提供依据

人力资源规划需要分析和预测企业人力资源的需求和供给，并制订招聘、培训、晋升等业务计划，这都可以从工作分析中得到。工作分析的结果给出了岗位编制、任职资格要求，而工作分析将职位进行分类，有助于合理安排和统一平衡人力资源的供求关系，提高人力资源规划的质量。

2.为员工选聘提供标准和依据

工作分析的结果明确了履行职务所需具备任职资格的具体内容，这为员工的招聘和选拔提供了标准和依据。

3.为员工培训与开发提供依据

对照工作分析结果中的任职资格要求，对不满足要求的在职者进行哪些内容的培训与开发就更有针对性，有助于培训课程设计及衡量培训效果的好坏。

4.为绩效考核标准和方法的制定提供依据

制定衡量职务绩效的各种措施和指标，首先需要明确工作职责，这就要用到工作分析的结果。前面已经介绍过，岗位责任书或目标责任书为绩效的考核提供了方便。同时，工作分析也确定了不同岗位的价值，据此进行考核更能体现公平性。

5.为薪酬体系的设计提供基础

制定一个具有内部公平性的薪酬结构需要工作分析所提供的岗位价值的信息作为基础。

6.有利于员工职业生涯的规划

工作分析的结果还为员工描绘了职业生涯的发展路径，因而有利于员工职业生涯的规划和管理。

7.有利于劳动关系管理和劳动安全与健康管理

工作分析为每个工作岗位明确了职责，保证同工同酬，为员工晋升与培训提供了决策依据。同时，关于工作环境与条件的分析，也有助于工作承担者充分了解并与组织一起采取预防性措施，防止职业伤害。

如前所述，有时组织进行工作分析还用于达到以下目的：明确现有职责或重新界定职责，以更好地实现组织目标；发现组织中可以被合并或是被彻底消除的多余职务（如用于裁员）。

此外，工作分析还对企业的管理具有一定溢出效应。全员参与、充分动员和沟通的工作分析过程，也是员工反省和审查自己的工作、人力资源管理人员充分了解业务环节和流程、最高管理层更充分了解职位设置情况的过程，这些有助于员工提高工作认知度，明确自己的工作职责和工作价值、能力欠缺等；有助于人力资源管理人员提高管理水平，使制定的有关制度和规范更符合工作实际；有助于最高管理层充分认识组织目标的完成过程，提高决策有效性。

三、工作分析信息的收集者及各自的角色

工作分析只是人力资源管理部门的任务吗？事实上，对于业务部门的工作，人力资源部门并不掌握相关信息，如销售部门应该具体开展哪些工作才能完成销售任务，生产部门有哪些工序，各个部门的人员要完成工作需要什么知识和技能等。

因此，所有掌握了与工作有关的具体信息的人都应当作为信息收集者，主要有：工作承担者即任职者、任职者的上级主管和下属、人力资源部门、受过专门训练的工作分析专家，甚至有时也可向顾客收集工作信息。通常组成工作分析小组，分别提供不同的信息和技能，优势互补。

（一）工作分析专家

工作分析专家，即那些经过专门的工作分析理论和方法的训练，能够运用有关技术方法系统地收集和熟练地分析工作信息的人。

工作分析专家通常具备下列知识和能力：人力资源管理、心理学的一般知识，对工作分析的技术和程序非常了解；掌握各种信息收集方法和技巧；较强的文字表达能力；有关于所分析职务的常识、分析能力等。

（二）任职者

但任职者提供职务信息常会遇到下述干扰：情绪和意愿的影响，任职者出于某种原因不愿报告他们工作的内容，针对这种情况，可向任职者强调其工作的重要性，并使用一些激励手段提高其在工作分析中的积极性；不掌握关于职务信息的收集方法，这方面需要对他们进行一些培训；容易夸大自己的工作。

（三）任职者的上级主管和下属

如果上级主管对任职者的工作情况非常了解，能够对任职者的工作绩

效做出准确判断，那么他们更能客观、全面地提供职务信息。但上级主管更容易从"应该"而不是"实际"怎么做的角度去描述任职者的工作。所以上级主管通常在任职者提供信息的基础上进行证明和补充。

（四）人力资源部门

人力资源部门虽然不是工作具体信息的主要掌握者，但它可以利用组织的各项资料提炼所需信息。同时，作为工作分析的组织和实施者，要为整个工作分析过程负责。首先要就工作分析的重要性与管理人员和任职者进行沟通，与有关管理人员一起决定是否需要进行工作分析及其目的是什么，为管理人员和任职者等的信息收集提供理论和方法支持，以保证所收集信息的准确性。

四、工作分析所需资料支持

要做好工作分析，除了向上述有关主体收集信息外，人力资源部门还需要收集大量的支持性资料。

背景性资料：包括企业所在的产业、企业的经营战略、企业文化、组织结构和职务分类等。

工作活动：实际发生的工作活动、工序、活动记录、负责人的职责等。

工作行为：与工作有关的个人行为，动作和行为的质量要求等。

工作设备：如计算机（软硬件要求）、安全设施、办公设备、机器、工具等。

有形和无形物质：包括物料、制成品、所应用的知识和所提供的服务等。

绩效标准：企业的岗位责任书中通常包括了岗位的绩效标准。

工作条件：工作环境、工作时间表、激励因素及其他企业和社会环境。

人员条件：与工作有关的知识和技能及个人特质的要求。

五、工作分析信息的收集方法

经过人力资源专家和企业的共同努力，已经形成较为成熟的工作分析方法：以工作为中心或以人为中心的方法；定性和定量方法。主要包括资料分析法、直接访谈法、调查问卷法、现场观察法、工作日志法等。这些方法通常各有优点和不足，因此常被结合使用。

（一）资料分析法

资料分析法，指通过查阅、参考组织中已经存在的与待分析工作有关的文献资料来收集信息的方法。

企业一般有大量的有用资料，包括：岗位责任制的有关文本、人事资料、生产作业统计资料，关于现任职务的资料记录（如销售人员的业务单据、出差报告）、供招聘用的广告等，可以充分利用。

资料分析法的优点是成本低、效率高。其目的通常用于收集基础资料信息如企业组织结构和现有工作内容、工作负荷和任职资格等，以便对工作有一个大致的了解，并与从其他方面收集到的信息互相印证和补充。

（二）观察法

观察法，是通过观察所选择的工作分析样本的实际操作情况来收集有关信息的方法。这种方法最早在泰勒（弗雷德里克·温斯洛·泰勒，著有《科学管理原理》，被誉为"科学管理之父"）的科学管理实验中使用。

根据不同工作的周期长短，可以分别采取直接观察法、分阶段观察法和工作表演法。直接观察法是工作分析人员直接对员工工作的全过程进行观察。此方法适用于工作周期很短的职务，如保洁员，其工作基本上是以一天为一个周期，工作分析人员可以一整天跟随保洁员进行直接工作观察。分阶段观察法是对于具有较长周期性的工作，为了能完整的观察到员工的所有工作，必须分阶段进行观察。比如行政文员，需要在每年年终时筹备企业总结表彰大会，工作分析人员就必须在年终时再对该职位进行观察。工作表演法对于工作周期很长和突发性事件较多的工作比较适合，比如保安工作，除了有正常的工作程序以外，还有很多突发事件需要处理，如盘问可疑人员等，工作分析人员可以让保安人员表演盘问的过程，来进行该项工作的观察。

观察的方式可以是现场观察或非现场观察，如摄制录像或电子监控的方式，但无论哪种方式，观察法都非常耗时，尤其当工作任务和工作条件随着不同的工作时间或季节变化而改变的时候。观察法的另一个缺点，是被观察者有一种受监视的感觉，可能会有抵触。此外，不熟练的工作分析人员还容易受被观察者的影响，过多关注个人特性，而忽视了观察对象应该是工作。

为避免上述缺陷，工作分析前应系统选取分析样本，以减少观察的工作量和耗时；与观察对象进行充分交流和沟通，获得其理解和配合，并在工作分析过程中尽量不要引起被观察者的注意，不干扰被观察者的工作；对分析人员的培训也必不可少，最好事先对被分析工作有所了解，拟定一份有针对性的观察提纲；并对足够数量的样本进行观察，以对比同一工作在不同工作场地被不同任职者执行的情况，减少个别任职者个人习惯的影响。

观察法较为适用于主要由身体活动构成的工作，如流水线上的操作工这类以体力劳动为主、标准化、任务完成周期短的工作，而不适用于不易观察到的以脑力劳动为主的工作。观察法能够收集到的信息主要是工作条件、危险性或所使用的工，具及设备等部分项目，不足以用于形成一份完整的工作说明书，因此还需要通过其他方法获取更多信息。

（三）访谈法

访谈法也叫作面谈法，是一种运用非常广泛的工作分析方法。访谈对象可以选择任职者个体或群体、任职者的主管，该方法适合于脑力劳动为主的工作，如开发、设计、高层管理等。

1.访谈法的优点

形式灵活，容易组织和准备，能够简单而迅速地收集工作分析资料，适用面广；面对面交流便于发现潜在问题；访谈过程中员工要描述自己的工作，这可以加深员工对工作本身的认识，也有助于加强组织内的管理沟通；面谈过程可由分析人员控制，可控性强。

2.访谈法的缺点

访谈法最大的缺点在于，所收集的资料可能失真和扭曲，原因有：①员工容易夸大其承担的责任和工作的难度。②受访者可能不信任工作分析人员，或怀疑其动机。③沟通过程出现问题，如问题表达不明确或不准确。④可能会打断被访者工作。

（四）问卷调查法

问卷调查方便从许多不同的人员身上收集信息，比访谈法和观察法更经济，尤其是当问卷采取电子版本填写的形式时（比如可以发布在组织内部的局域网上）。调查问卷的设计直接关系着问卷调查的成败，所以首先要拟定一套切实可行、内容完整、设计科学的问卷，然后由任职者和其主管进行填写。问卷的内容可以自行设计，也可从外部定制。为特定目的而设计的问卷适用于撰写工作说明书或设计绩效考核指标这类工作而进行的调查。

问卷可以采用结构化问卷和半结构化问卷。结构化问卷（structured questionnaire）是根据所制定的评价指标，事先确定特定的问题、评价方法和评价标准，要求填写人在问卷上选择答案。半结构化问卷（semi-structured questionnaire）是指问卷内容部分有统一的要求，还有一部分则不做统一的规定，即在预先设计好试题（结构化问卷）的基础上，面谈中向受访者提出一些随机性的问题。

问卷中的问题通常有两类：开放式问题和封闭式问题，开放式问题允许作答，用于收集不确定信息；封闭式问题要求答题者从给定选项中选择，有时还要求进一步说明。

问卷调查法的优点：①不影响员工工作时间。②费用低、速度快，能够快速并大量地收集信息，结果易于统计和分析，尤其是对于工作任务、工作要求有相似之处的某个工作族全部岗位进行分析时。

问卷调查法的缺点：①问题固定，收集到的信息受限。②被调查者可能不理解问卷中的问题，或不认真填写，从而影响获得信息的质量。

（五）工作日志法

工作日志法，是指由员工在一段时期内对自己的工作任务和工作过程进行记录的方法。

工作日志也要求有一定的格式和必备内容，如任职者的基本信息，工作活动名称、内容、数量或结果、时间消耗，输出输入哪些信息或物质，或者自己在工作活动中的作用等。在实际工作中，最好向填写者足量发放事先设计好的工作日志记录表。

观察法、访谈法和问卷调查法的一个共同缺点是，通过这些方法能够收集到的信息受信息收集时机影响很大，使用这些方法收集信息时恰巧表现最突出的那些工作特征，对工作分析结果影响最大。相比之下，工作日志法受分析时机的影响要小得多，获得的信息可靠性高，适用于获取有关工作职责、工作内容、工作关系、劳动强度等方面的信息，所需费用也较低。同时，还有助于员工更好地认识和分析自己的工作。

工作日志法的缺点是记录的信息整理量大，归纳工作烦琐；会影响到填写者的正常工作。

六、工作分析的技术方法

在进行工作分析时，一些定量分析的技术方法，在发达国家常被一些受过专业训练的工作分析专家使用，用途主要是制定甄选程序、设计绩效考核措施、规划培训课程、制定工作评价和薪酬体系。这些方法可以根据其分析内容的侧重点不同分为两类：工作导向和人员导向。工作导向侧重于分析提供产品和服务所需要的工作行为和任务；人员导向侧重于分析成功完成工作行为和任务的任职人员的知识、经验、技能、天赋和性格特征。据此，我们可以判断这些方法各自的用途。这里对其中三种有代表性的做简单介绍。

（一）功能性职务分析法

功能性职务分析法（Functional job analysis，FJA），是指由美国培训与就业服务协会组织开发的工作导向的工作分析方法，用以对工作行为做出评价。FJA采用比较复杂的评价系统描述职务行为，需要经过专门训练的人员来组织实施。FJA分析的主要是生产制造性工作。

FJA方法的核心是工作由三个基本要素构成——信息、人、事，因此，工作行为就包括处理信息、处理人与人之间的关系、处理事情三个方面，完成这三方面的工作行为分别需要任职者具备相应的智能水平、人际关系能力和体能。对于每一个方面，分析师都会给出某职务对任职者所应具备的能力水平的等级要求。

FJA所做的职务分析包括工作特点分析和员工特点分析两个部分。

1.工作特点分析

工作特点包括三大类，即员工的职能，工作的种类，材料、产品、知识范畴。员工的职能指员工在工作过程中处理信息、人、事的活动，这三大类活动所包括的基本活动又按复杂程度分为不同的等级，可据此对收集到的信息分类打分，进而对职务进行详细描述。工作的种类指某项职务所属的工种，如焊接、钳工等，职务分析者在确定了工种之后，要对此工种的特点及所涉的设备与工具加以描述。材料、产品及知识范畴是指在此项职务中，用于加工的原材料、最终产品及涉及的自然科学或社会科学知识范畴。

2.员工特点分析

员工特点包括正确完成工作所必备的培训、能力、个性、身体状况等方面的特点。围绕上述内容和步骤，职务分析者有针对性地收集信息，加以比较、分类及组织，形成详细的工作描述和任职说明。

七、工作分析的原则

为了保证工作分析的有效性，在实施过程中至少应遵循以下原则。

系统原则：通过组织设计的分析，我们知道，每个职务只是纵横交错的组织网络中的一个节点，既肩负着上下关系中的职责职权，也肩负着左右关系中的职责职权，所以进行工作分析时要注意该职务与其他职务的上下左右的组织联系。

动态原则：随着组织经营环境和战略意图的变化，可能会要求重新进行局部或全面的工作分析，以适应新的变化。

目标原则：何时做工作分析，这体现了工作分析的目标原则，即它通常是为了满足组织管理上的某项需求。如需要明确工作职责，那么分析的重点就在于工作范围、职责和任务的划分；目的在于选聘人才，那么分析的重点就在于任职资格的界定；如目的是方便绩效考核和薪酬确定，那么分析的重点则是对工作的价值、工作量、工作环境、工作条件等因素的界定。

参与原则：现代人力资源管理要求全员参与，工作分析也不例外，它不仅仅是人力资源部门的工作。离开鼓舞成员的参与，工作分析无法有效完成。事实上，工作分析的结果也和所有人密切相关，它规定了每个职务及职务承担者的责任和权力及利益，每个职务的承担者都应自觉参与其中。

客观原则：如前所述，工作分析的对象是职务而不是职务承担者，这要求在工作分析过程中应避免职务承担者个人因素的影响，关注工作应如何做、要求什么样的能力，这对于确定工作职责和工作量，从而确定人员编制，具有非常重要的意义。

当然，工作分析中我们还应注意其他一些问题，如经济性、应用性。经济性要求工作分析过程中投入的人力、物力、财力应符合投入产出原则；应用性要求工作分析的结果一旦形成，就应在人力资源各项管理活动中发挥其基础作用。

八、工作分析的程序

工作分析是对职务的全面评价过程，其成功有赖于组织鼓舞成员的积极参与，尤其是高级管理人员的支持，同时也离不开企业战略的指导、业务部门的配合、受过专门训练的职务分析人员、职务分析方法的选择及经费保证等。

工作分析通常经历以下四个阶段。

（一）准备阶段

准备阶段要做的工作可以概括为：确定分析目标，确定所需信息，明确人员责任，取得合作支持，选择分析内容。

1. 做出进行工作分析的决策，并确定分析的目标和侧重点

是否需要进行工作分析，应根据本公司的实际情况而定。通常情况下，要由人力资源部门经过充分论证后提出工作分析的需求，然后与企业高层、直线经理、待分析岗位的员工进行充分沟通，得到从上到下理解和强有力支持，就工作分析达成共识。

工作分析决策还应当确定工作分析的目标和侧重点，以指导此后工作信息的收集、分析方法的选择等。比如，如果工作分析的目的是为了确定绩效考评标准，那么仅仅确定工作职责和任职资格是不够的，而是要重点关注衡量每项工作任务的标准，明确任职者完成每项工作任务的时间、质量、数量等方面的标准；如果工作分析的目的是确定薪酬体系，在工作分析方法上就要选择一些定量的方法对职务进行量化评估，确定每一职务在组织中的相对价值。

2. 成立工作分析小组，对小组成员进行培训

如前所述，工作分析小组的组成人员至少应包括以下几部分：人力资源管理者、工作岗位的实际承担者及其管理人员、经过专门培训的工作分析专家。三者在小组中分别承担不同的功能，人力资源部门工作人员具体组织和实施，管理人员发动被分析的职务承担者，同时也提供与工作有关的信息，工作分析专家则提供方法和理论支持。必要时，还可请其他人参与其中，比如同部门其他岗位员工、与本部门有工作联系的其他部门人员等。对服务性工作岗位的工作分析，还可邀请顾客作为信息来源。

为加强协调，同时让小组成员熟悉工作分析有关理论和方法，统一行动，还需要对小组成员进行培训。

3. 选择分析样本

样本选择应注意代表性和典型性，尤其待分析工作岗位人员设置较多时，为节约成本和时间，提高效率，要选择有代表性的岗位任职者作为样本。

这一阶段，还要就工作分析的意义、目的、有关细节在相关成员中进行宣传，尤其是公司管理层要大力推动，并有相应奖惩措施，以取得有关人

员的理解和积极配合。

（二）实施阶段

实施阶段的工作可概括为以下五个步骤。

1. 制订总体实施方案

制订总体实施方案，至少应当包括以下内容。

（1）工作分析的目的和意义；（2）需要进行工作分析的职务；（3）待分析的工作样本，即选择部分代表性任职者或工作片段。

工作分析所需收集的信息内容主要考虑以下几个方面：工作分析的目标和侧重点；对现有资料进行研究，找出一些须重点调研或进一步澄清信息。

工作分析的组织与实施者；

工作分析实施的过程和步骤；

时间进度和活动安排；

2. 制作信息收集工具

工作分析方法的选择和工具设计（如调查表等）：考虑工作分析的目的、所分析职务的特点及实际条件的限制等，选择合适的方法，如定量的方法通常会对职位价值进行评价，有助于薪酬设计和绩效考核标准的制定；机械活动为主的工作适合用观察法；有的职务需要任职者的资格较低，就不适用开放式问卷来调查。经费或时间有限时，有的方法虽然能够收集到较多信息但耗费较大、耗时较长，因此也无法选用；

所需的背景资料和配合工作：有参考价值的资料主要包括国家职业分类标准或国际职业分类标准、有关整个组织的信息（如组织结构图、工作流程图、部门职能说明等）、现有的工作说明或岗位责任制资料；

工作分析所提供的结果；

工作分析所需预算和物资。

必要时，在方案中还要对有关用语进行规范，以减少表达和理解误差，争取收集上来的信息具有一致性，也方便最后的分析。

3. 收集研究文献信息

收集并对有关文献进行研究，提炼需要的信息。

4. 收集工作信息

按照实施方案所确定的内容和方法向特定对象收集信息。信息收集过程中要注意随时寻求必要的支持和帮助，以保证所收集信息的准确性。

5.整理工作信息

整理的过程中对不准确信息进行再核实，并反馈修订。

（三）工作分析成果的生成阶段

工作分析成果的生成阶段主要进行信息分析、撰写初稿，经过反馈与修订，报批后颁布。

（四）工作分析成果的应用、反馈与完善阶段

此阶段应重点进行两个方面的工作：一是对职务说明书的应用进行培训，并在应用过程中提供支持和帮助；二是接受反馈，必要时对职务说明书进行局部修订。

实践工作中，视组织需要，这些程序也可简化或细化。但应注意，前期准备是否充分、实施方案是否完备，对工作分析的成败非常关键：在决策阶段，与高层、直线经理和员工的沟通必不可少，最好让他们提出工作分析的需求和重点，以得到理解和支持；除了组织新成立或重组时须进行的全面工作分析外，其他目标导向下的工作分析应有侧重点；对工作分析小组的理论和方法培训必不可少，便于分工协作和统一行动；分析样本的选择要有代表性；合理的时间进度和活动安排，既保证按时完成，又不影响正常工作。

第五章 员工招聘与培训

第一节 员工招聘

一、员工招聘概述

（一）员工招聘的含义

员工招聘是企业根据人力资源规划和工作分析的数量和质量要求，通过信息发布和科学甄选，选拔岗位所需的人力资源的过程。

员工招聘工作的基础是人力资源规划与工作分析。人力资源规划对企业人力资源需求和供应进行分析和预测，为招聘提供了"量"的要求，从而确定配备、补充或晋升的规模。工作分析组织中该岗位的职责、工作任务、工作关系等，以及什么样素质的人才能胜任这一岗位，即任职资格。它为招聘提供了"质"的要求，从而明确谁适合该岗位。因此，人力资源规划的结果能够确定组织究竟缺哪些岗位，而岗位/工作分析的结果，能够使管理者了解什么样的人应该被招聘进来填补这些空缺。

员工招聘实际上主要包括两个相对独立的过程，即招募和甄选（选拔）。招募主要是通过宣传来扩大影响，树立企业形象达到吸引人应聘的目的；而甄选则是使用各种技术测评手段与选拔方法挑选合适员工的过程。

（二）员工招聘的意义

招聘是在合适的时间为合适的岗位寻找到合适的人选，由于员工流动、人岗匹配度及组织业务变更等多重问题，招聘工作从没停止过。

1. 补充人员，保证企业正常经营

招聘最主要的作用就是通过一系列活动为组织获得所需要的人力资源。在人力资源规划中，人力资源短缺的重要解决办法就是招聘。并且，随着组织的不断发展壮大，对更新人力资源和新增人力资源的需求都必然继续产生。因此，通过招聘满足组织的人力资源需求已经成为十分重要的人力资源管理活动。当前，有些企业的人力资源部门日常的主要工作就是招聘。

2. 获取高质量的人才，提升组织竞争力

现代企业的成功更多地依赖于管理公司商业运作员工的质量与能力，这意味着企业拥有员工的质量在绝大程度上决定着企业在市场竞争中的地位。招聘工作就是企业通过甄别、筛选，最后获得高质量人才的最佳途径。有效的招聘工作，不仅有助于企业经营目标的实现，还能加快人才集聚，打造企业核心竞争力。

3. 促进组织人力资源的合理流动

组织的招聘活动不仅可以为组织获取合适的人力资源，同时可以通过内部招聘活动解决组织员工晋升及横向流动问题，促进组织人力资源合理流动，提高人岗匹配度。

4. 宣传企业，树立企业形象

员工招聘过程中所运用的大量招聘广告，能使外界更多地了解组织，从而提高组织的知名度。也正因为员工招聘广告有此功能，所以许多组织打出招聘广告，并在其中不失时机地宣传本组织。组织利用招聘活动提高企业及企业产品的知名度与美誉度。

（三）员工招聘的工作流程

为有效地开展招聘工作，提升招聘效果，招聘活动一般应按如下流程开展：制订招聘计划、招聘实施、招聘评估。

1. 制订招聘计划

招聘计划是关于招聘工作的整体安排和方案。一般最终以计划书文本的形式载明计划期内招聘目标（很多组织的进人计划）、招聘组织与人员、招聘范围、招聘时间、招募方式、选拔方式、政策待遇、时间进度、预算等。

（1）确定招聘目标

招聘目标是对招聘工作结果的要求，其内容一般是为组织招聘多少人，招聘什么样的人。招聘目标来源于人力资源规划书。如果没有人力资源规划书或者人力资源规划工作不完善，就需要广泛收集各类信息，进行人力资源需求和供给预测，最终确认人力资源短缺状况，以此来作为员工招聘的目标参考。招聘目标应确定招聘人员的数量及任职资格条件等。

（2）招聘组织与人员

招聘人员应具备招聘与选拔的相关知识及面试、人员测评的技能技巧，对招聘岗位的工作内容及任职要求较为熟悉。另外，企业招聘也是对外宣传的途径，因此，组织的招聘人员应具有良好的个性修养，综上，招聘工作组一般要以人力资源管理部门为主建立，成员包括人力资源部门管理人员和专员、用人部门的管理人员、外聘专家等。用人部门的管理人员较为了解招聘岗位的工作内容及任职要求，但缺乏招聘知识及技能技巧，因此，一般情况下企业的人力资源部门或外聘专家需要对用人部门参与招聘的人员进行招聘知识与技能技艺培训。

（3）招聘范围

招聘范围就是指企业要在多大范围内进行招聘活动，是仅限于组织内部，还是外部；是面向本地区，还是更大的范围。从招聘效果考虑，招聘范围越大，可选择余地越大，效果相应也会越好；但招聘范围越大，招聘工作量就会越大，招聘成本也会越大，因此招聘范围应适度。组织招聘一般先从内部开始，当组织内部没有合适人选或组织人员较短缺时，考虑从外部招聘。对不同类型的人员招聘的范围也不同。

在进行外部招聘时通常要考虑两个因素：一是空缺职位的类型。一般来说，层次较高或性质比较特殊的职位，需要在较大的范围内进行招聘；而层次较低或比较普通的职位，在较小的范围内进行招聘即可。二是企业当地的劳动力市场状况。如果当地的劳动力市场比较紧张，相关职位的人员供给比较少，招聘的范围就要扩大；相反，当劳动力市场比较宽松时，在本地进行招聘就可以满足需求。

一般情况下，对于高级管理和技术人员倾向于在全国范围或全球范围招聘人才；对于一般管理人员和专业技术人员一般会在跨地区的人才市场上招聘；而对一般的职员及操作人员常在企业所在地劳动力市场招聘。

（4）招聘时间

招聘工作的时间选择要能保证新聘人员准时上岗，同时减少人员的闲置。招聘时间的选择一般要考虑用人日期、招聘周期、培训周期，即：

招聘日期＝用人日期－培训周期－招聘周期

但同时要考虑招聘成本及培训成本的规模经济效用，即一次招聘人数越多，其招聘成本及培训成本的平均成本越低，因此，招聘多结合用人日期分批进行。

（5）招募方式

招募是招聘的一个具体环节，是指将组织的人力资源需求传播出去并接受应聘的工作。对内招募的信息发布可以通过文件、布告及组织内部网络发布，对外招募信息的发布需要结合招聘的人数、招聘范围及招聘人员的特点选择合适的方式发布人力资源需求信息，如报纸广告、网络、人才市场、猎头公司、内部员工等。

（6）选拔方式

决定恰当的方式淘汰不合格者和选拔录用符合要求的人，选拔方式一般包括初选（通过简历和应聘材料）、笔试、面试、测评、评价中心技术等。在选拔方式顺序的安排上，一般将成本低、效率高的选拔方式（如初选、笔试）安排在前期，将操作难度大、效率低的（如面试）放在后期。

（7）招聘中的组织宣传

在招聘过程中，组织必须利用招聘的机会进行组织形象的宣传，一方面要通过树立组织良好的形象去吸引求职者；另一方面，也要通过招聘过程更好地树立组织形象。

在招聘宣传时，应该向求职者传递准确、有效的组织信息。一般来说，职位薪水、工作类型、工作安全感等是影响人们选择工作职位和工作单位最重要的因素；其次为晋升机会、组织的位置等。此外，组织的产品与服务、组织的管理方式、组织文化、工作条件、工作时间等也是不可忽视的因素。组织应该以诚信的态度传递信息。

（8）其他

其他包括政策待遇、时间进度、预算等。

政策待遇一般包括工资待遇、福利项目、能接受的培训、可晋升的职位等。

预算：招聘过程中的各项支出预算，如广告费、差旅费、工作人员补贴及加班费、专家费、参会费、体检费、中介费等。

2. 招聘实施

（1）招募

招募就是根据招聘来源设计和发布招聘广告、组织现场招聘、接收应聘材料。

（2）选拔（甄选）

采用笔试、面试、心理测验等方法挑选出来最适合组织需要的人的过程。

选拔一般从审查求职申请表、了解个人简历、进行初选开始，然后进行知识或技能测试、面试、心理测验与品行能力检查、体检等。

（3）录用

做出聘用决定、发录用通知、签订劳动合同及试用期管理。

3. 招聘评估

招聘评估就是对招聘工作的合法性、准确性、经济性进行评价。

（1）合法性评估

合法性是要求招聘工作符合国家的有关法律、政策和本国利益。招聘工作中涉及要保护组织自身权益的问题，也涉及尊重和保护求职者权益的问题，应遵守我国的法律规定，如平等就业、相互选择、公平竞争、禁止未成年人就业、照顾特殊人群、先培训后就业、不得歧视妇女等。按照法律的规定主张自身权利和自觉履行义务，如订立劳动合同、应承担违约责任等。

（2）准确性评估

确保录用人员在数量和质量上都符合招聘目标。

录用人员数量评估主要从录用率、招聘完成率和应聘率三方面进行。

$$录用率 = 录用人数 / 应聘人数 \times 100\%$$

$$招聘完成率 = 录用人数 / 计划招聘人数 \times 100\%$$

$$应聘率 = 应聘人数 / 计划招聘人数 \times 100\%$$

如果录用率越小，则说明录用者的素质可能越高；当招聘完成率大于100%时，则说明在数量上全面完成招聘任务；应聘率越大，则说明招聘信息发布的效果越好。

录用人员的质量评估，可以通过将录用人员能力、潜力、素质与资格要求对比来评价，也可以通过对录用人员任职绩效的考核来评价。

（3）经济性评估

招聘工作也要求有更高的投入产出比。

招聘成本越低越好，招聘成本分为招聘总成本与招聘单位成本。招聘总成本即是人力资源的获取成本，它由两个部分组成。一部分是直接成本，它包括招聘费用、选拔费用、录用员工的家庭安置费用和工作安置费用、其他费用（如招聘人员差旅费、应聘人员招待费等）；另一部分是间接费用，它包括内部提升费用、工作流动费用。很显然，招聘总成本与招聘单位成本越低越好。招聘单位成本即人均招聘成本，可通过以下公式计算：

$$人均招聘成本 = 招聘总成本 / 招聘人数$$

二、招聘的原则

员工招聘甄选是企业人力资源管理活动的重要组成部分。而企业的人力资源管理活动离不开企业和社会环境的制约。为此，人员招聘甄选应遵循以下几项基本原则。

（一）合法性原则

企业各项经济活动都应该遵循国家的法律、法规以及各项规章制度。人员招聘活动也是如此。

（二）公开性原则

在计划经济体制下，企业招聘员工时大多是服从政府统一调配，一般都在企业内部进行，不对外公开招聘信息。这种封闭、单一的模式已经不符合市场经济条件下企业招聘的需求。如今的企业招聘是用公开、科学、多样化的人员选聘体制代替旧的模式，公开职位空缺，到广阔的人才市场中吸引人才加盟，充分鼓励竞争。只有这样才能使更多的优秀人才脱颖而出，才能使企业挖掘到更多的可用之才，真正提高企业人员招聘工作的质量。

（三）公平性原则

企业对于应聘的候选者，要一视同仁。无论应聘者来自哪个阶层，有过何种背景，都要从工作分析所提供的标准出发，公平地考核每一个人。企业在招聘时要避免歧视，要严把公平关。

（四）因事择人原则

因事择人就是员工的选聘应以职位的空缺和实际工作的需要为出发点，以职位对人员的实际要求为标准，选拔、录用各类人员。

（五）人岗匹配原则

招聘的目的不是选拔和录用最优秀的人员，而是要招聘到最适合企业的人员。因此，我们把人岗匹配原则作为招聘的黄金法则，录用的人是不是最好不重要，重要的是最匹配。人岗匹配一般从以下几个方面考虑。

一是工作要求与个人能力相匹配。即能岗匹配，包含两个方面的含义，一是指某个人的能力完全胜任该岗位的要求，即所谓人得其职；二是指岗位所要求的能力这个人完全具备，即所谓职得其人。

二是工作报酬与工作动机相匹配。能岗匹配考虑的是能力角度，但员工能否做好相应的工作除了能力的影响，动机也很重要，因为动机支配行为。因此还要考虑企业所能给相应岗位任职者提供的工作报酬（如薪酬、晋升机会、职权、工作自由度、工作挑战性等）与员工的工作动机是否匹配。

另外，还应考虑个人与团队、组织目标与价值观念的匹配，所谓志同道合，才能更长久。

"匹配"比"个体优秀"更重要。有的个人的硬件条件很好，但放到某一个环境中不但个体不能发挥其能力，且整体的战斗力被削弱；有的人能力一般，但放到一个适宜的环境中，工作很出色，团队的协作能力也加强了，整体效益达到最优。

（六）用人所长原则

所谓用人所长，是指在用人时要容人所短，不能够求全责备，管理者应注重发挥人的长处。在现实中，由于人的知识、能力、个性发展是不平衡的，组织中的工作任务要求又具有多样性，因此，完全意义上的"通才""全才"是不存在的，即使存在，组织也不一定非要选择用这种"通才"，而应该选择最适合空缺职位要求的候选人。有效的管理就是要能够发挥人的长处，并使其弱点减少到最小。

（七）德才兼备

人才招聘中必须注重应聘人员的品德修养，在此基础上考察应聘者的才能，做到以德为先、德才兼备。对于企业而言，无论是内部招聘还是外部招聘都应该加强"德"的考察，做到有德有才重用，有德无才慎用，无德无才弃用，无德有才坚决不用。

（八）效益最佳原则

对企业而言，招聘工作本身以及员工录用之后的员工报酬，都是企业的成本支出，因此，要考虑成本支出的有效性，以最少的招聘成本和雇用成本获得适合职位的最佳人选。

三、人员选拔

选拔，也称筛选，其目标是从应聘的候选人中挑选出符合组织需要的人员。人员选拔是招聘工作中最关键的一步，也是技术性最强的一步。其主要方法是初步筛选、面试、测试及评价中心技术。

（一）初步筛选

初步筛选一般在接受应聘材料的同时和以后很快完成。所以，筛选的要求是快速、准确、简单。为此，常用的初步筛选办法是利用手头的与应聘人员相关的书面材料对其中的客观信息进行分析和判断。

初步筛选的依据一般是掌握的书面材料。常用的书面材料有求职者自荐材料、职位申请书等。前者由求职者制作和填写，后者由组织制作求职者填写。二者内容相似，一般包括个人识别信息，如姓名、年龄、性别、出生地、现工作单位、通信地址、电话号码、电子信箱等；教育水平信息，如最高学历、毕业学校、专业、职称、外语水平、受过何种训练等；工作背景信息，如曾工作过的年限、单位、曾担任过的职位、有何工作经验和特长等；个人爱好信息，如个人兴趣爱好、业余生活等；其他信息，如家庭状况、应聘何种职位，以及企业需要了解的其他信息。

对各类书面材料的筛选办法基本相同。其中求职者的自荐材料由求职者本人事先制作好、主动提交过来，往往可以用作人事决策的依据和证据。但是，比较可靠的信息，还应该是诸如学历、性别、年龄等此类客观的硬信息。那些主观自我陈述式的信息如自荐信等可以用来参考。职位申请书与自荐材料有很多的相似之处，筛选方法也类似。这样就把在客观的"硬信息"方面不符合的人淘汰掉，让其他人进入后面的选拔程序。

（二）面试

面试是指在特定的时间和地点，由面试考官和应聘者按照预先设计好的目的和程序，进行面谈、相互观察、相互沟通的过程。

面试能够客观了解应聘者的业务知识水平、外貌风度、工作经验、求职动机、语言表达能力、反应能力、个人修养、逻辑思维能力、性格特征、承受压力的能力等。面试的应用是最普遍的。

1.面试的类型

（1）按面试所达到的效果分类，分为初步面试、诊断面试

①初步面试

初步面试是用来增进用人单位与应聘者的相互了解的过程。重点在于让应聘者有机会对其书面材料进行补充。

②诊断面试

诊断面试是对经初步面试筛选合格的应聘者进行实际能力与潜力的测试。侧重了解应聘者的表达能力、交际能力、应变能力、思维能力、个人工作兴趣与期望等。

（2）按参与面试的人员来分类，分为个别面试、小组面试、集体面试

①个别面试（一对一）

面试人员与应聘者一对一，面对面地交谈。

②小组面试（多对一）

二三个人组成面试小组对各个应聘者分别进行面试。

③集体面试（多对多）

由面试小组对若干应聘者同时进行面试。由面试主考官提出一个或几个问题。应聘者在讨论中展现表达能力、思维能力、组织领导能力、解决问题的能力、交际能力等。集体面试形式更便于横向比较。

（3）按面试问题的结构化程度，分为结构化面试、非结构化面试和混合式面试

①结构化面试

提前制定好全部问题，一一提问；面试问题之间会有很强的逻辑关联，面试过程较为正式、严肃、规范。结构化面试的优点是效率较高，了解情况全面；缺点是程式化，不够灵活。

②非结构化面试

随机发问，无固定的提问程式，主要靠考官现场发挥，所以，随意性更大。非结构化面试有针对性，能了解特定情况，但往往缺乏全面性，效率较低。如果考官有很高的现场技巧，则会收到很好的效果。

③混合式面试

结构化面试与非结构化面试的结合，取长避短，现实中的混合式面试大多是先结构化面试，后非结构化面试。

（4）按面试的组织形式来分类，分为压力面试、BD面试、情景面试

①压力面试

压力面试是指有意制造紧张，以了解应聘者对压力的承受能力、在压力前的应变能力和人际关系能力。面试人多通过提出生硬的、不礼貌的问题故意使求职者感到不舒服，针对某一事项或问题做一连串的发问，打破砂锅问到底，直至应聘者无法回答。

② BD 面试

BD 面试即行为描述面试（Behavior Description Interview）能力面试。这种面试是基于行为的连贯性原理发展起来的，通过询问应聘者过去的工作经历判断和预测其行为模式和未来绩效水平。

行为面试是一种能有效排除个人的主观因素，以行为依据、以目标为导向的有效选才工具。行为面试通过面试者的行为描述来判断其背后的品行、思想，准确率较一般的面试方法要高。通过行为面试，能深入探索应聘者的动机和兴趣点，了解判断应聘者的品行是否符合岗位要求。

③情景面试

情景面试又叫情景模拟面试或情景性面试等，是结构化面试的一种特殊情况，它的题目主要由一系列假设的情景构成，通过考察应聘者在这些情况下的反应，对面试进行评价。

情景面试主要考查应聘者的思维灵活性与敏捷性、语言表达能力、沟通技能、处理冲突的能力、组织协调能力、人际关系处理能力及对职位角色的把握能力等。

2.面试程序

面试一般可分为三个阶段，即面试前的准备阶段、面试实施阶段和面试总结阶段。

（1）面试前的准备阶段

面试工作的顺利开展应以充分的准备为前提，一般情况下，面试前应做如下准备工作：首先，根据招聘岗位的任职要求，明确面试的目的，即对

应聘者做哪些判断，是仪容仪表，还是沟通能力、专业能力等；其次，需要根据面试目的选择面试人员和培训面试人员；再次，面试人员需要认真阅读应聘者的相关材料，设计面试提纲和结构化面试问题；另外，还需要确定面试的时间、布置面试现场和制作面试评价表。

（2）面试实施阶段

面试实施一般包括关系建立、导入问题、核心问题和结束面试四个环节。

面试的开始，即关系建立阶段，要努力创造一种轻松的面谈气氛，解除应聘者的紧张和顾虑。常用的方法是和应聘者寒暄、致以问候、保持微笑、姿势放松等。

面试问题，一般先易后难，即先由容易的问题开始，即导入问题阶段。这些问题一般可以从简历中获取，比如，通常以自我介绍开始，以及大学所学课程介绍、个人兴趣爱好等常规问题，也可以提一些封闭性问题（只需回答是或不是）。

面试的核心阶段就是根据面试目的判断核心内容，如专业能力、人格特征、团队精神、求职动机等。

面试人员与应聘者交流完相应的问题，无论应聘者是否适合应聘岗位，双方都应在友好的气氛中结束会谈。招聘方应告知应聘者面试结果通知的时间及方式。

（3）面试总结阶段

面试交流完之后，面试人员应立即整理面试记录，并填写面试评价表，核对有关资料，做出总体评价意见。

3.面试的优点与缺点

（1）面试的优点

①方式灵活、适应性强

面试方式非常灵活，可以采用结构化面试也可以使用非结构化面试，可以一对一的面试也可以小组面试、集体面试，另外还可以采用行为面试、情景面试等；面试既可以获得求职者仪容仪表方面的信息，也可以获得语言表达、专业能力、人际能力、心理素质等多方面的信息，既可以用于基层工作人员的筛选，也可以用于高层管理人员、技术人员的筛选，适应性很强。

②信息具有复合性

面试是通过问答的形式进行交流的，在面谈中，面试人员除了根据应聘者的回答内容做出判断之外，还可以根据应聘者的体态语言做出判断。面试中的体态语包括手势、身势、面部表情、眼色、人际空间位置等一系列能够揭示内在意义的动作。这样，面试人员就可以通过问、听、观等方式获得多种信息，对应聘者做出比较准确的综合判断。

③交流的直接互动性，可以双向交流

面试中应聘者的回答及行为表现与面试人员的评判是相连接的，中间没有任何转换形式；面试中面试人员与应聘者的接触、交谈、观察是相互的，是面对面进行的，应聘者没有时间充分思考后再作答，所以在一定程度上避免了回答的非真实性，效度较高。面试可以有效地避免高分低能者或冒名顶替者入选。

（2）面试的缺点

面试的缺点主要表现在以下几个方面：一是花费时间相对较长，因为面试相对于笔试来说，不能同时大规模地进行，效率较低，花费的时间也较长；二是费用相对较高，因为面试可能会涉及面试人员的差旅费、专家培训费以及招待费等；三是主观性高，可能存在各种偏见，因为面试中接受的信息较多，受到的干扰也较多，加之面试评分标准往往掺杂主观因素；四是面试结果不容易量化比较。

4.面试实施及提问技巧

（1）充分准备

面试有效顺利进行，准备工作很重要，因此，在准备阶段应明确面试目的、面试提纲、面试问题、评价标准、对面试人员进行培训等。

（2）多听少说

面试中尽量制造轻松的氛围，较多采用的是开放式的提问，通过让应聘者多讲了解应聘者。另外，面试人员通过多听少说，分析求职者回答了什么和怎么回答，进一步判断求职者的特征。再者，面试中面试人员讲得多了容易暴露自己的观点和想法，应聘者了解后会倾向于迎合，掩盖其真实想法。

（3）递进提问

递进提问反映了问题之间的紧密关联性。可以从求职者工作经历、技能、成果、工作动机、个人兴趣等相关问题和陈述中就某一方面的信息进一步提问，给应聘者更多的发挥空间，能更加深入了解应聘者的能力和潜力。先易后难、灵活提问，深入地了解应聘者。

（4）比较式提问

比较式提问是主考官要求应聘者对两个或更多的事物进行比较分析，以了解应聘者分析问题的能力。例如，你在以往的工作经历中，你印象最深的一件事情是什么？

（5）举例提问

举例提问可以有效地设置行为和情境，通过回答可以分析求职者解决实际问题的能力。

（6）非语言行为

非语言行为能够帮助判断，如坐姿笔直——自信、果断，抬一下眉毛——怀疑、吃惊，等等。

（三）测试

测试，也称测评，是一种科学的测量方法，它是通过调查、问卷、面谈、模拟、民意测验等多种综合的方法对人员的能力、性格、态度、素质、智力水平、工作绩效等方面进行综合评定，这种评定以定量和定性相结合为特征。

招聘测试分三种类型：一是能力测试，判断是否能胜任应聘岗位；二是个性测试，判断与应聘岗位是否匹配；三是职业兴趣测试，判断与应聘岗位是否匹配。

1. 笔试（测试的一种方法）

笔试是一种传统的人力资源测评方法。在招聘工作中，笔试是让应聘人员在事先设计好的试卷上笔答，然后根据应聘者解答的正确程度评定成绩的选拔方法。笔试可以有效地测验应聘人的基本知识、专业知识、管理知识、综合分析能力、语言理解能力、文字表达能力、阅读能力、记忆能力等。这些能力是很多岗位任职者的资格要求，所以，笔试的应用很广泛，另外，笔试的操作具有一次设计、多人同时使用、人均成本低的优点，所以，笔试一般放在选拔过程的前期使用。

笔试优点：笔试一般设计的题较多、对知识考核全面，可以大规模进行，效率高，人均成本较低；比起面试，应聘者心理压力较小，容易发挥正常；

笔试评分标准更明确，成绩评定较为客观。

笔试缺点：不直观，不能全面考察求职者工作态度、品行修养及组织管理能力、口头表达能力和操作技能；不能排除作弊和偶然性。

2. 能力测试

能力测试用于衡量应聘者是否具备完成职位职责所要求的能力，一般包括知识测试、专业技能测试、智力测试及情商测试。

（1）知识测试

知识是以概念及其关系方式存储和积累下来的经验系统，是从事工作的最基本的基础之一。知识测试一般包括一般知识（常识性的，如计算机知识、数学知识、外语知识、语文知识）和专业知识（如营销知识、财会知识、法律知识）考试，多以笔试的形式进行。

（2）专业技能测试

专业技能是以动作活动的方式固定下来的经验系统，如汽车驾驶、车床操作、打字、演讲、营销等，多以技能操作测试的形式进行。

（3）智力测试

智力是指人认识、理解客观事物并运用知识、经验等解决问题的能力，包括记忆、观察、想象、思考、判断等。一般认为智力高的人学习能力强，创造力强。智力包括观察能力、记忆能力、想象能力、思维能力等。智力测试多通过算术、联想、推理、逻辑试题进行测试等。常用的智力测量工具有斯坦福－比纳智力量表、韦克斯勒成人智力量表等。

（4）情商测试

情商，即情绪商数（Emotional Quotient，EQ），主要是指人在情绪、意志、耐受挫折等方面的品质，反映个体的社会适应性。

这种智力是由五种特征构成的：自我意识、控制情绪、自我激励、认知他人情绪和处理人际关系。

自我意识（了解自我）：监视情绪时时刻刻的变化，能够察觉某种情绪的出现，观察和审视自己的内心世界体验，它是情绪智商的核心，只有认识自己，才能成为自己生活的主宰。

控制情绪（自我管理）：调控自己的情绪，使之适时适度地表现出来，即能调控自己。

自我激励：能够依据活动的某种目标调动、指挥情绪的能力，它能够使人走出生命中的低潮，重新出发。

认知他人情绪：能够通过细微的社会信号、敏感地感受到他人的需求与欲望，是认知他人的情绪，这是与他人正常交往、实现顺利沟通的基础。

处理人际关系，调控自己与他人的情绪反应的技巧。

情商测试多是通过量表的形式进行测试，也可以通过面试的形式进行测试。

3. 个性测试

个性是指一个人具有的独特的、稳定的对现实的行为方式，个性测试具有整体性、独特性和稳定性等特点，主要用于判断应聘者的个性特点。它包括个人的动机、爱好、兴趣、感情、态度、性格、气质、价值观等各种与社会行为有关的心理特质的总和。

个性对于个体的职业成功来说是很重要的，它能渗透到所有的工作活动中，影响行为方式、做事风格和工作绩效。

个性测验的主要方法有以下三种：一是自陈式量表法；二是投射测验；三是笔迹测试。

（1）自陈式量表法

自陈式量表法是被试对自己的人格特质予以评价的一种方法。自陈式量表通常也称为人格量表。由于自陈式量表所测量的是人格特质，因此在人格理论上是遵从特质论的。自陈式量表通常由一系列的问题组成，每一个问题陈述一种行为，要求被试按照自己的真实情形来回答。常用的自陈式量表有卡特尔16PF、明尼苏达多相人格测验、MBTI职业性格测试等。

（2）投射测验

"投射"这个词，在心理学上的解释，所指个人把自己的思想、态度、愿望、情绪或特征等，不自觉地反映于外界的事物或他人的一种心理作用。此种内心深层的反映，实为人类行为的基本动力，而这种基本动力的探测，有赖于投射技术的应用。

投射测验一般是由若干个模棱两可的刺激所组成，被试可任加解释，使自己的动机、态度、感情以及性格等在不知不觉中反映出来，然后由主试将其反应加以分析，就可以推出若干人格特性。常用的投射法包括词语联想法、句子完成法、绘图法、漫画测试法、照片归类法等。

（3）笔迹测试

人的大脑与双手是息息相通的，书写运动像体态语言一样是一个人个性和心态的自然流露。可以说，笔迹是一个人的性格、智力水平和思维逻辑的具体反映，根据笔迹可以鉴定出书写者的性格、能力和心理特征等。

笔迹测试主要从字体大小、书写力度、速度、字体宽度、页面安排等方面判断一个人的个性特征。笔迹测试在欧洲大陆已经作为人才招聘和选拔过程中一种非常重要的测评方法，与其他测评方法相比，笔迹分析技术有着简捷、方便、效度高、信度高、成本低等优势。

4.职业兴趣测试

职业兴趣是指人们对具有不同特点的各类职业的偏好，即被试喜欢从事什么样的职业，被试的这一态度在很大程度上关系任职后绩效和离职率。

（四）评价中心技术

评价中心技术是近年来新兴的一种选拔管理人员和专业人才的甄选方法，它采用情景性的测试证明方法对被试的特定行为进行观察和评价。

评价中心是一种综合性的人员评价方法。一般来说，它由几种选择测试的方法组合而成，利用现场测验或者演练，由评估人员观察候选人的具体行为能力，给出评价。评价中心具有较高的信度和效度，得出的结论质量较高，但与其他测评方法比较，评价中心需投入很大的人力、物力，且时间较长，操作难度大，对测试者的要求很高。

评价中心技术主要针对招聘中高层管理人员。原因是中高层管理人员对企业较为重要，决策失败代价高和管理工作复杂。

比较经典的评价中心技术包括公文筐处理、无领导小组讨论、角色扮演、管理游戏等；其他的技术如案例分析、演讲、事实搜寻、情景面谈等，也常常结合具体的实际需求加以应用。下面简单介绍四种经典评价中心技术的基本概念与操作。

1.公文筐处理法

公文筐处理法，主要测评个人自信心、组织领导能力、计划安排能力、书面表达能力、分析决策能力、承担风险倾向与信息敏感性等。

公文筐处理法，就是给每一位被试发一套文件，要求求职者在特定的时间内处理完毕。通常，文件是根据实际的文件虚拟编写，包括各种报告、请示、计划、预算，同级部门的备忘录，上级的指示、批复、规定、政策，外界用户、供应商、银行、政府有关部门乃至所在社区的函电、传真、电话记录甚至还有群众检举或投诉信等各种文件。处理结果交由测评组，按既定的考评维度与标准进行定量式的评分。

2. 无领导小组讨论法

无领导小组讨论法，就是通过一定数目（5～9人）的考生组成一组，进行一小时左右与工作有关的问题的讨论，讨论过程中不指定谁是领导。观察每人在讨论中的表现予以评分，无领导小组讨论主要用于测评求职人员的主动性、宣传鼓励和说服力、沟通能力、组织能力、人际协调团结能力、精力、自信、出点子与创新力、心理压力耐受力等。

（1）无领导小组讨论流程

第一阶段：考生了解试题，独立思考，列出发言提纲，一般限时5分钟；

第二阶段：考生轮流发言阐述自己的观点，一般限时3分钟；

第三阶段：考生交叉讨论，继续阐释自己观点，或对别人的观点提出不同的意见，并最终对问题达成共识，达成小组一致意见，一般限时40分钟；

第四阶段：大家推选一名考生，做最后总结陈述，一般限时5分钟。

（2）无领导小组讨论主题

无领导小组讨论主题一般与工作相关，主要有以下几种类型。

①开放问题。

②两难问题（争议问题）。

③多项选择问题（排序问题）。

3. 角色扮演

角色扮演又称模拟作业，仿真测评或模拟测验，它是设置一定的模拟情境，让被测评者扮演一定的角色，在模拟的情境中，按照考官要求完成一个或一系列任务和活动，从而测评其在拟聘岗位工作上的实际能力和水平。

测评者通过对应试者在扮演不同角色时表现出来的行为进行观察和记录，测试应试者的素质和潜能。

在角色扮演中，主试对受测被试的行为表现一般从以下几个方面进行评价。第一，角色适应性。被试是否能迅速地判断形势并进入角色情境，按照角色规范的要求采取相应的对策行为。第二，角色扮演的表现。包括被试在角色扮演过程中所表现出来的行为风格、人际交往技巧、面对突发事件的应变能力、思维的敏捷性等。第三，其他。包括被试在扮演指定的角色处理问题的过程中所表现出来的指挥、控制、协调等管理能力。

4. 管理游戏

管理游戏是一种以完成某项或某些"实际工作任务"为基础的标准化模拟活动，通过活动观察和测评被试实际的管理能力。因为模拟的活动大多要求被试通过游戏的形式进行，并且侧重评价被试的管理潜质，管理游戏因此得名。

管理游戏测评中，受测被试置身于一个模拟的工作情境中，面临着一些管理中常常遇到的各种现实问题，要求想方设法加以解决。同公文筐处理法类似，管理游戏中涉及的管理活动范围也相当广泛，可以是市场营销管理、财务管理，也可以是人事管理、生产管理等。在测评过程中，主试常常会以各种角色身份参与游戏，给被试施加工作压力、增强工作难度，使矛盾激化、冲突加剧，目的是全面评价被试的应变能力、人际交往能力等素质特征。

（五）员工选拔工具的信度与效度

员工选拔工具的好与不好，一般从信度和效度两个方面进行评价。

1. 信度

（1）信度的含义

信度即一致性、稳定性及可靠性，它是指采用同样的方法对同一对象重复测量时所得结果的一致性程度。也就是说测试结果不受随机误差干扰的程度，换言之，就是测试方法得到的结果的稳定性和一致性程度。例如，我们用一个秤去称一个人的体重，第一次称为 50.1 千克，过一分钟再称，发现称量结果差异较大，则说明这个秤的信度较低。

（2）信度分析的方法

①再测信度法

再测信度法是一种测量指标稳定性的信度检验方法。该方法通过对同一样本进行两次测量，来评估测量工具的稳定性。再测信度法具体步骤如下：

选择一个适当的样本：在进行再测信度检验时，需要选择一个适当的样本。该样本应当具有代表性，并且包含足够数量的被试者，以便在两次测试之间检测到变化。

进行第一次测量：在选择好样本后，进行第一次测量，记录测量结果。

等待一段时间：为了评估测量工具的稳定性，需要等待一段时间，通常为数天或数周。在等待期间，要避免让参与者受到不同的干扰或影响。

进行第二次测量：等待时间过后，进行第二次测量，并记录测量结果。

计算相关系数：使用相关系数来评估两次测量之间的一致性。通常，使用皮尔逊相关系数或斯皮尔曼相关系数来计算测量结果之间的关系。

再测信度法的优点是简单易行，可重复使用。但也有其局限性，比如可能会因为时间因素、参与者疲劳等因素导致两次测量结果不一致。因此，在使用该方法时需要考虑到其局限性，并尽可能减少误差的影响。

②复本信度法

用两种内容相当的测试方法对同一个应聘者进行测试，两种测试结果相似程度越高，测试方法的信度越高。这种方式在一定程度上能避免再测信度法中由于记忆带来的失真，但会加重设计成本。

③折半信度法

把一种测试方法分为两部分进行考察，两部分的结果相关程度越高，测试方法的信度就越高。将测试题按照奇数项和偶数项分为两部分，然后计算两次等价测评结果的相关系数。系数为1，表明测评工具完全可靠，系数为−1，表明测评工具完全不可靠。

④评分者一致性

随机抽取数份试卷，由两位以上评分者分别评分，然后计算每份试卷所评分数之间的相关程度，所得的结果就是评分者一致性。

2. 效度

（1）效度的含义

效度也叫有效性或正确性，是指测试方法测量出的所要测量内容的程度，也就是说它在多大程度上能测量出要测的内容。在招聘选拔中，效度是指应聘者的测试成绩与今后工作表现之间的相关程度，即在招聘测试中得分较高的应聘者在今后实际工作中，表现较好，则说明这一招聘测试的方法有效，否则有效性就较差。

（2）效度分析的方法

①内容效度

内容效度指测评工具所包括的题目能否真正代表所需要测评的内容。例如，如果实际工作是英文翻译，那么在测评中应考察应聘者的英文写作和口语水平。如果招聘的是零售店出纳，那么在数学测试中应包含退款、采购款和货物交易等方面的运算题。

②效标关联效度

效标关联效度指测评的结果与被预测内容的关联程度，把需要预测的内容称为"效标"。

效标美联效度可以分为预测效度和同时效度两种。

预测效度是指先对研究对象进行测评，过一段时间之后再对研究对象的"效标"进行测评，然后计算两者之间的关系。

由于预测效度需要的时间较长，所以很多时候我们都采用同时效度。同时效度的效标资料是与测验分数同时搜集的。

第二节 员工培训

一、培训概述

在当今这个知识更新速度不断加快、经济快速发展的时代，变化成为企业发展永恒的主题。那么适应这种变化的环境则是企业生存和发展的首要任务，而人才培训与开发正在成为企业增强应变能力的必要手段。

（一）培训的含义

在人力资源管理中，培训与开发是经常一起被使用的两个概念，很多情况下统称为培训。实际上，两者在内涵上是有差异的。

培训是使员工在现在或未来工作岗位上的工作表现达到组织的要求而进行的培养及训练。这些能力包括知识、技能和对工作绩效起关键作用的行为。开发着眼于长远目标，是指员工为今后发展所进行的一系列培训活动，包括正规教育、在职实践、人际互动以及个性和能力的测评等活动。它可以帮助员工更好地适应新技术、市场和工作变化带来的挑战，提高员工向未来职位流动的能力和员工的可雇佣性。它强调的是一种面向未来的人力资本投资活动。

传统意义上，培训侧重于近期目标，重心放在提高员工当前工作的绩效，受训者掌握当前岗位所必需的知识、能力、技巧及工作的步骤和过程，以提高工作的质量和效率，故员工培训具有一定的强制性；开发则侧重于培养提高管理人员的有关素质（如创造性、综合性、抽象推理、个人发展等），帮助员工为企业的其他职位做准备，提高其面向未来职业的能力，同时帮助员工更好地适应由新技术、工作设计、顾客或产品市场带来的变化，开发活动只是对认定具有管理潜能的员工。因此，传统观念认为培训的对象就是员工与技术人员，而开发的对象主要是管理人员。

但两者的目的都在于提高员工各方面的素质，使之适应现职工作或单位未来发展的需要。随着培训的战略地位的凸现，培训将越来越重要，涉及的内容也越来越多，培训与开发的界限将日益模糊。可以说，开发是更广泛意义上的培训。

员工胜任工作应具备综合运用知识的能力，这要求员工必须学会分享知识，创造性地运用知识来提高工作效率或向顾客提供服务，并能更好地理解服务或产品开发系统。因此，许多企业建立了对员工进行与企业经营战略目标和宗旨联系在一起的高层次培训的理念。在企业中营造鼓励持续学习的工作环境，构建学习型组织，使企业的员工不断地学习新的东西，并直接运用到产品或者服务质量的改善方面。

（二）员工培训的内容

合理确定员工培训的内容，对于实现培训的目标，提高组织绩效具有至关重要的作用。在组织中员工培训是围绕工作需要和提高工作绩效展开的，而从大的方面来说，影响工作绩效的因素可分为三类：一是员工所掌握的知识，包括理论知识和业务知识；二是员工的业务技能；三是员工的工作态度、心理素质及与企业文化融合的程度。实际上，这三类因素恰好构成员工培训的内容结构。

1. 知识培训

与工作有关的各方面的知识是员工培训的首要内容，组织应通过各种形式的培训使员工学习和掌握相关知识。内容主要包括：①一般知识，指通用性较强的知识，如计算机、外语、应用文写作、数学等方面的知识；②业务知识，指与企业所处行业、与工作相关的知识，例如证券公司的会计，要培训金融、证券、会计、经济法和税法等方面的知识；③管理理论知识，通常包括管理学、市场营销学、企业战略管理、财务管理、生产管理、人力资源管理、组织行为学等知识。

2. 技能培训

员工从事本职工作需要掌握熟练的业务、人际交往等技能，这些技能除了通过平时自学，主要还能通过培训取得。这些技能主要包括：各项业务操作技能即技术技能、处理人事关系技能即人际技能、谈判技能、计算机运用技能、基本的文秘技能、管理技能等。对于从事不同性质的工作和不同职位等级的一般员工和管理人员来说，技能培训的内容是各有侧重的。

根据管理学的一般原理，对管理人员来说，其中高层管理人员最需培训的是思想技能，即判断与决策能力、改革创新能力、灵活应变能力等；而对中层和基层管理人员则主要侧重人际技能和技术技能，如业务操作技能、人际交往技能等。

3. 态度、企业文化培训和心理素质

态度是影响工作绩效的重要因素，而员工态度能否端正、积极以适应组织文化和工作需要又主要取决于培训，特别是对新进员工来说，态度培训尤其重要。员工态度是指员工的工作态度，当然也包括员工的工作士气、精神状态、团队精神、责任心、事业心、敬业精神等。

一般来说，每一个企业都有其特定的企业文化氛围以及与此相适应的行为方式，如价值观、组织精神（如团队精神、敬业精神等）、人际关系等。要想最大限度地提高企业的运转绩效，必须使全体员工认同并融入这一氛围，因此，企业对员工应进行企业文化培训，尤其是对新员工。企业文化培训一般包括企业基本情况、规章制度及企业价值观念等。企业应通过组织文化培训，培养员工对企业文化的认同和逐渐融入，建立企业与员工以及员工与员工之间的相互信任感，培养员工的团队精神，培养员工的价值观和对企业的归属感、荣誉感，培养员工对企业的忠诚等。

员工的心理素质也会影响其工作态度及工作质量，如自信心、意志力、韧性、自制力、思想品德等情况。

（三）培训的意义

培训不仅通过员工自觉性、积极性、创造性的提高而增加企业产出的效率和价值使企业受益，而且增强员工本人的素质和能力，先使员工本身受益。具体来讲，培训的重要意义主要体现在以下几个方面。

1. 能提高员工的职业能力

企业进行员工培训的直接目的就是要发展员工的职业能力，使其更好地处理现职工作及未来的工作任务。在能力培训方面，传统上的培训重点放在基本技能与高级技能两个层次上，但是未来的工作需要员工掌握更广博的知识，培训员工学会知识共享，创造性地运用知识来调整产品或服务的能力。同时，培训使员工的工作能力得以提高，为其取得好的工作绩效提供了可能，也可为员工提供更多晋升和涨薪的机会。

2. 有利于企业获得竞争优势

面对激烈的国际竞争，一方面，企业需要越来越多的跨国经营人才，为进军世界市场做好人才储备工作；另一方面，员工培训可提高企业新产品的研究开发能力，员工培训就是要不断培训与开发高素质的人才，以获得竞争优势，这已为人们所认识。尤其是人类社会步入以知识经济资源和信息资源为重要依托的新时代，智力资本已成为企业获取生产力、竞争力和经济成就的关键因素。企业的竞争除了依靠自然资源、先进精良的机器设备和雄厚的财力，还要依靠人力资本。员工培训是创造智力资本的途径。智力资本包括基本技能（完成本职工作的技术）、高级技能（如怎样运用科技与其他员工共享信息、对客户和生产系统了解）以及自我激发创造力。因此，这要求建立一种新的适合未来发展与竞争的培训观念，提高企业员工的整体素质。

3. 有利于改善企业的工作质量

工作质量包括生产过程质量、产品质量与客户服务质量等。毫无疑问，培训使员工素质、职业能力提高并增强，将直接提高和改善企业工作质量，通过培训改进员工的工作表现，间接降低企业的运营成本；培训可增加员工的安全操作知识，规范生产安全规程；提高员工的劳动技能水平；增强员工的岗位意识，增加员工的责任感；增强安全管理意识，提高管理者的管理水平。因此，企业应加强对员工敬业精神、安全意识和知识技能的培训。

4.有利于高效工作绩效系统的构建

21世纪，网络信息技术科学技术的发展使员工技能和工作角色发生变化，企业需要对组织结构进行重新设计（如工作团队的建立）。今天的员工已不是简单接受工作任务，提供辅助性工作，而是参与提高产品与服务的团队活动。在团队工作系统中，员工扮演许多管理性质的工作角色。他们不仅具备运用新技术获得提高客户服务与产品质量的信息、与其他员工共享信息的能力；还具备人际交往技能和解决问题的能力、集体活动能力、沟通协调能力等。尤其是培训员工学习使用互联网、全球网及其他用于交流和收集信息工具的能力，可使企业工作绩效系统高效运转。

5.满足员工实现自我价值的需要

在现代企业中，许多员工工作更重要的目的是"高级"需求——自我价值的实现，尤其是企业的核心员工，更看重自我价值的实现。而培训可以不断教给员工新的知识与技能，使其能接受或能适应具有挑战性的工作与任务，实现自我价值和自我成长，这不仅使员工在物质上得到满足，而且使员工得到精神上的成就感。这样就可以极大地激励这部分员工，提高工作积极性。

（四）现代企业员工培训的特点

企业员工培训的对象是在职人员，其性质属于继续教育的范畴，与正规教育相比，企业员工培训的特点表现在如下几个方面。

1.培训对象的广泛性和复杂性

培训对象的广泛性指员工培训的涉及面广，不仅决策层管理者需要培训，而且一般员工也需要受训；员工培训的内容涉及企业当前的经营活动和将来需要的知识、技能以及其他问题，而培训的对象是成人，他们的年龄、学历、专业、价值观、兴趣、接受能力及精力与时间等存在不同程度的差异，这种差异决定了他们学习动机的复杂性、兴趣志向的多样性。

2.培训内容的层次性、多样性和实用性

层次性，指员工培训的深度，也是培训现实性的具体表现。不仅企业战略不同，培训的内容及重点不同，而且不同知识水平和不同需要的员工，所承担的工作任务也不同，知识和技能需要各异。一般人员主要根据工作的需要，加强基础知识的学习，掌握本职工作必须具备的基本技能，解决基础知识、技能掌握欠缺的问题。中层人员主要解决拓宽技术知识面和管理沟通的问题，实现一专多能。高层人员则侧重于通过培训活动，及时掌握国内外同行业的最新成就和发展动向，提高决策和应变能力。

多样性，现代企业对人的素质要求越来越高，这就使得培训的内容越来越多，不再仅仅是基本操作知识与操作技能，还包括人际交往能力、敏感性、企业文化及团队精神与意识等多项内容。

实用性，指员工的培训投资应产生的一定回报。员工培训系统要发挥其功能，即培训成果转移或转化成生产力，并能迅速促进企业竞争优势的发挥与保持。首先，企业应设计好的培训项目，使员工所掌握的技术技能、更新的知识结构能适应新的工作。其次，应让受训者获得实践机会，为受训者提供或其主动抓住机会来应用培训中所学的知识、技能和行为方式。最后，为培训成果转化创造有利的工作环境，如构建学习型组织（一种具有促进学习能力、适应能力和变革能力的组织）。

3.培训时间的长期性与速成性

长期性和速成性，指随着科学技术的日益发展，人们必须不断接受新的知识，不断学习，任何企业对其员工的培训将是长期的，持续的。员工学习的主要目的是为企业工作，所以培训一般针对性较强，周期短，具有速成的特点。许多培训是随经营的变化而设置的，如为改善经济技术指标急需掌握的知识和技能以及为已决定进行的攻关课题、革新项目急需掌握的知识和技能，为强化企业内部管理急需掌握的管理基本技能等。

4.培训的协调性

员工培训是一个系统工程，它要求培训的各环节、培训项目应协调，使培训运转正常。首先要从企业经营战略出发，确定培训的模式、培训内容、培训对象；其次应适时地根据企业发展的规模、速度和方向，合理确定受训者的总量与结构；最后还要准确地根据培训人数，合理地设计培训方案，包括培训时间、地点等。

5.培训形式的灵活性和多样性

培训形式和方法应该灵活、多样，不应追求统一模式，而决定取舍的原则就是符合实际需要。时间上，可长可短，既有短期培训，也有长期培训；培训组织既应有岗前培训，也应包括岗位培训、转岗培训、在职培训与脱产培训等；培训地点上应有在国内的培训，也应有出国考察或进修培训；培训时段既有定期培训，也有非定期的临时培训等；培训方法应包括讲座、视听教学、电脑辅助教学（电子学习、远程学习）、讨论会或研讨会等，也应包括角色扮演、户外拓展训练、敏感性训练、行为模仿等，做到因材施教、因需施教，并充分发挥员工的主动性和积极性，增强培训效果。

（五）培训的原则

为保证培训的方向不偏离组织预定的目标，企业必须制定基本原则，并以此为指导。具体包括以下几个方面。

1. 战略原则

企业必须将员工的培训与开发放在战略的高度来实施。员工培训有的能立竿见影，很快会反映到员工工作绩效上；有的可能在若干年后才能收到效果，尤其是对管理人员的培训。因此，许多企业将培训看成只见投入不见产出的"赔本"买卖，往往只重视当前利益，安排"闲人"去参加培训，而真正需要培训的人员却因为工作任务繁重而抽不出身，结果就出现了所学知识不会用或根本不用的"培训专业户"，使培训真正变成了只见投入不见产出的"赔本"买卖。因此，企业必须树立战略观念，根据企业发展目标及战略制定培训规划，使培训与开发与企业的长远发展紧密结合。

2. 学以致用原则

员工培训应当有明确的针对性，从实际工作的需要出发与职位特点紧密结合，与培训对象的年龄、知识结构、能力结构、思想状况紧密结合，目的在于通过培训让员工掌握必要的知识与技能以完成规定的工作，最终为提高企业的经济效益服务。只有这样培训才能收到实效。

3. 知识技能培训与企业文化培训兼顾的原则

培训与开发的内容，除了文化知识、专业知识、专业技能的培训内容外，还应包括理想、信念、价值观、道德观等方面的培训内容。而后者又要与企业目标、企业文化、企业制度、企业优良传统等结合起来，通过培训使员工在各方面都能够符合企业的要求。

4. 全员培训与重点提高的原则

全员培训就是有计划、有步骤地对在职的所有员工进行培训，这是提高全体员工素质的必经之路。为了提高培训投资的回报率，培训必须有重点，即对企业发展有重大影响的核心员工，如管理和技术骨干，特别是中高层管理人员，再者就是有发展前途的梯队人员，更应该有计划地进行培训与开发。

5.培训效果的反馈与强化原则

培训效果的反馈与强化是不可缺少的重要环节。培训效果的反馈指的是在培训后对员工进行检验，其作用在于巩固员工学习的技能、及时纠正错误和偏差，反馈的信息越及时、准确，培训的效果就越好。强化则是指由反馈而对接受培训人员进行的奖励或惩罚。其目的一方面是为了奖励接受培训并取得良好绩效的人员，另一方面是为了加强其他员工的培训意识，使培训效果得到进一步强化。因此，公司必须把人员培训与人员任职、晋升、奖惩、工资福利衔接起来，使员工明白培训的目的，并且意识到接受培训对自己会有很大的益处。这样做不但培训效果好，而且还可以提高员工的士气，进一步调动员工的积极性、主动性和创造性。

6.因材施教的原则

由于组织的岗位繁多，差异很大，而且人员的水平不同，应遵循因材施教的原则。也就是说，要针对每个人员的实际水平和所处岗位的要求开展人员培训。

（六）员工培训的类型

1.新员工的培训

新员工培训也称职前培训、入职培训、导向培训，是促进新员工了解工作环境、适应工作环境和开展工作的重要活动。

（1）新员工培训的目的

①了解工作的基本情况

若想让员工认同工作和融入工作，首先应该先让员工了解该工作。

②促使新员工认同工作文化（价值标准和行为规范）

工作文化是工作在长期的生存和发展中所形成的为组织所特有的且为组织多数成员共同遵循的最高目标、价值标准、基本信念和行为规范等的总和及其在组织中的反映。若使新员工真正融入组织，必须认同该组织的文化。

③培养荣誉感和归属感

培养新员工的荣誉感与归属感，才能使新员工更快地接受新组织并融入工作。

④帮助新员工规划、设计在企业的个人发展

帮助新员工规划、设计在企业的个人发展可以满足新员工的成长需要，才能更好地激励与留住新员工。

（2）新员工培训的主要内容

新员工培训的主要内容包括熟悉环境、组织文化培训、规章制度培训、职业生涯规划、业务培训等。

（3）新员工培训的一般程序

①企业层次的培训

一般包括熟悉工作环境、企业发展历程、产品及业务开展情况、企业规章制度、企业精神及企业价值观等。

②部门层次的培训

一般包括本部门的职能、工作职责与分工，本部门特有的规定，本部门的工作环境及同事和业务培训。

③职业生涯规划活动

一般由直接领导或部门负责人进行面对面谈话，了解员工情况和职业发展设想，结合组织对人员的需求情况帮助新员工进行职业生涯规划活动，促进员工个人目标与组织目标一致。

2. 在岗员工培训

在岗培训是指员工在不脱离工作岗位的情况下，由部门经理、业务主管或其他经验丰富、技术过硬的员工在日常工作过程中对员工进行的定期或不定期的业务传授和指导。

在岗培训的优点：受训者边学边干，不需要工作点以外的学习场所和教学仪器，可以节省培训经费，同时，受训者能够迅速得到工作绩效的反馈，学习效果好。

在岗培训的不足：容易打乱正常的工作流程，而工作流程往往又会限制在岗培训。

3. 离岗培训

离岗培训是指员工离开实际工作岗位去学习所在岗位的工作技能。离岗培训可以在企业内部进行，也可以在企业外部进行。外派培训就是离岗培训的一种重要形式。

外派培训是指员工接受企业委派，在一定时间内离开工作岗位，到企业以外的机构参加的职业培训。

离岗培训主要是针对企业战略和核心业务、核心能力、价值观和关键知识、员工改善绩效所共需的基础知识和基本技能以及其他对企业运营产生重要影响的内容进行的专项培训。

二、企业培训系统

为确保培训支持组织目标的实现，有必要将系统的观点纳入这一过程，将员工培训视为一个系统，让其中的每一个环节都能实现员工个人及其工作和企业三方面的优化。企业培训系统是由确定培训需求、制订培训计划、实施培训计划、培训成果转化和培训效果评估五个环节构成的一个循环过程。

（一）培训需求分析

在展开培训活动前，首先应对员工进行需求分析。所谓确定培训需求是组织对员工在工作中被要求表现和实际表现之间是否存在差距进行确定。

1.组织分析

组织分析的目的是预测组织未来对知识与技能的需求，判断培训与公司的经营战略和资源是否相适应，管理者和员工对培训是否支持，以便它们能将培训中学到的技能、行为等方面的信息运用到实践中去。这里需要分析以下三个问题。

（1）预测组织未来对知识与技能的需求

从战略发展高度预测企业未来在技术、销售市场及组织结构上可能发生什么变化，对人力资源的数量和质量的需求状况进行分析，确定适应企业发展需要的员工能力。

（2）分析管理者和员工对培训活动的支持态度

大量研究表明员工与管理者对培训的支持是非常关键的。培训成功关键要素在于：受训者的上级、同事对其受训活动持有积极态度，并同意向受训者提供关于任何将培训所学的知识运用于工作实践中去的信息；受训者将培训所学习的知识运用于实际工作之中的概率较高等。如果受训者的上级、同事对其受训不支持，培训成果应用的概率就不大。

（3）分析培训资源

对企业的培训费用、培训时间及培训相关的专业知识等培训资源的分析。企业可在现有人员技能水平和基础上，考虑培训预算，利用内部咨询人员对相关的员工进行培训。如果企业缺乏必要的时间和专业能力，也可以从咨询公司购买培训服务。目前已有越来越多的企业通过投标的形式来确定为本企业提供培训服务的供应商或咨询公司。

组织分析的资料来源主要有宏观的经济发展数据、国家的法规政策、产业政策、组织的战略目标与经营计划、组织生产方面的统计、人事统计等。可采用的方法有资料分析、问卷调查、座谈及直接咨询等。

2. 任务分析

任务分析是对组织工作层面的分析，主要决定培训内容应该是什么。任务分析用以帮助员工准确、按时地完成任务。任务分析的结果是有关工作活动的详细描述，包括员工执行任务和完成任务所需的知识、技术和能力的描述。

这里工作任务的分析不同于工作分析。工作任务分析主要研究怎样具体完成各自所承担的职责和任务，即研究具体任职者的工作行为与期望的行为标准，是找出其间的差距，从而确定员工为了实现有效的工作业绩必须学什么的过程。

任务分析可以通过工作分析、调查表、群体讨论、现场考察、工作日志等方法获得信息。

3. 人员分析

人员分析是确定哪些人需要培训和培训的具体内容。具体说来，就是通过分析实际绩效与预期绩效的差距，发现员工实际掌握的知识、技能和态度与实现组织期望目标所需要的知识、技能和态度之间的差距，并通过分析这一系列影响员工绩效的因素，找出存在差距的原因。

在人员分析的过程中，既要弄清工作绩效不佳的原因是由于知识、技术、能力的欠缺（与培训有关的事宜），还是属于个人动机或工作设计方面的问题，以此确定是否有必要进行培训、谁需要接受培训以及培训的材料、形式和内容等，同时让员工做好接受培训的准备。

人员分析可通过绩效评估、绩效面谈、调查表、工作抽样、面谈及员工的职业生涯设计等方法获得信息。

（二）制订培训计划

培训是一项复杂的工作，如果效果不好，不但会浪费企业的财力、物力，更浪费员工的时间、精力。所以，任何一项培训，都要有一个充分的计划。仓促上阵、临场发挥是不可能收到好的效果的。

1. 计划的内容

培训计划的内容通常用"5W1H+1C"表示，Why：培训的目的和目标；Who：培训对象和培训师；When：培训时间安排；What：培训内容；Where：培训地点；How：培训方法与评估方法；Cost：培训费用预算。

"5W1H+1C"中，最重要的是What：什么内容。针对费用、时间、精力都有限的情况，必须对培训内容进行层次划分。能够突破工作胜任力瓶颈的内容应视为必须学习，能够开发潜力和开阔视野的内容应视为应该学习，对达到培训目标有帮助却不重要的内容应视为可以学习。一份优秀的培训计划，将帮助我们在活动中直接命中目标。

（1）培训目标

通过培训需求分析明确了现有员工的能力和预期职务需求之间存在一定的差距，消除这个差距就是我们的培训目标，可以说培训目标就是培训活动的目的和预期成果。有了培训目标，员工学习才会更加有效。所以，确定培训目标是员工培训必不可少的环节。

①培训目标的作用

培训是建立在培训需求分析基础上的。培训目标确定的作用具体表现在以下几个方面：

它能结合受训者、管理者、企业各方面的需要，满足受训者方面的需要；帮助受训者理解培训的原因；协调培训目标与企业目标一致，使培训目标服从企业目标；为培训结果的评价建立了依据；有助于明确培训成果的类型；指导培训政策及其实施过程；为培训的组织者确立了必须完成的任务。

②培训目标的类型

培训和开发目标可分为若干层次，从组织目标、部门目标、团队目标到个人目标，从长期目标、中期目标到短期目标，从某一培训和开发活动的总体目标到某项学科的乃至每堂课的具体目标，细分多种。培训目标主要有以下几大类。

技能培养：企业通过培训使员工掌握完成工作所具备的技能，例如基层员工，主要培训操作技能，而对中高层管理者，则主要培训思维活动，例如分析与决策能力、书面与口头表达能力、人际关系沟通技巧等。

传授知识：传授知识包括概念与理论的理解与纠正、知识的灌输与接受、认识的建立与改变等，都属于智力活动范畴，但理论知识也必须和实际工作相结合，才能深刻理解，灵活掌握，巩固记忆。

转变态度：转变态度当然也必须涉及认识的变化，所以也有人把它归入上述"传授知识"这一类中。但态度的确立或转变还涉及感情因素，这在性质与方法上毕竟不同于单纯的传授知识。通过培训，建立起员工之间的相互信任，培养员工对企业的忠诚，培养员工应具备的精神和态度，增强集体主义精神，使员工更好地团结协作，通过培训还可以使员工理解企业的政策、规章制度及发展目标，从而得到员工的支持与执行。

行为表现：行为表现是指受训者经过培训后，在一定的工作情境下所需要达到的特定的工作绩效。

绩效目标：培训与开发活动应有助于实现部门或企业特定的绩效目标。培训方案的绩效目标应包括下列要素：第一，接受了培训和开发后的行为或绩效标准，对于培训计划而言，这个标准应具体列明，如培训后打字速率应为每分钟若干字；第二，在何种情况下，这个绩效标准可以运用；第三，评估上述行为或绩效标准的具体方法。

③培训目标设立的原则

可衡量性：如果目标模糊不清，无法衡量，就无法知道目标是否完成，无法对培训程度和效果进行分析、评价。

适合性：培训目标要与企业目标相适应，要符合员工的成长规律，要适合员工的学习特点和规律。

结合性：培训目标应该是企业目标和员工个人目标的结合。单纯强调企业目标而忽视个人目标会损伤员工的热情，影响培训效果。

（2）培训师

培训师的选择对于培训效果的保障有着直接影响，对于培训师的选择一般有两个渠道：一是内部渠道，二是外部渠道。

（3）培训时间

培训时间选择不当也会影响培训效果，一般来讲，培训时间的确定要考虑两个方面的因素：一是培训内容需要的时间，二是受训人员的时间。培训时间确定合理，一方面能保证培训内容及时满足培训需求；另一方面也能让受训人员安心和乐意接受培训，从而保证培训的效果。

（4）培训地点和设施

培训地点的选择最主要是考虑培训的方式，应有利于培训的有效实施，如讲授法可在教室进行，研讨法可以在会议室进行，游戏法应选择相对宽敞的地方。另外，培训地点的选择还应考虑参加培训的人数、距离及培训成本等因素。培训计划中还应列出培训所需设备，如多媒体、文具及其他道具等。

（5）培训方法

培训方法的选择主要是依据培训的内容，如知识型的培训多采用讲授法、研讨法或网络培训；技术技巧型的培训多采用参与式方法，如模拟训练法、角色扮演法。

2.计划的种类

（1）按时间划分

培训计划按时间可分为长期计划、中期计划、年度计划、季度计划和月份计划。中期计划一般是指 1～3 年，长期计划一般是 3 年以上，有的企业员工培训的长期计划甚至制定到 10 年左右。

（2）按对象划分

按培训对象可分为高层管理人员培训计划、中层管理人员培训计划和基层员工培训计划。

（3）按内容划分

按培训内容可分为企业文化培训计划、管理知识与技能培训计划、服务知识与技能培训计划、岗位要求培训计划、规章制度培训计划、操作技能培训计划、产品知识培训计划等。

此外，还有其他多种划分方法。以上只是理论上的划分，实际制订中，培训计划往往是把以上各种类型进行交叉和结合来考虑的。

（三）实施培训计划

这是培训工作的正式实施阶段，也是整个培训工作最关键的阶段，其效果决定着整个培训工作的最终效果。由于计划与实践会有出入，这一阶段，组织者要灵活应变，同时，也要努力提升实施效果。

1. 灵活应变

任何计划在实施过程中都有可能遇到一些不可预料的变化，例如，工作和培训时间产生冲突时有人（包括培训者）中断培训；学习效果不好时有人对培训产生抵触情绪；场地租用突然发生意外变化；设备突然发生故障；讲师突然因事无法按期到场；等等。当出现此类事件时，组织者要随机应变，灵活处理。最好是预先做几套备选方案，一旦情况有变，可以启动预案。

2. 努力提升实施效果

影响计划顺利实施的因素有场地、灯光、桌椅、设备等，但最主要的因素是学员特性和培训师特性。培训师必须深入了解这两个因素，努力提升实施效果。

（1）学员特性

培训专家认为，如果学员不具备学习所需的特性，就无法有效地完成培训计划。学员特性包括学员的准备状态、学员的学习动机、学员的认知能力（包括理解能力、分析能力、推理能力等）、学员的阅读能力及学员的自我效能。

（2）培训师特性

如果培训师缺乏个性化授课技巧，如缺乏鼓励、讲多问少、灌输多启发少、重复啰唆、缺乏感染力、讲解过深过浅等，都会使培训效果大打折扣。

有的培训师过于注重课堂效果，不断让学员做游戏，不注重启发，学员学不到东西，会对培训产生抵触，培训也会失去意义。

培训师既不同于演讲师，也不同于大学教授。有人把培训师定位为"厨师"，认为"厨师"的"菜"要让学员感到新鲜（授课内容要"原创"），"刀功"（培训技法）要到位，"配料"（素材收集和经典内容提炼）要诱人，"炒法"（授课方法）要独具匠心，"风格"（个人形象和魅力）要超群，这样才能赢得学员的青睐。

（四）培训成果转化

培训成果转化即在培训中所学到的知识、技能和行为应用到实际工作中去的过程。培训成果得到有效的转化，这样培训才有意义，否则培训投资就是一种浪费。企业培训成果转化问题是让企业深感困惑的问题。一方面，日益激烈的竞争和日新月异的技术进步迫使企业加大员工的培训投入；另一方面，培训投入产出率不成比例，让企业培训部门处境尴尬。

1.培训转化理论

（1）同因素理论

培训成果转化取决于培训任务、材料、设备和其他学习环境与工作环境的相似性。如果培训内容和实际工作内容完全一致，那么受训者在培训过程中简单地训练工作任务，这样会有较好的培训转化效果。

该理论认为培训转化只有在受训者所执行的工作与培训期间所学内容完全相同时才会发生，能否达到最大限度的转换，取决于任务、材料、设备和其他学习环境特点与工作环境的相似性。

（2）激励推广理论

该理论认为，促进培训成果转化的方法是在培训项目设计中重点强调那些最重要的特征和一般原则，同时明确这些一般原则的使用范围。可以鼓励学员将培训中所强调的要点与其实际的工作经验结合起来，学员之间共享在不同环境和情境中这些原则得以应用的成功经验。也可以鼓励受训者接受培训时和培训结束后将所学技能应用于与培训环境不同的工作环境中去。该理论强调"远程转换"，远程转换指当工作环境与培训环境有差异时，受训者在工作环境当中应用所学技能的能力。

（3）认知转化理论

以信息加工模型作为其理论基础。信息的存储和恢复是重要因素。其强调培训成果能否转化取决于受训者回忆所学技能的能力。

（五）培训效果评估

培训效果评估是通过一系列的信息、资料、数据对培训的效果进行定性和定量的评价，评价内容包括培训的认知成果、技能成果、情感成果、绩效成果及投资回报率。

对培训效果进行评估有两个重要意义：一是能够知晓培训的效果，为是否应在企业内继续进行该项培训做出决定；二是能发现培训各个环节中的不足，为改进培训提供依据。

1. 反应层评估

反应层评估是指学员对培训程序的看法和感受。可以用来评估学员对培训课程、培训师、培训设施的喜好程度。

2. 学习层评估

学习层评估是指对学员在培训过程中所学习到的知识、技能和态度进行评估，评估的主要方面包括：学到了什么知识？学到和改进了哪些技能？态度有无转变？评估的主要方法有提问、笔试、口试、模拟练习与演示、角色扮演、心得报告与文章发表等。

3. 行为层评估

行为层评估是对学员接受培训后的工作表现进行评估和衡量，即工作绩效评测。例如，服务台员工对待投诉顾客的态度是否比过去更友善了？员工的积极性是否更高了？等等。评测的方法有很多种，要注意的是测量标准一定要与培训程序的目标有关。

4. 结果层评估

结果是指培训对企业产生整体效果，以及对生产率、效率、质量、服务等所产生的影响。评估的方法有很多种，可以通过预算、成本报告、销售数据、产品质量、客户调查，或者其他的衡量企业绩效的方法。例如，顾客对员工的投诉减少了吗？商品损耗减少了吗？经营成本是否降低？人员流动减少了吗？销售额提高了吗？利润增加了吗？等等。

三、培训的方法

（一）传统培训方法

1. 讲授法

讲授法，是教育历史上最悠久的方法之一，是教师向学生传授知识的重要手段，也是比较传统的培训方法之一，是教师运用阐述、说明、分析、论证和概括等手段讲授知识内容的培训方法。

讲授法的优点：①传授内容多，有利于大面积培训；②传授的知识比较系统、全面；③人、财、物、力和时间方面都很经济；④受训者可以很方便地向教师请教疑难问题。

讲授法的缺点：①传授内容多，受训者消化吸收的压力大；②比较单调，受训者处于被动地位，参与程度低；③教师面向所有受训者讲授，较少顾及学员的个体差异；④或与实际工作结合不密切，缺乏一定的针对性。

因此，讲授法主要适用于系统地进行知识的更新与传授。

2. 研讨法

研讨法，就是先由教师综合介绍一些基本概念与原理，然后围绕某一专题进行讨论的培训方式。这种方式也是一种运用很普遍的方式，仅次于讲授法，因而它在培训中起着重要的作用。

运用这种方法应注意这样几点：①要确定研讨会的主题，即讨论要有主题牵引，防止脱离主题；②要确定研讨会的主持人；③要确定研讨形式；④要重视会前准备。

研讨法主要适用于概念性或原理性知识的把握和学习，通过研究讨论，提高学习者的理解能力，其效果要优于讲授法。

3. 案例分析法

案例分析法，就是把实际中的真实情景加以典型化处理，编写成供学习者思考和决断的案例，通过独立研究和相互讨论的方式，来提高学习者分析问题和解决问题的能力的一种方法。案例分析法可以调动学习者广泛参与，变单项信息传递为双向交流、变被动学习为主动学习、变注重知识为注重能力的培训方式。

这里所涉及的案例，一般是对企业内部个体、群体或组织中的一个或几个乃至更多的变量之间相互关系的一种描述和说明。它可以是成功的典范，也可以是失败的总结。

案例分析法的优点：生动具体、直观易学、能够集思广益并实现教学相长。

案例分析法的缺点：案例的编写和案例的分析费时费力，对教师和学习者的要求较高。

案例分析法多用于管理知识与技能的培训，如人际关系知识与技能、决策知识与技能、营销知识与技能。另外，案例分析法在高级管理人员的培训中应用得更为普遍。

4. 行为模仿法

行为模仿法也称模拟训练法，是先向受训者展示正确的行为，再要求他们在模拟环境中扮演角色，根据他们的表现，培训者不断地提供反馈，受训者在反馈的指导下不断地重复工作直至能熟练完成任务。

这种培训方法的基本思路是，受训人看到任务的执行过程，并在反馈信息下不断重复实践，直到熟练完成任务。具体来讲，行为模仿有四个步骤：第一，建立模式，向受训者展示正确的行为，可以通过电影、录像等现代手段，也可以通过真人表演；第二，角色扮演，让每个受训者扮演其中角色，演习正确的行为；第三，不断强化，培训者根据受训者的表现，给予表扬、建议等反馈，强化受训者的行为；第四，鼓励受训者在将来的工作中采用正确的行为。

行为模仿法与角色扮演的相似之处是，受训者都扮演某些角色，表演出某种情形。区别在于行为模仿教给受训者正确地执行任务的方法，并且行为模仿训练中发生的互动行为是实践，受训者如果犯错误，培训者会立即加以纠正，并让他们正确地重复该步骤。

行为模仿侧重于操作技能培训，如某种机器设备的操作和使用。也可以用于管理技巧的培训，如沟通技巧、演讲技巧等。另外，新员工上岗培训也常用此法。

5. 工作轮换法

这是一种在职培训的方法，指让受训者在预定时期内到组织内不同部门的不同工作岗位上进行实际工作（实习）的一种系统而正式的培训方法。工作轮换法的目的是让被培训者了解整个组织运作和各部门的职能，同时也使被培训者找到适合自己的工作岗位，确定自己的职业目标。

工作轮换法的优点：能丰富培训对象的工作经历、增加员工的工作满意度；能够识别培训对象的长处和短处，企业能通过工作轮换了解培训对象的专长和兴趣爱好，从而更好地开发员工的所长；工作轮换能增进培训对象对各部门管理工作的了解，扩展员工的知识面，为受训对象以后完成跨部门、合作性的任务打下基础。

工作轮换法的缺点：如果员工在每个轮换的工作岗位上停留时间太短，则所学的知识不精；此方法鼓励"通才化"，适用于综合管理人员的培训，不适用于职能管理人员。

因此，工作轮换法适合在被培训者职业生涯的早期进行，如新进员工、新进入企业的年轻管理人员或有管理潜力的未来的综合管理人员。

（二）现代培训方法

1. 角色扮演法

角色扮演法是为受训者提供一种真实的情境，要求一些学习者扮演某些特定的角色并出场表演，其他学习者观看表演，注意与培训目标相关的行为。表演结束后，其他学习者对角色扮演者完成任务的情况进行评价，表演者也可以联系表演时的情感体验来讨论表现出的行为。

其操作步骤为：①把一组受训人员集合在一起；②选取某种情境，如与直接主管存在冲突的雇员要求调动工作；③从受训人员中挑出两个人，即兴模仿上述情境，其他成员在一旁观摩、思考和进行评论；④组织全体人员讨论和评价。

运用这种方法，可以帮助学习者处在他人的位置上思考问题，可以体验各类人物的心理感受，训练学习者自我控制能力和随机应变能力，从而提高管理人员处理各类问题的能力，同时对提高管理人员的演讲能力和表达能力也有一定价值。

2. 户外拓展训练

户外拓展训练通常利用崇山峻岭、瀚海大川等自然环境，通过精心设计的活动达到"磨炼意志、陶冶情操、完善人格、熔炼团队"的培训目的。

3. 敏感性训练

敏感性训练就是通过团队活动、观察、讨论、自我坦白等程序，使学员面对自己的心理障碍，并重新建构健全的心理状态。

要组织好敏感性训练，就必须按照以下的程序来进行：①准备一个舒适的场地，以免给学员造成心理压力；②主持人需事先说明训练的程序、规则与目的；③主持人先交付所有学员共同参与并完成一项任务；④任务结束后，以一学员为中心，其他学员则依次将任务中所见、所闻，与所想象与该目标学员有关的资讯报告出来（包括个人言行与如何影响他人等作为），并由目标学员详细说明、坦白为何产生如此言行；⑤轮流指定目标学员，重复上一步骤，直至所有学员均参与为止；⑥由主持人作最后的评价、总结，并鼓励、赞许学员面对自我的勇气。

敏感性训练的优点：①能充分展现自己的态度和行为，从成员那里获得对自己行为的真实反馈，可以使学员重新认识自己；②通过接受他人意见，了解自己的行为如何影响他人，从而改善自己的态度和行为，能够使学员重新建构自己。

敏感性训练的缺点：①组织和训练所需的时间较长；②有造成学员心理伤害的可能与危险；③学员可能不愿泄漏内心深处的秘密而影响整个训练程序与效果；④需要一名受过专业训练的主持人与数名有一定基础知识的助手。

敏感性训练主要适用于组织发展训练、晋升前的人际关系训练、中青年管理人员的人格塑造训练、新进人员的集体组织训练、外派人员的异国文化训练。

4.网络培训

以现代信息技术为基础的互联网在全球迅速兴起。互联网拥有巨大的资源、方便快捷的使用方式和良好的交互性能，使其以惊人的速度发展。

网络培训又称 e-Learning、在线培训、网络学院、网络教育和在线学习等，即通过应用信息科技和互联网技术进行内容传播和快速学习的方法。

（1）网络学习的优点

①节省培训费用

无须将学员招集在一起，可即时开展培训、灵活便捷地更新培训内容。

②学习效率较高

可利用大量的声音、图片等影音文件，增加课堂教学的趣味性，从而提高学员的学习效果。

③进程安排灵活

学员可以利用空闲时间学习，不受时间与空间限制，另外，学员可以自主选择学习方式，各人的学习方法和思维方式有所不同，在网上学习，学员可以按自己习惯的方式学习。

（2）网络学习的缺点

师生交流有限；某些内容不适合网络培训，有一定局限性，如人际交流的技能培训、机器操作技能培训。

第六章 员工职业生涯管理与激励沟通

第一节 职业生涯管理

一、职业生涯管理的内涵

（一）职业规划与管理

职业规划是指对人们职业生涯的规划和安排，包括个人计划与组织计划两个层次。从个人层次看，每个人都有从现在和将来的工作中得到成长、发展和获得满意的强烈愿望和要求。为了实现这种愿望和要求，他们不断地追求理想的职业，并希望在自己的职业生涯中得到顺利的成长和发展，从而制订了自己成长、发展和不断追求满意的计划。从组织的层次看，职业规划是指组织为了不断地增强员工的满意感并使其能与组织的发展和需要统一起来而制定的，协调员工个人成长、发展与组织需求和发展相结合的计划。

（二）职业生涯管理

职业生涯管理，又称职业管理，是对职业生涯的设计与开发的过程。它同样需要从个人和组织两个不同的角度进行。从个人角度讲，职业生涯管理就是一个人对自己所要从事的职业、要加入的工作组织、在职业发展上要达到的高度等做出规划和设计，并为实现自己的职业目标而积累知识、开发技能的过程。它一般通过选择职业、选择组织、选择工作岗位，通过工作使技能得以提高、职位得到提升、才干得到发挥。而从组织角度讲，则是指对员工所从事的职业所进行的一系列计划、组织、领导和控制的管理活动，以实现组织目标和个人发展的有机结合。

现代企业人力资源管理要求企业组织具有"职业发展观"。职业发展观的主要内容是：企业要为其成员构建职业发展通道，使之与组织的需求相匹配、相协调、相融合，以达到满足组织及其成员的各自需要，同时实现组织目标与员工个人目标的目的。职业发展观的核心是使员工个人职业生涯与组织需求在相互作用中实现协调与融合。要实现该目标，组织对员工的职业管理就必不可少。职业生涯管理是组织与员工双方的责任，它贯穿于员工职业生涯发展的全过程和组织发展的全过程，是一种持续的、动态的管理。

二、员工职业生涯管理的意义

现代社会，人的一生中大部分时间是在职业中度过的，职业生涯跨越人生中精力最充沛、知识经验日臻丰富和完善的几十年，职业成为绝大多数人生活的最重要组成部分。职业不仅提供了个人谋生的手段，而且创造了迎接挑战、实现自我价值的大好机会和广阔空间。企业也越来越认识到，人才是其最本质、最重要的资源。企业一方面想方设法保持员工的稳定性和积极性，不断提高员工的业务技能以创造更好的经济效益；另一方面，又希望能维持一定程度的人员、知识、观念的更新换代以适应外界环境的变化，保持企业活力和竞争力。而开展职业生涯管理则是满足员工与企业双方需要的最佳方式。

（一）职业生涯管理对员工个人的意义

职业生涯管理对员工个人而言其意义与重要性主要体现在以下方面：

第一，职业生涯开发与管理可以使员工个人了解到自身的长处与不足。通过职业生涯规划与管理，员工不仅可以养成对环境和工作目标进行分析的习惯，而且可以使员工合理计划、安排时间和精力开展学习和培训，以完成工作任务，提高职业技能。这些活动的开展都有利于强化员工的环境把握能力和困难控制能力。

第二，职业生涯管理可以帮助员工协调好职业生活与家庭生活的关系，更好地实现人生目标。良好的职业规划和职业生涯开发与管理的工作可以帮助员工从更高的角度看待职业生活中的各种问题和选择，将各个分离的事件结合在一起，相互联系起来，共同服务于职业目标，使职业生活更加充实和富有成效。同时，职业生涯管理帮助员工综合地考虑职业生活同个人追求、家庭目标等其他生活目标的平衡，避免顾此失彼、左右为难的困境。

第三，职业生涯管理可以使员工实现自我价值的不断提升和超越。员工寻求职业的最初目的可能仅仅是找一份可以养家糊口的差事，进而追求的可能是财富、地位和名望。职业规划和职业生涯管理对职业目标的多层次提炼可以逐步使员工的工作目的超越财富和地位，追求更高层次自我价值实现的成就感和满足感。因此，职业生涯管理可以发掘出促使人们努力工作的最本质的动力，升华成功的意义。

（二）职业生涯管理对组织的意义

职业生涯管理对组织而言，同样具有深远的意义，主要体现在：

第一，职业生涯管理可以帮助组织了解内部员工的现状、需求、能力及目标，调和它们与存在于企业现实和未来的职业机会与挑战间的矛盾。职业生涯管理的主要任务就是帮助组织和员工了解职业方面的需求和变化，帮助员工克服困难，提高技能，实现企业和员工的发展目标。

第二，职业生涯管理可以使组织更加合理与有效地利用人力资源，合理的组织结构、组织目标和激励机制都有利于人力资源的开发利用。同薪酬、地位、荣誉的单纯激励相比，切实针对员工深层次职业需要的职业生涯管理具有更好的激励作用，同时能进一步开发人力资源的职业价值，而且，职业生涯管理由于针对组织和员工的特点"量身定做"，同一般奖惩激励措施相比，具有较强的独特性与排他性。

第三，职业生涯管理可以为员工提供平等的就业机会，对促进企业持续发展有重要意义。职业生涯管理考虑了员工不同的特点与需要，并据此设计不同的职业发展途径和道路，以利于不同类型的员工在职业生活中扬长避短。在职业生涯管理中的年龄、学历、性别差异，不是歧视，而是不同的发展方向和途径，这就为员工在组织中提供了更为平等的就业和发展机会。因此，职业生涯管理的深入实施有利于组织人力资源管理水平的稳定与提高。尽管员工可以自由流动，但职业生涯的管理开展使得全体员工的技能水平、创造性、主动性和积极性保持稳定提升，这对于促进组织的持续发展具有至关重要的作用。

三、职业生涯发展理论

在个人漫长的职业生涯中，尽管个人的具体情况、职业选择与职业转换等情况各不相同，但职业发展是每个人的共同追求。职业生涯发展是指个体逐步实现其职业生涯目标，并不断制定和实施新的目标的过程。职业生涯发展的形式多种多样，主要可分为职务变动发展与非职务变动发展两种基本类型。职务变动发展包括晋升和平行两种方式，而非职务变动发展侧包括工作的范围扩大、观念改变及方法创新等内容，两种形式都是个人发展的路径选择，也都意味着个人能力的提高和收益的增长。

更普遍的是，伴随着年龄的增长，每个人在不同的年龄阶段表现出大致相同的职业特征和职业需求及职业发展任务。因此，一些著名的职业管理专家对于职业生涯的发展过程经过长期研究，发现并总结出了许多关于职业生涯发展的理论和规律。这些理论主要有：职业生涯发展阶段理论及职业锚理论。

（一）职业生涯发展阶段理论

人的生命是有周期的，我们常常把人生分为幼年、少年、青年、壮年和老年几个阶段，而作为人生组成部分的职业生涯同样也要经历几个阶段，通常也将其称作职业周期。在职业周期的不同阶段，人的性格、兴趣、知识水平及职业偏好都有不同。美国著名的职业管理学家萨柏（Donald E.Super）将人的职业生涯分为以下五个主要阶段：

1. 成长阶段

成长阶段大体上可以界定为 0 ～ 14 岁这一年龄段。在这个阶段，个人通过对家庭成员、朋友、老师的认同，以及与他们之间的相互作用，逐渐建立起了自我的概念。在这一时期，儿童将尝试各种不同的行为方式，使得他们形成了人们如何对不同行为做出反应的印象，并帮助他们建立起一个独特的自我概念和个性。到这一阶段结束的时候，进入青春期的青少年经历了对职业的好奇、幻想到兴趣，开始对各种可选择的职业进行带有现实性思考了。

成长阶段又由三个子阶段构成：幻想期（10 岁之前）：从外界感知到许多职业，对于自己觉得好玩和喜爱的职业充满幻想，并进行模仿；兴趣期（11 ～ 12 岁）：以兴趣为中心理解、评价职业，开始做职业选择；能力期（13 ～ 14 岁）：开始考虑自身条件与喜爱的职业是否符合，有意识地进行能力培养。

2. 探索阶段

探索阶段大体上发生在 15 ～ 24 岁这一年龄段上。在这一时期，人们将认真地探索各种可能的职业选择。人们试图将自己的职业选择与他们对职业的了解，以及通过学校教育、休闲活动和业余工作等途径所获得的个人兴趣和能力匹配起来。在这一阶段的初期，人们往往做出一些带有试验性质的较为宽泛的职业选择，但随着个人对选择职业及自我的进一步了解，他们的这种最初选择往往又会被重新界定。待这一阶段结束的时候，一个看上去比较恰当的职业就已经被选定，他们也已经做好了开始工作的准备，人们在这个阶段需要完成的最重要任务就是对自己的能力和天资形成一种现实性的评价，并根据各种职业信息做出相应的教育决策。

探索阶段又可分为以下三个子阶段：试验期（15～17岁）：综合认识和考虑自己的兴趣、能力与职业社会价值、就业机会，开始对未来职业进行尝试性选择；转变期（18～21岁）：正式进入劳动力市场，或者进行专门的职业培训，由一般性的职业选择转变为特定目标职业的选择；尝试期（22～24岁）：选定工作领域开始从事某种职业，对职业发展目标的可行性进行试验。

3. 确立阶段

确立阶段一般为25～44岁这一年龄段。这是大多数人职业生涯中的核心部分。人们一般希望在这一阶段尤其是在早期能够找到合适的职业，并随之全力以赴地投入有助于自己在此职业中取得永久发展的各种活动中。然而，在大多数情况下，在这一阶段人们仍然在不断地尝试与自己最初的职业选择所不同的各种能力和理想。

确立阶段本身又由三个子阶段构成：尝试期（25～30岁）：在这一阶段，一个人确立当前所选择的职业是否适合自己，如果不适合，就会重新做出选择；稳定期（31～44岁）：在这一阶段，人们往往已经定下了较为坚定的职业目标，并制定了较为明确的职业计划来确定自己晋升的潜力、工作调换的必要性及为实现这些目标需要开展哪些教育活动等；职业中期危机阶段（30～40岁的某个时段）：在这一阶段，人们往往根据自己最初的理想和目标对自己的职业进步情况做一次重要的重新评价。人们可能会发现，自己并没有朝着自己所梦想的目标靠近，或者已经完成了他们自己所预定的任务后才发现，自己过去的梦想并不是自己所想要的全部东西。在这一时期，人们还有可能会思考，工作和职业在自己的全部生活中到底有多重要。在通常情况下，在这一阶段的人们第一次不得不面对一个艰难的抉择，即判定自己到底需要什么，什么目标是可以达到的，以及为了达到这一目标，需要做出多大的牺牲。

4. 维持阶段

此阶段在 45 ~ 65 岁，是职业的后期阶段。这一阶段的人们长时间在某一职业上工作，在该领域已具有一席之地，一般达到常言所说的"功成名就"，已不再考虑变换职业，力求保住这一位置，维持于取得的成就和社会地位，重点是维持家庭和工作间的和谐关系，传承工作经验，寻求接替人选。

5. 衰退阶段

人达到 65 岁以上，其健康状况和工作能力逐步衰退，即将退出工作，结束职业生涯。因此，这一阶段要学会接受权力和责任的减少，学习接受一种新角色，适应退休后的生活，以减轻身心的衰退，维持生命力。

萨柏以年龄为依据，对职业生涯阶段进行划分。在不同的人生阶段，人的生理特征、心理素质、智能水平、社会负担、主要任务等都不尽相同，这就决定了在不同阶段其职业发展的重点和内容也是不同的，但职业生涯是个持续的过程，各阶段的时间并没有明确的界限。其经历的时间长短常因个人条件的差异及外在环境的不同而有所不同，有长有短，有快有慢，有时还有可能出现阶段性反复。

（二）职业锚理论

职业锚是由美国著名的职业指导专家埃德加·H. 施恩（Edgar.H.Schein）教授提出的。他认为职业发展实际上是一个持续不断的探索过程，在这一过程中，每个人都在根据自己的天资、能力、动机、需要、态度和价值观等慢慢地形成较为明晰的与职业有关的自我概念。随着一个人对自己越来越了解，这个人就会越来越明显地形成一个占主要地位的职业锚。

所谓职业锚，是指当一个人不得不做出选择的时候，他无论如何都不会放弃职业中的那种至关重要的东西，正如其中"锚"字的含义一样，职业锚实际上就是人们选择和发展自己的职业时所围绕的中心。一个人对自己的天资和能力、动机和需要及态度和价值观有清楚的了解之后，就会意识到自己的职业锚到底是什么。具体而言，是个人进入职业生涯早期的工作情境后，由习得的实际工作经验所决定，并在经验中与自身的才干、动机、需要和价值观相符合，逐渐发展出的更加清晰全面的职业自我观，以及达到自我满足和补偿的一种长期稳定的职业定位。

施恩教授通过研究提出了以下五种职业锚：第一，技术或功能型职业锚，即职业发展围绕着自己所擅长的特别技术或特定功能而进行。具有这种职业锚的人总是倾向于选择那些能够保障自己在既定技术或功能领域中不断发展的职业。第二，管理型职业锚，具有这种职业锚的人会表现出成为管理人员的强烈动机。他们的职业发展路径是沿着组织的权力阶梯逐步攀升，承担较高责任的管理职位是他们的最终目标。第三，创造型职业锚，这种人的职业发展都是围绕着创业性努力而组织的。这种创业性努力会使他们创造出新的产品或服务，或是搞出创造发明，或是创办自己的企业。第四，自立与独立型职业锚，具有这种职业锚的人总是愿意自己决定自己的命运，而不依赖于别人，愿意选择一些自己安排时间、自己决定生活方式和工作方式的职业，如教师、咨询、写作、经营小型企业等。第五，安全型职业锚，具有这种职业锚的人极为重视长期的职业稳定和工作的保障性，他们愿意在一个熟悉的环境中维持一种稳定的、有保障的职业，倾向于让雇主来决定他们去从事何种职业。

四、个人职业计划

对于员工职业发展的管理，企业组织应当承担重要责任。但对职业成功负有主要责任的还是员工自己。在这当中就个人而言，最重要的是制订适当的个人职业计划。

（一）制订个人职业计划的原则

1. 实事求是

这要求员工应准确地认识自己，并能客观地自我评价，这是制订个人职业计划的前提。

2. 切实可行

个人的职业目标一定要同自己的知识、能力、个人特质及工作适应性相符合。同时，个人职业目标和职业道路的确定，要考虑到客观环境和条件。

3. 个人职业计划要与组织目标协调一致

离开组织目标，就不可能有个人的职业发展，甚至难以在组织中立足。员工应积极主动地与组织沟通，获得组织的帮助和支持，以此来制订一个适合自己的职业计划。

4. 在动态变化中制订和修正个人职业计划

随着时间的推移，员工本人的知识、经验、技能、态度等情况及外部环境条件都会发生变化，这就要求员工及时调整自己的个人职业计划，修正和调整计划中一些不断变化的内容，如职业发展具体活动、短期职业目标等。

（二）职业计划设计

职业计划设计是员工对自己一生职业发展的总体计划和总体轮廓的勾画，它为个人一生的职业发展指明了路径和方向。在设计职业计划中一般应考虑以下因素：

1. 个人自我评价

个人自我评价是对自己的各方面进行分析评价。员工只有充分认识自己之后，才能设定可实现的目标，自我评价要对包括人生观、价值观、受教育水平、职业锚、兴趣、特长、性格、技能、智商、情商、思维方式和方法等进行分析评价，全面认识自己、了解自己，这样才能选定自己的职业发展路线，增加事业成功的机会。

2. 职业发展机会评估

职业发展机会评估，主要是评估各种环境因素对自己职业发展的影响。环境因素包括经济发展、社会文化等社会环境和企业环境等因素。在设计个人职业机会时，应分析环境发展的变化情况、环境条件的特点，对人与环境的关系（包括自己在此环境中的地位、环境对自己提出的要求及环境对自己有利的条件与不利的条件）等，只有充分了解和认识这些环境，才能做到在复杂多变的环境中趋利避害，设计出切实可行、有实际意义的职业计划。

3. 选择职业

职业选择的正确与否，直接关系人生事业的成败，这是职业发展计划中最关键的一步。在选择职业时，要慎重考虑自己的职业性向、能力、职业锚、人生阶段等重要因素与职业的匹配性。

4. 设定职业生涯目标

设定职业生涯目标是指预先设定职业的发展目标，这是设计职业计划的核心步骤。职业生涯目标的设定是在继职业选择后对人生目标做出的又一次抉择，它是依据个人最佳才能、最优性格、最大兴趣和最有利环境的信息所做出的。职业生涯目标通常为分短期目标、中期目标、长期目标和人生目标。短期目标一般为 1 ~ 2 年, 中期目标为 3 ~ 5 年, 长期目标为 5 ~ 10 年。

在确定目标的过程中要注意如下几个方面的问题:

①目标要符合社会与组织的需要, 有需要才有市场, 才有位置。

②目标要适合自身特点, 并使其建立在自身的优势之上。

③目标要高远但不能好高骛远, 一个人追求的目标越高, 其才能发展得越快。

④目标幅度不宜过宽, 最好选择窄一点的领域, 并把全部身心投入进去, 这样容易取得成功。

⑤要注意长期目标与短期目标的结合, 长期目标指明了发展的方向, 短期目标是长期目标的保证, 长短结合更有利于目标的实现。

⑥目标要明确具体, 同一时期的目标不要太多, 目标越简明、越具体, 就越容易实现, 越能促进个人的发展。

⑦要注意职业目标与家庭目标, 以及个人生活与健康目标的协调与结合, 是事业成功的基础和保障。

5. 职业生涯路线的选择

在确定职业和发展目标后, 就面临着职业生涯路线的选择。例如, 是向行政管理路线发展, 是走专业技术路线, 还是先走技术路线再转向行政路线等。由于发展路线不同, 对职业发展的要求也不一样。因此, 在设计职业生涯时, 必须做出抉择, 以便为自己的学习、工作及各种行动措施指明方向, 使职业沿着预定的路径和预先设计的职业计划发展。

在进行生涯路线选择时, 可以从以下三个问题出发思考:

①个人希望向哪一条路发展, 主要考虑自己的价值观、理想、成就、动机, 确定自己的目标取向。

②个人适合向哪一条路发展, 主要考虑自己的性格、特长、经历、学历等主观条件, 确定自己的能力取向。

③个人能够向哪一条路发展, 主要考虑自身所处的社会环境、政治与经济环境、组织环境等, 确定自己的机会取向。职业生涯路线选择的重点是对生涯选择要素进行系统分析, 在对上述三方面的要素综合分析的基础上确定自己的生涯路线。

6. 制订行动计划与措施

无论多么美好的理想与想法，最终都必须落实到行动上才有意义，否则只能是空谈。在确定了职业计划表与职业生涯路线后，行动便成为关键的环节，这就是贯彻落实目标的具体措施，包括工作、训练、教育、轮岗等方面的措施。

7. 评估与调整

影响职业计划设计的因素很多，其中环境变化是最为重要的因素。在现实社会生活中，要是职业计划设计行之有效，就必须不断地对职业计划进行评估与调整，如职业的重新选择，职业生涯路线的选择，人生目标的修正，以及实施措施与计划的变更等都是调整的主要内容。

五、个人职业发展趋向

人格（包括价值观、动机和需要等）是决定一个人选择何种职业的一个重要因素，其具体的表述可归纳为决定个人选择何种职业六种基本趋向。

（一）实际趋向

具有这种趋向的人会被吸引从事那些包含体力活动并且需要一定技巧、力量和协调的职业，如采矿工人、运动员等。

（二）调研趋向

具有这种倾向的人会被吸引从事那些包含着较多认知活动的职业，而不是那种以感知活动为主的职业，如研究学者和大学教授等。

（三）社会趋向

具有这种趋向的人会被吸引从事那些包含大量人际交往活动的职业，而不是那些有大量智力活动或体力活动的职业，如心理医生和商务人员等。

（四）常规趋向

具有这种趋向的人会被吸引从事那些包含大量结构化和规则性的职业，如会计人员和银行职员等。

（五）企业趋向

具有这种趋向的人会被吸引从事那些包含大量影响他人为目的的人际活动的职业，如管理人员、律师等。

（六）艺术趋向

具有这种趋向的人会被吸引从事那些包含大量自我表现、艺术创造、感情表达和个性化的职业，如艺术家、广告创意人员等。

职场上每个人不是只包含一种职业趋向，更多的是几种职业趋向的混合。当这种趋向越相似，则一个人在选择职业时面临的内在冲突和犹豫就越少。简单地说，只要不断成熟的个性和兴趣支持了原先的职业趋向，自然职业锚也就成为可能。

第二节 员工激励与沟通

一、激励的基本知识

激励是组织用以吸引、保留员工的重要手段，在员工的引进和绩效的提高方面有着不可替代的作用。但激励是一个界定比较宽泛、存在于不同领域的概念，许多专家在对激励的定义上存在较大的差异。

（一）激励的内涵

激励是指在外界环境等诱因的作用下，个体根据自己的内在驱动力量，通过运用一定的自我调控方式，从而达到激发、引导、维持和调节行为并朝向某一既定目标的过程。在该定义中，我们强调三个激发动机的因素，分别是内驱力、诱因和自我。

在现代企业管理中，激励的最简单心理过程模式可以表示为：源于需要，始于动机。具体来说就是员工个体因为自身内在或外在的需要而产生了一系列的动机，随后又由动机引导自己的行为；而这些行为都是个体为了达到某个目标的活动，借此满足自己的需要；最后，这一行动又刺激和强化了原来的动机，从而形成一个循环。

从心理学的角度来分析激励过程，实质上就是心理学研究中的刺激变量、机体变量和反应变量之间的关系。

刺激变量是指能够引起有机体反应的刺激特征。这些特征可以具有多种形式，主要包括可以变化与控制的自然和社会环境刺激。

机体变量是指个体自身的特征。主要包括物种特征（比如猴子与狗对同频率声波的感受性）和个体特征（比如性别、学历、动机、内驱力强度等）以及学习特征（如成功感、习得性无助感等）。

反应变量是指刺激引起在行为上发生变化的反应种类和特征。人的行为反应可分为言语行为反应和动作行为反应。

（二）激励的机制

1.激励机制简述

现代组织行为学理论认为，激励的本质是调动员工去做某件事的意愿，这种意愿是以满足员工的个人需要为条件的。因此，激励的关键在于正确地把握员工的内在需求，并以恰当的方式去满足他们。

激励机制是指通过一套理性化的制度来反映激励主体与激励客体相互作用的方式。一般来说，激励机制主要包括诱导因素、行为导向制度、行为幅度制度、行为时空制度和行为规划制度等五个方面的内容。

（1）诱导因素

诱导因素是用于调动员工积极性的各种奖酬资源。诱导因素的提取，必须建立在对员工个人进行调查、分析和预测的基础上，然后根据组织所拥有的奖酬资源的实际情况设计各种奖酬形式，包括各种外在性奖酬和内在性奖酬。

（2）行为导向制度

行为导向制度是指组织对其成员所期望的努力方向、行为方式和应遵循的价值观的规定。在组织中，由诱导因素诱发的个体行为可能会朝向各个方向，不一定都指向组织的目标方向。同时，个人的价值观也不一定与组织的价值观完全一致，这就要求组织在员工中培养一定的主导价值观。行为导向一般强调全局观念、长远观念和集体观念，这些观念都是为实现组织的各种目标服务的。

（3）行为幅度制度

行为幅度制度是指对由诱导因素所激发的行为在强度方面的控制规则。根据期望理论公式，对个人行为幅度的控制是通过改变奖酬与绩效之间的关联性以及奖酬本身的价值来实现的。按固定的比率和变化的比率来确定奖酬与绩效之间的关联性，会对员工行为带来不同的影响。

（4）行为时空制度

行为时空制度是指奖酬制度在时间和空间方面的规定，这方面的规定包括：特定的外在性奖酬与特定的绩效相关联的时间限制、员工与一定工作相结合的时间限制以及有效行为的空间范围。这样的规定可以使组织所期望的行为具有一定的持续性，并在一定的时间和空间范围内发生。

（5）行为规划制度

行为规划制度是指对成员进行组织同化，对违反行为规范或达不到要求的成员进行处罚和教育。它包括对新成员在人生观、价值观、工作态度、合乎规范的行为方式、工作关系、特定的工作机制等方面的教育，使他们成为符合组织风格和习惯的成员，成为一个合格的员工。

2. 激励机制的实现途径

在实践应用中，结合管理学、心理学的激励理论，激励机制可以通过薪酬体系设计与管理、职业生涯管理和升迁变动制度、分权与授权机制等多个方面来实现。

（1）薪酬体系设计与管理

薪酬体系设计与管理是人力资源管理的核心职能模块，更是激励员工的重要手段和方式。而要实现薪酬激励最有效的效果，必须树立科学的薪酬分配理念，合理拉开分配差距，同时在企业中建立依靠员工业绩和能力来支付报酬的制度化体系。要实现这些目标，企业应该做到以下几点：实现"职位分析—职位评价—职务工资设计一体化"，实现"能力分析—能力定价—能力工资设计一体化"；实现"薪酬与绩效考核的有机衔接"；实现"薪酬与外部劳动力市场价格的有机衔接"；将"员工的短期激励与长期激励有机结合"。

（2）职业生涯管理和升迁变动制度

传统的职业生涯通道建立在职务等级体系的基础上。一般来说，等级是呈金字塔形状分布的，在这样的职业生涯制度下，如果员工职务升迁无望，也就意味着其发展的意愿破灭，这一切就会导致员工的工作积极性下降。在现代的企业中，我们主张建立多元的职业生涯通道，让员工在不同的职业通道内合理"分流"，在各自的通道内发展，得到同样的工资、奖金、地位、尊重等，从而达到激励效果。

（3）分权与授权机制

分权与授权机制主要针对知识型员工，也就是具有一定知识、技能和能力的员工。这些员工除了看重薪酬、职务升迁等因素之外，在工作中有自主性，对工作的参与度以及决策权也有很大的需求。企业建立恰当科学的分权与授权机制（主要包括员工在财务、人事和业务工作方面的权限），不仅可以较大幅度地提高组织运行的效率，还可以对员工起到较好的激励效果。

（三）激励的作用

对一个企业来说，科学有效的激励制度和方式、方法至少具有以下两方面的作用。

1. 实现企业的经营目标

企业有了好的绩效才能生存。具体来说，有效的激励对企业实现其经营目标有以下作用。

（1）为企业吸引大批优秀的人才

在很多成熟型的企业中，激励措施有丰厚的薪酬福利待遇、优惠的各种政策、快捷的晋升途径和良好的发展前景等，这些都可以使企业在市场竞争中赢得大批优秀人才。

（2）协调企业目标和个人目标

在实际工作中，企业组织目标与个人目标之间既有冲突矛盾的一面又有和谐一致的一面。很多时候，往往因为利益分配不均导致企业的组织目标与员工的个人目标出现不一致甚至是相悖的情况。这个时候就需要通过一些合适的激励措施把个人目标和组织目标合二为一。同时，对于与组织目标不一致的员工个人目标也应该区别对待。在不会对企业组织目标造成重大危害和负面影响的时候，企业应该承认其合理性，并在许可的范围内尽量帮助和支持员工去实现，这样可以更好地激发员工的工作积极性，进而提高员工对组织的忠诚度和归属感。

（3）形成良性竞争环境，保证员工完成个人绩效

科学的激励制度包含竞争精神，它的运行能够创造出一种良性的竞争环境，进而形成良性的竞争机制。在具有良性竞争机制的组织中，组织成员会受到环境的压力，在竞争机制的作用下，这种外在的环境压力将转变为促使其努力工作的内在动力。

2. 促进员工成长

每个员工都有自己的梦想，也都渴望在工作中得到别人的肯定。平常我们经常看到这样一种现象：某些企业尤其是知名企业，或许它们的薪酬、福利不是最高的，但它们却比那些高薪的企业更能吸引和留住人才。这是为什么呢？原因就在于企业的激励方式更有利于员工成长，很多员工在选择自己的雇主时，相比于普通的物质薪酬而言，更看重个人成长。

（四）可能存在的激励误区

1. 管理意识落后

首先，有的企业尤其是一些中小企业，对人才不是很重视，认为有无激励是一样的。这些企业需要革新自己的陈旧观念，把人才当作一种资本来看，注重挖掘人的潜力，重视激励机制的健全。

其次，许多企业认为激励就是奖励，这是普遍存在的一个误区。管理者要认识到仅仅有奖励是不够的，奖励的同时要与一定的约束机制相结合。因为被剥夺有时候也可以引发员工的紧张状态，促使其产生较高的工作积极性。企业的一项奖励措施往往会使员工产生各种行为方式，但其中有的部分却不是企业所希望的。因此，适当的奖励措施和惩罚措施就很有必要。奖励正确的事、约束错误的行为才是正确的管理之道。

2. 激励存在一定的盲目性

不少企业看到别的企业有激励措施，自己便"依葫芦画瓢"。合理的借鉴是必要的，但很多企业是盲目地照搬。此外，有人认为激励的强度越大越好。其实，这也是一种错误的观点，凡事物极必反，激励也是这样。

3. 激励措施的无差别化

许多企业实施激励措施时，并没有对员工的需要进行分析，而是对所有人采用同样的激励手段，结果适得其反。激励的基础是需要。同样的激励手段不可能满足所有的需要。此外，企业需要注重对核心员工的激励。加强对他们的激励，可以起到事半功倍的效果。当然，对核心员工的激励可以使用长期激励手段，如股票期权、目标激励等。

4. 激励过程中缺乏沟通

因为缺乏沟通，企业往往只重视命令的传达，而不注重沟通和反馈。从人际误解到财政、运营和生产问题，无不与低效沟通有关。在激励过程中也同样存在类似的误区，比如，在对员工进行奖励的时候，企业关注的只是奖励的对象和数目，而沟通这一环节往往忽略不计。

二、激励的理论

在学术界，激励理论一般有以下两种分法：一种是将激励理论分为行为激励理论、认知激励理论和综合型激励理论，另外一种是将其分为内容型激励理论、过程型激励理论和强化型激励理论。本节从心理学的角度对原有的激励理论进行重新整合和划分。在此，将激励理论分为外在诱因激励理论和内驱力激励理论进行阐述。

（一）外在诱因激励理论

1.强化激励理论

（1）强化激励理论的内容

强化就是通过"强化物"增强某种行为的过程，而强化物就是增加反应可能性的任何刺激。该理论认为人的行为是其所受刺激的函数。如果这种刺激对他有利，那么这种行为就会重复出现；若对他不利，则这种行为就会减弱直至消失。因此，管理者要采取各种强化方式使人们的行为符合组织的目标。根据强化的性质和目的，强化可以分为正强化和负强化两大类型。

①正强化

所谓正强化，就是奖励那些符合组织目标的行为，以使这些行为得到进一步加强，从而有利于组织目标的实现。正强化的刺激物不仅包含奖金等物质奖励，还包含表扬、提升、改善工作关系等精神奖励。

为使强化达到预期效果，必须实施不同的强化方式。有的正强化是连续的、固定的，譬如对每一次符合组织目标的行为都给予强化，或每隔一段固定的时间给予一定数量的强化。尽管这种强化有及时刺激、立竿见影的效果，但久而久之，人们就会对这种正强化有越来越高的期望，或者认为这种正强化是理所应当的。管理者需要不断加强这种正强化，否则其作用会减弱甚至不再起到刺激行为的作用。

另一种正强化的方式是间断的、时间和数量都不固定的，管理者根据组织的需要和个人行为在工作中的反应，不定期、不定量实施强化，使每次强化都能起到较大的效果。实践证明，后一种正强化更有利于组织目标实现。

②负强化

所谓负强化，就是惩罚那些不符合组织目标的行为，以使这些行为削弱甚至消失，从而保证组织目标的实现。实际上，不进行正强化也是一种负强化，譬如，过去对某种行为进行正强化，现在组织不再需要这种行为，但基于这种行为并不妨碍组织目标的实现，这时就可以取消正强化，使行为减少或者不再重复出现。负强化包含减少奖酬或罚款、批评、降级等。

实施负强化的方式与正强化有差异，应以连续负强化为主，即对每一次不符合组织要求的行为都及时予以负强化，消除员工的侥幸心理，减少直至消除这种行为重复出现的可能性。

（2）强化激励理论对管理的启示

在激励的实际应用中，强化激励理论给我们的启发在于，如何使强化机制协调运转并产生整体效应，为此，在运用该理论时应注意以下五个方面。

①应以正强化方式为主

在企业中设置鼓舞人心的安全生产目标是一种正强化方法，但要注意将企业的整体目标和员工个人目标、最终目标和阶段目标等相结合，并对在完成个人目标或阶段目标中做出明显绩效或贡献者，给予及时的物质和精神奖励（强化物），以充分发挥强化作用。

②采用负强化（尤其是惩罚）手段时要慎重

负强化应用得当会促进安全生产，应用不当则会带来消极影响，它们可能使人由于不愉快的感受而出现悲观、恐惧等心理反应，以致产生对抗性消极行为。因此，在运用负强化时，应尊重事实，讲究方式方法，处罚依据准确公正，尽量消除其副作用。实践证明，将负强化与正强化结合应用能取得更好的效果。

③注意强化的时效性

强化的时间对强化的效果有较大的影响。一般来说，及时强化可提高行为的强化反应程度，但需注意及时强化并不意味着随时都要进行强化。不定期的、非预料的间断性强化，往往可以取得更好的效果。

④因人制宜，采用不同的强化方式

由于人的个性特征及需求层次不同，不同的强化机制和强化物所产生的效果会因人而异。因此，在运用强化手段时，应采用有效的强化方式，并随对象和环境的变化而进行相应调整。

⑤利用信息反馈增强强化的效果

信息反馈是强化人们行为的一种重要手段，尤其是用安全目标进行强化时，定期反馈可使员工了解自己参加安全生产活动的绩效及结果，既可使员工得到鼓励、增强信心，又有利于及时发现问题、分析原因、修正行为。

2.目标激励理论

目标激励理论也称目标管理法，综合来说，目标激励理论认为组织群体共同参与并制定具体可行的、能够客观衡量的目标是激励的关键之处。

（1）目标激励理论的内容

目标管理理论是在科学管理理论和行为科学管理理论的基础上形成的。它强调凡是在工作状况和成果直接严重地影响公司生存和繁荣发展的地方，目标管理就是必要的，而且希望各位经理所能取得的成就必须来自企业目标的完成，同时他的成果必须用他对企业有多大贡献来衡量。

企业的目的和任务必须转化为目标，目标的实现者同时也应该是目标的制定者。首先，他们必须一起确定企业的航标，即总目标，然后对总目标进行分解，使目标流程分明。其次，在总目标的指导下，各级职能部门制定自己的目标。再次，为了实现分层目标必须把权力下放，培养一线职员的主人翁意识，以唤起他们的创造性、积极性和主动性。除此之外，绝对的自由必须有一个绳索——强调成果第一，否则总目标只是一种形式，而没有实质内容。企业管理人员必须通过目标对下级进行领导并以此来保证企业总目标的完成，如果没有方向一致的分目标来指导每个人的工作，则企业的规模越大、人员越多时，发生冲突和浪费的可能性就越大。只有每个管理人员和工人都完成了自己的分目标，整个企业的总目标才有完成的希望。企业管理人员对下级进行考核和奖励时也需要依据这些分目标。

（2）目标激励理论的主要观点

①明确的、具体的目标能提高员工的工作绩效

具体明确的目标要比笼统的、模糊不清的目标效果好，因为具体的目标规定了员工努力的方向和强度。

②目标越具挑战性，绩效水平越高

该理论认为，如果能力和目标的可接受性不变，目标越困难，绩效水平就越高，即困难、压力越大，则动力越强。

③绩效反馈能带来更高的绩效

如果在朝向目标努力的过程中能得到及时反馈，人们会做得更好，因为反馈有助于了解已做的事和要做的事之间的差距，也就是说，反馈引导行为。

④通过参与设置目标，可以提高目标的可接受性

目标设置理论认为，在某些情况下，参与式的目标设置能带来更高的

绩效；而在另一些情况下，上级指定目标时绩效更高。也就是说，参与目标不一定比指定目标更有效。但是，参与的一个主要优势在于提高了目标本身作为工作努力方向的可接受性，这是由于人们一般更为看重自己的劳动成果。如果人们参与目标设置，即使是一个困难的目标，相对来说也更容易被员工接受。因此，尽管参与目标不一定比指定目标更有效，但参与可以使困难目标更容易被接受。

（3）影响目标与绩效关系的主要因素

目标设置理论表明，除了明确性、挑战性和绩效反馈以外，还有三个因素影响目标和绩效的关系。

①目标承诺

目标设置理论的前提假设是每个人都忠于目标，即个人承诺不降低或不放弃这个目标。因此，当目标是当众确定的、自己参与设置而不是指定的时，可能会产生较高的工作绩效。

②自我效能感

自我效能感是指一个人对他能胜任工作的信心。自我效能感越高，对获得成功就越有信心。研究表明，在困难情况下，具有高自我效能感的人会努力把握挑战，而自我效能感低的人则降低努力或放弃目标；同时，高自我效能感的人对消极反馈的反应是更加努力，而自我效能感低的人面对消极的反馈则可能降低努力程度，甚至偃旗息鼓，萎靡不振。

③个体差异

目标设置理论假设的条件是：下级有相当的独立性，管理者和下属都努力寻求挑战性的工作，管理者和下属都认为绩效非常重要。如果这些前提条件不存在（事实上也不一定存在），则有一定难度的具体目标不一定能带来员工的高绩效。

（二）内驱力激励理论

相比于外在诱因激励理论来说，内驱力激励理论更强调在激励过程中个体内在意向所起的关键作用。内驱力激励理论主要包括亚伯拉罕·马斯洛（Abraham Maslow）[①]的需要层次理论、克雷顿·奥尔德弗（Clayton Alderfer）的 ERG 理论。

---

① 亚伯拉罕·马斯洛是美国人本主义心理学家主要发起者，著名社会心理学家，第三代心理学的开创者。

1.需要层次理论

（1）需要层次理论的内容

亚伯拉罕·马斯洛的需要层次理论，假定人们会被激励起来去满足一项或多项在他们一生中很重要的需要。更进一步地说，人们对特定需要的强烈程度取决于它在需要层次中的地位，以及它和其他更低层次需要的满足程度。此外，马斯洛认为，激励的过程是动态的、逐步的、有因果关系的。

（2）需要层次理论对现代企业管理的启示

需要层次理论认为，需要是以一种渐进的层次表达出来的，也就是说，必须满足低层次的需要，然后个体才会关注更高层次的需要。这一理论对现代企业管理的启示有以下几点。

首先，依据马斯洛需要层次理论，人的生理需要和安全需要是较低层次的"匮乏性的基本需要"，只有满足这两种需要员工才能有更高层次的需要。这就要求企业必须为员工提供稳定工作和足够薪酬，因为这些薪酬不仅满足了员工及其家庭的生存需要，同时也有助于巩固员工安全感。

其次，管理者不要总是固执地认为，员工所关心和追求的仅仅是金钱及物质待遇，只要给钱，他们就会卖力干活，钱给得越多他们干活越卖力。随着现代社会物质财富日益丰富，人类素质不断提高，需要层次也逐渐从生理性的、安全的低级需要向高级的归属和爱的需要、尊重的需要和自我实现的需要演进；金钱和物质需要的比重不断下降，而团队、尊重、自我实现等精神性的需要比重则明显上升。

最后，高层管理人员和基本管理人员相比，前者更能够满足他们较高层次的需求，因为高层管理人员面临有挑战性的工作，在工作中能够自我实现；相反，基本管理人员更多地从事常规性工作，满足较高层需求相对困难。这就需要在任务设置时有意识地进行必要的内容调整。

2.ERG 理论

（1）ERG 理论的内容

克雷顿·奥尔德弗[①]把人类的需要整合为三种需要，即生存需要（Existence）、相互关系需要（Relatedness）和成长需要（Growth）。因为这三种需要的英文首写字母分别为"E""R""G"，所以该理论被称为

---

① 克雷顿·奥尔德弗美国耶鲁大学行为学家教授、心理学家，ERG 需要理论的创始人。

ERG 理论。奥尔德弗认为这三种需要之间是没有明显界限的，它们是一个连续体。ERG 理论的特点表现在它对各种需要之间内在联系的有力阐述上。

第一，各个层次的需要得到的满足越少，则这种需要就越为人们所渴望。比如，满足生存需要的工资越低，人们就越希望得到更多的工资。

第二，与马斯洛需要层次理论类似的是，个体的较低层次需要满足得越充分，则其对较高层次的需要则越强烈。比如，在 E、R 的需要得到满足后，G 需要就会特别突出。

第三，较高层次的需要满足得越少，则对较低层次需要的渴求则越强烈。

此外，奥尔德弗还认为在任何一段时间内，人都可以有一个或一个以上的需要同时发生作用；并且这些需要由低到高顺序也并不一定那样严格，可以越级上升。

（2）ERG 理论对现代企业管理的启示

奥尔德弗的 ERG 理论告诉我们，企业管理人员应该了解员工的真实需要，这种需要和工作成果有着一定的关系。管理人员要想有效地掌控员工的工作行为或工作结果，首先需要从调查研究入手，了解员工的真实需要。其次，应该在调查研究的基础上，对员工的需要进行综合分析，同时考虑下属的个性心理特点，逐步合理地解决其问题，通过对员工需要的满足来达到控制员工行为的目的。需要本身就是激发动机的原始驱动力，一个人如果没有什么需要，也就没有什么动力与活力。反之，一个人只要有需要，就存在着可激励的因素。由于每一层次需要包含了众多的需要内容，具有相当丰富的激励作用，就为管理者提供了设置目标、激发动机和引导行为的依据。此外，低层次需要满足后，又有上一层次需要继续激励，因而人的行为始终充满着内容丰富多彩、形式千变万化的激励方式。管理者要想对员工进行有效的激励，提高企业运作的有效性和高效性，就要将满足员工需要所设置的目标与企业的目标密切结合起来。

三、员工沟通的基本内容和技巧

（一）沟通的基本内容

1.沟通的含义与对象

沟通是指可理解的信息或思想在两个或两个以上的人群中传递或交换的过程，在这个过程中，人们通过书面语言、口头语言和行为语言等方式，进行交流信息、获取信息、解释信息、共享信息的活动。

团队沟通的对象，从团队外部看，包括组织领导、其他组织成员、团队的客户和供应商等；从团队内部看，包括团队领导和成员、各部门之间等。

2. 沟通的类型与模式

（1）团队沟通的类型

①按照沟通的方向划分

有自上而下的沟通、自下而上的沟通和水平沟通三种。从高层次向低层次进行的沟通称为自上而下的沟通；从低层次向高层次进行的沟通称为自下而上的沟通；发生在同一团队成员之间、同层次的团队成员之间、同层次的管理者之间的沟通称为水平沟通。

②按沟通的方法划分

可以分为书面沟通和口头沟通。书面沟通包括对团队内部使用备忘录，对客户和非公司人员使用信件方式进行的沟通，其中备忘录和信件均可通过拷贝或电子邮件来传递。口头沟通即面对面的沟通，或通过电话、有声邮件或电话会议等方式实现的沟通。

③按组织系统划分

可以分为正式沟通和非正式沟通。一般来说，正式的团队沟通是指团队正式组织系统的信息传递，非正式团队沟通指的是团队非正式组织系统的信息传递。

（2）沟通的模式

无论是哪一种类型的沟通，都具有一般的沟通要素，遵循共同的沟通模式。沟通一般模式如下。

来源——信息的来源，即信息发出的主体；编码——口述或书写时传送信息的符号；通道——用来传送信息的中介或载体；解码——接收者对信息的解释、理解；接收——计划的信息接收者，即信息到达的客体；反馈——确定信息的真实性；干扰——也称噪声，即造成信息失真、错乱、误解或干扰沟通过程的任何信息。

（3）团队要认真培育融洽的人际关系

①改善组织的人际关系

建立一个富有亲和力的管理班子，设定合理的组织机构，实行员工参与管理，定期与各个层次的员工沟通。

②改善人际关系

个人的人际关系与组织目标的实现有紧密关系，对工作氛围和工作关系的改善也至关重要。加强自身修养、尊重他人并能换位思考，是改善人际关系的好方法。

3.团队沟通的方式

（1）会议沟通

举行各种类型、各种规模、各种形式的会议可以起到集思广益的作用。在会议讨论中，互相激发思想火花，各种不同思想碰撞和交锋，从不协调到协调，从不同想法到获得相近或一致的见解。团队会议不能是简单的一端发送指令另一端接收指示，而应是有中心有目的地汇集团队成员的智能、思想、经验和信息。

（2）个别交谈

团队是一个整体，成员间必须相互关怀，互相了解。个别交谈既是彼此关心、建立感情的渠道，也是探讨和研究问题的重要方式。个别交谈比会议讨论可能更深入、更细致，更容易获得双向交流，以提升信息的质量。

（3）开放式讨论

事先向团队成员发出讨论的主题，要求每个团队成员事先做好发言准备。开放式讨论采用的是有主题无领导的讨论，只有会议记录员对讨论的内容进行详尽的记录。开放式讨论能够汇集各种思想，团队成员对这一主题的研究通过"头脑风暴法"获得提升，使团队成员共享彼此的研究成果。这是整体效益最佳的交流过程，而非1+1的简单叠加。

（4）网络沟通

充分利用网络，能快速地传递团队成员所获取的最新信息和创造的最新思想。这种快速的传递会形成快速的撞击，快速的撞击有时会获得意想不到的创新成果。团队成员还可通过电子邮件表示对彼此的关心，实现个体劳动联结；成员可利用网络请求帮助或给予别人帮助，以求得团队的最优绩效。

（二）员工沟通技巧

1.要让员工对沟通行为及时做出反馈

沟通的最大障碍在于员工对管理者的意见产生误解或理解得不准确，

而让员工对管理者的意图做出反馈是减少这种问题的关键。鉴定员工反馈是否有效的标准是数量和准确性。在企业管理中，企业管理者作为主动发动者与员工进行沟通，二者之间难免有沟通及接收信息之间的障碍。为克服这种障碍，就要求管理者在向员工宣布一项任务后，要求员工把所布置的任务再复述一遍，通过直接或间接询问确认他们是否完全了解。如果员工所复述的内容与管理者意见一致，就说明沟通是有效的；如果员工对管理者的意见领会出现差错，可以调整陈述方式，及时地进行纠正，以免带来不可估量损失。

2. 对不同的员工使用不同的语言

在同一组织中，不同的员工往往有不同的年龄、教育和文化背景，这就可能使他们对相同的话产生不同的理解。另外，由于专业化分工不断深化，不同的员工会有不同的专业术语，而管理者往往忽略这种差别，以为自己说的话都能被其他人准确理解，从而给沟通造成了障碍。沟通时必须根据接收者的具体情况选择语言，语言应尽量通俗易懂，以便接收者能确切理解管理者表达的信息。

管理者要慎择语言，选择员工易于理解的词汇，使信息更加清楚明确。对容易产生歧义的话语尽量避免使用，或者对于可能产生误解的话语，进行必要的解释说明，表明自己真实的态度和情感，以澄清误解。在传达重要信息的时候，为了消除语言障碍带来的负面影响，针对接收信息人的情况，酌情使用对方易懂的语言，确保沟通有效。

3. 积极倾听员工的发言

一位擅长倾听的领导者，通过倾听可以从下属处获得信息并进行思考。有效准确地倾听信息，将直接影响管理者的决策水平和管理成效，并由此影响公司的经营业绩。

积极的倾听要求管理者把自己置于员工的角色上，沿着员工的思路，体会员工所处的环境，以便正确理解他们的意图，避免进入"和自己说话"的陷阱。企业管理者应尽量给员工时间让他们相互交谈，并且在倾听的过程中用动作语言表现出对员工谈话的浓厚兴趣。善于倾听的人能及时发现他人语言的信息价值，并创造条件让其积极地发挥作用。倾听本身也是一种鼓励方式，能提高员工的自信心和自尊心，加深彼此的感情，因此也激发出员工的工作热情与负责态度。对于一名管理者来说，善于倾听是必要的。

4.恰当地使用肢体语言

管理者必须保持自己的肢体语言与自己说话的一致性，以便提高沟通效率。肢体语言是交流双方内心世界的窗口，它可能泄露深藏的秘密。一个成功的沟通者在强化沟通的同时，必须懂得非语言信息，而且尽可能了解其意义。磨炼非语言沟通的技巧，注意察言观色，充分利用它来提高沟通效率。这就要求管理者在沟通时，要时刻注意与员工交谈的细节问题。

5.注意保持理性，避免情绪化

在接收信息的时候，接收者的情绪会影响到对信息的理解。管理者在与员工进行沟通时，应该尽量保持理性和克制，如果情绪失控，则应当暂停沟通，直至恢复平静。

6.减少沟通的层级

在许多企业中，机构设置比较复杂，信息的传递需要跨越许多中间环节，才能到达终点。因此，企业应加强组织建设，积极改善组织结构和加强组织文化，使企业能够较好地发挥沟通的功能。为避免沟通过程中信息的失真，可以精简机构，建立一支精明的团队，根据组织的规模、业务性质、工作要求等选择沟通渠道，制定相关的工作流程和信息传递程序，以保证信息上传下达渠道的畅通，为各级管理者决策提供准确可靠的信息。也可以通过召开例会、座谈会等形式传递和收集信息。企业有必要设立一个独立于各职能部门以外的监督部门，负责协调内部的沟通工作，确保信息的真实，使每一次沟通都得到预想的目的，提高沟通效率。

7.变单向沟通为双向沟通

很多企业沟通只是单向的，多是领导单向下达命令，这样的沟通不仅无益于决策层的监督和管理，时间一长，必然挫伤员工的积极性及归属感，所以，单向沟通必须变为双向沟通。

双向沟通有利于促进人际关系和加强双方紧密合作，能激励员工参与管理的热情，久而久之，会给企业带来深刻变化。同时，企业组织者和管理者也应该掌握沟通技巧，认真听取员工的意见，发掘和利用员工的聪明才智，充分调动员工的积极性和创造性，这样企业最终会得到丰富的收益。

第七章 绩效与薪酬福利管理

第一节 绩效管理

一、绩效管理概述

绩效，是一种管理学概念，指成绩与成效的综合，是一定时期内的工作行为、方式、结果及其产生的客观影响。在企业等组织中，通常用于评定员工工作完成情况、职责履行程度和成长情况等。"绩效"包含两个方面的内容：一方面是指员工或组织的工作结果。在企业里，员工的工作绩效具体表现为完成工作的数量、质量、成本费用以及为企业作出的其他贡献等；另一方面，绩效也是员工或组织在完成工作任务过程中的行为表现。

影响绩效的主要因素有员工技能、外部环境、内部条件以及激励效应。员工技能是指员工具备的核心能力，是内在的因素，经过培训和开发是可以提高的；外部环境是指组织和个人面临的不为组织所左右的因素，是完全不受控制的客观因素；内部条件是指组织和个人开展工作所需的各种资源，也是客观因素，但在一定程度上能够改变内部条件的制约因素；激励效应是指组织和个人为达成目标而工作的主动性、积极性，是主观因素。

（一）绩效考核

绩效考核是针对企业中每位员工所承担的工作，通过应用各种科学的方法，对员工的工作行为、工作效果及其对企业的贡献或价值进行考核和评价，并将评价结果反馈给员工的过程。

员工绩效考核是按照一定的标准，采用科学的方法，检查和考核企业员工对职位所规定职责的履行程度以确定其工作成绩的管理方法。其目的主要在于通过对员工全面综合评估，判断他们是否称职，并以此作为企业人力资源管理的基本依据，切实保证员工的报酬、晋升、调动、职业技能开发、激励、辞退等工作的科学性。同时，也可以检查企业管理的各项政策，如在人员配置、员工培训等方面是否有失误。

（二）绩效管理

绩效管理是对绩效实现过程各要素的管理，是基于企业战略基础上的一种管理活动，是通过对企业战略的建立、目标分解、业绩评价，并将绩效成绩用于企业日常管理活动中，以激励员工业绩持续改进并最终实现组织目标以及战略的一种正式管理活动，是员工和经理就绩效问题所进行的双向沟通的一个过程。

企业绩效管理包括针对普通员工的绩效考核和针对管理人员的绩效考核两部分。其中，管理人员的绩效考核分为任务绩效考核和管理绩效考核，任务绩效考核与管理人员的职责相关，是考核期内所在部门的整体绩效水平；管理绩效考核与管理人员的管理过程直接相关，涉及工作责任心、团队合作、客户服务等方面。普通员工的绩效考核主要是指任务绩效考核，它与员工的个人能力、工作态度等方面有关。

二、绩效管理的流程

有效开展绩效管理工作，需要科学合理地安排绩效计划、规范绩效管理的流程。一般来说，绩效管理分为四个步骤。

（一）绩效诊断阶段

绩效诊断也称绩效管理诊断或绩效调研，绩效管理系统的设计是一个由初始状态到中间状态，再到理想状态的循序渐进的过程。如果管理者期望绩效管理系统一步到位，则不仅不能将企业引向理想状态，而且还有可能给企业带来灾难，因此，开展企业绩效管理工作的首要任务是深入、系统地诊断企业绩效管理现状，摸清企业绩效管理水平，"对症下药"，才能为企业设计出科学、合理的绩效考核系统。绩效诊断必须围绕企业的战略目标和岗位职责展开，具体内容如下：一是企业组织机构设置工作流程；二是部门设置及岗位责权分工；三是企业战略目标及企业目标管理；四是工作计划体系及企业数据化；五是相关部门或岗位过去1~3年的业绩表现；六是企业制度及薪酬系统；七是工作目标和计划实现周期；八是员工业务技能评估；九是作业指导书。

（二）绩效计划阶段

绩效计划是绩效管理的重要环节，有效的绩效计划将有利于企业绩效管理按照正确的方向达成目标。在制订绩效计划之前，考核者需要确认组织的目标已经被分解为具体的工作任务，并且这些任务已经被落实到各个工作岗位上。在绩效计划阶段，企业的绩效管理工作主要包括制订绩效计划、确定考核主体等。

1. 制订绩效计划

制订绩效计划前需要回答四个问题：什么时候进行考核？为什么考核？对谁考核？怎样考核？从实际情况来看，企业在计划阶段的工作，还存在以下问题：一是绩效考核的制度化建设严重滞后。虽然计划本身就是一项制度安排，但系统的绩效考核制度还没有建立，因此在考核时人为因素仍然很大；二是缺乏企业文化的支持，绩效计划制订的不同阶段应有不同的侧重工作。

初稿阶段：员工参照本职位的职位说明书、部门工作计划（或公司整体计划），制订"个人工作计划"并上报直接上级。

确定阶段：直接上级应对员工提出的计划初稿进行审定，并及时安排与员工共同讨论"个人工作计划"，填写"员工考核表"，直接上级和员工各持一份，作为本月或本阶段考核的依据。

2. 确定考核主体

由谁来考核是绩效考核中一个非常重要的问题，关系到考核的信度和效度。传统观点认为，考核主体应为员工的上级，而当今社会中，考核主体逐渐趋于多样化，上级、员工、专家都可以是考核的主体。考核主体的多样化、综合化对整个考核系统的稳定是很有帮助的。

（1）上级对下级的考核

上级对下级的考核特别是直接上级对下属的考核是大多数企业在考核体系中普遍采用的方法。上级能处于最佳的位置来观察员工的工作业绩，因此最具有发言权，也具有一定的公正性。不足之处在于，上级可能会强调员工业绩的某一方面，而忽视其他方面。此外，上级有可能操纵考核的组织和实施，使考核的结果不能反映员工的实际业绩和能力，也可能会掺杂个人感情色彩。

（2）同事评议

同级或同职位的员工之间相互考核和评价，需保证同事关系是融洽的。同级对彼此的业绩更为了解，因此他们作出的评价往往更为准确。同时，同级的竞争和压力对员工来说可以成为一个极有力的激励因素，会激发员工的积极性，促使员工努力提高工作绩效。不足之处在于，同级考核时，员工之间可能互相吹捧，或者碍于面子和顾及各自的利益而使评估结果与实际情况不符。另外，由于同级之间在奖金分配上、职位晋升中存在着竞争关系，可能会导致考核结果失真。

（3）自我鉴定

员工对自己的工作态度、成效等情况进行评价，可以全面地反映自身的情况，客观地评价自己的工作业绩，并能主动地采取必要的措施加以改进。但是，员工通常会高估自己的工作业绩，低估他人的工作业绩。当考核结果与员工的期望相差太远时，容易引起他们的不满。

（4）下级对上级评议

由于下级很了解其上级的实际工作情况、信息交流能力、领导风格、处理问题的能力和计划组织能力，因此下级对上级评议能帮助上级重新审视自己的工作，明确潜在的问题，并采取相应的措施予以改进。

（5）外部的意见和评议

由客户、外协单位、供应商、中间商、消费者（或传媒）等，对与之有业务关系的企业员工进行评价，这种考核客观公正，但成本较高。

（三）绩效实施阶段

在制订了绩效计划之后，员工就可以按照计划开展工作。在开展工作的过程中，管理者要对被考核者的工作进行指导和监督，对发现的问题予以及时解决，并根据实际情况对绩效计划作出适时的调整。

1.记录绩效表现

这是一个容易被忽视的环节。其实，管理者和员工都需要花大量时间记录工作表现，并尽量做到图表化、例行化和信息化。这样一方面可以为后面的辅导和评估环节提供依据，促进辅导及反馈的例行化，避免"拍脑袋"的绩效评估；另一方面绩效表现记录本身对工作也是一种有力的推动。

2. 过程辅导及沟通

过程辅导及沟通就是主管观察下属的绩效行为，并对结果进行反馈——表扬或批评。值得注意的是，对于下属行为好坏的评判标准事先需要与下属沟通，当观察到下属好的表现时，应及时予以表扬；同样，当下属有不好的表现时，应及时批评并纠正。有人认为绩效辅导就是要时刻监督、检查员工的工作，这不能一概而论。正确的做法是：只有在需要的时候，才密切监督。

在实施绩效管理的整个过程中，应自始至终地遵循"公平、公正、公开"的基本原则：员工考核的标准对每一位员工来说都是公平的；考核标准及要求应该是员工所知晓的、公开的；考核者在考核过程中应以事实为依据，以公正的态度进行考核，同时，应排除个人感情因素，严格按照员工绩效考核标准以及过程实施要求进行。

（四）绩效考核阶段

1. 信息收集

由于考核结果常常决定着一个员工在企业中的地位和前途，因此要求作为考核基础的信息必须是真实、可靠、全面、有效的。信息收集的方法主要有生产记录法、定期抽查法、考勤记录法、项目评定法和关键事件法。以前的很多企业只是在考核期期末一次性收集所需信息，但这种做法的工作量太大，而且很难保证信息的全面性，因此现在很多企业已经开始重视信息的日常收集。在信息收集结束后，企业应将信息张榜公布，以增强考核工作的透明度。

2. 实地考核

实地考核主要是根据绩效考核标准，由考核者对被考核者的工作表现、直接成绩、最终效益进行分析，确定等级。

3. 审核

通常由人力资源管理部门对整个考核的情况进行审核，处理考核中双方存在较大异议和某些绩效异常的问题，同时对绩效考核后的各种人力资源管理活动提出建设性意见。审核的主要内容包括审核评估者、审核评估程序、审核考核方法、审核考核文件、审核考核结果等。

三、绩效考核的方法

企业绩效考核方法的选择取决于企业的战略目标。企业的目标与管理方式在一定程度上影响了企业绩效考核方法的选择，管理者可能面临几种考核方法的选择。选择一种正确的绩效考核方法对于提高绩效考核效果是十分重要的。企业常见的绩效考核方法有如下几种。

（一）关键事件法

关键事件法的优点是：针对性强，不易受主观因素的影响，此考核方法是对事件进行记录，是对具体员工素材的积累，根据这些事实，经过归纳、整理和总结可以得出可信的考核结果，从中可以看到被考核员工的长处和不足，如果将此信息反馈给员工，则有事实根据的信息易被考核员工接受，有利于员工今后继续发扬优点，改掉缺点，从中得到提高。

关键事件法的缺点是：基层管理者的工作量较大，要求他们在考核过程中不能带有主观意识。这在实际过程中通常很难做到，但是可以通过员工自己的周报、月报来实现。

（二）民意测验法

民意测验法与360度绩效考核法有些类似，曾被大量运用于各国事业部门。该方法是把考核的内容分为若干项，制成考核表，每项后面空出五格——优、良、中、及格、差，然后将考核表格发放至一定范围。首先，由被考核者汇报工作，进行自我考核；其次，由参评的人填好考核表；最后，算出每个被考核者的得分平均数，进而确定被考核者工作的档次。民意测验的参加范围，一般是被考核者的同事和直属下级以及与其发生工作联系的其他人员。

此方法的优点是有群众基础，缺点是一般只能从下而上考察管理人员，缺乏由上而下的考察。由于群众素质的局限性，可能会在掌握绩效考核标准方面存在偏差或非理性因素。在企业中此方法一般作为绩效考核的辅助、参考手段。

（三）行为观察评价法

行为观察评价法与行为锚定等级评价法一样，也是从关键事件中发展而来的一种绩效评估方法。但是二者在两个基本方面有所不同。

第一，行为观察法并不剔除那些不能代表有效绩效和无效绩效的大量非关键行为，相反，它采用了这些事件中的诸多行为来更为具体地界定构成有效绩效（或者会被认为是无效绩效）的所有必要行为。

第二，行为观察评价法并不是评价哪一种行为能更好地反映员工的绩效，而是要求管理者对员工在评价期内表现出的每一种行为进行评价，最后再将评价结果进行平均，得出总体的绩效评价等级。

行为观察评价法的主要缺点在于，它所需要的信息可能会超出大多数管理者所能够加工或记忆的信息量。一个行为观察评价体系可能会涉及 80 种或以上的行为，而管理者还必须记住每一位员工在 6 个月或 12 个月这样长期的评价期间内所表现出的每一种行为的发生频率。对一位员工进行绩效评价就已经很烦琐了，更何况管理者通常要对 10 个或以上的员工进行评价。

一项对行为观察评价法、行为锚定等级评价法和图尺度评价法进行的对比发现，管理者和员工都认为行为观察评价法在以下几个方面的优点是非常突出的：能够将高绩效者和低绩效者区分开来；能够维持客观性便于提供反馈信息；便于确定培训需求；容易被管理者及其下属使用。

行为观察评价法一般适用于评估那些难以同工作结果直接挂钩或缺少度量标准的工作，如服务性工作或机关管理工作。它的优点是：员工可以清楚地了解到组织对他的期望以及行为标准是什么，并且可以与组织的战略和价值观保持一致，具有明确的导向作用；它的主要缺点在于：一是选择的行为评价标准常常是有限的，但影响绩效的因素可能很多。选择什么样的行为作为评价标准以及这种"最好"的行为如何确定，都没有明确的规定。通常在现实中，这种"最好"的行为可能并不存在或者存在相当大的争议。二是行为观察评价法虽然可以与组织的战略重点联系在一起，但必须经常进行修正，而绩效评估系统自身却要求保持稳定（以免员工无所适从）。因此，行为观察评价法可能更适合不太复杂的工作（对于这些工作来说，达到结果的最好方法是比较固定的），而不太适合那些比较复杂的工作（对于这些工作而言，取得成功的途径和行为是多种多样的）。

四、绩效沟通、反馈与改进

（一）绩效沟通

绩效沟通在整个人力资源管理中占据着相当重要的地位。如果企业的绩效管理缺乏有效的绩效沟通，那么绩效管理就不能称之为绩效管理，至少在某种程度上是不完整的。有效的绩效沟通，将有助于及时了解企业在内外部管理上存在的问题，并采取积极的应对策略，防患于未然，降低企业的管理风险，同时，也有助于帮助员工优化工作绩效，提高工作的满意度，从而推动企业整体战略目标的达成。绩效管理的过程就是员工和经理持续不断沟通以提升绩效的过程。换言之，绩效沟通存在于绩效管理的全过程：绩效理念沟通、绩效目标沟通、绩效过程沟通和绩效结果沟通。绩效沟通方法可分为正式沟通与非正式沟通。

1. 正式沟通

正式沟通是事先计划和安排好的，如定期的书面报告、正式面谈、会议沟通等。

（1）书面报告

员工可以通过文字的形式向上司汇报工作进展、反映发现的问题，主要有周报、月报、季报、年报。当员工与上司不在同一地点办公或经常在外地工作的人员可通过电子邮件进行传送。书面报告可培养员工理性、系统地考虑问题，提高逻辑思维和书面表达的能力，但应注意简化书面报告的文字，只保留必要的报告内容，避免烦琐。

（2）正式面谈

正式面谈对于及早发现问题，找到和推行解决问题的方法是非常有效的。正式面谈可以使管理者和员工进行比较深入的探讨，可以讨论不易公开的观点，可以使员工有一种被尊重的感觉，有利于建立管理者和员工之间融洽的关系。但面谈的重点应放在具体的工作任务和标准上，鼓励员工多谈自己的想法，以一种开放、坦诚的方式进行谈话和交流。

（3）会议沟通

会议沟通可以满足团队交流的需要，定期参加会议的人员相互之间能掌握工作的进展情况。通过会议沟通，员工往往能从上司口中获取公司战略或有价值导向的信息。但应注意明确会议的重点和召开频率，避免召开不必要的会议。

2. 非正式沟通

非正式沟通是未经计划的，其沟通途径是通过组织内的各种社会关系。其形式如非正式的会议、闲聊、走动式交谈、吃饭时进行的交谈等。

非正式沟通的好处是：形式多样、灵活，不需要刻意准备；沟通及时，问题发生后，马上就可以进行简短的交谈，从而有利于问题的迅速解决；容易拉近主管与员工之间的距离。

（二）绩效反馈与绩效面谈

绩效反馈是绩效管理过程中的一个重要环节，绩效面谈是绩效反馈的重要形式和途径。绩效反馈主要通过考核者与被考核者之间的沟通，就被考核者在考核周期内的绩效情况进行面谈，在肯定成绩的同时，找出工作中的不足并敦促其改进。绩效反馈的目的是让员工了解自己在本绩效周期内的业绩是否达到了所规定的目标，行为态度是否合格，让管理者和员工双方达成对评估结果的一致看法。双方共同探讨绩效未合格的原因，并制订绩效改进计划。同时，管理者要向员工传达组织的期望，双方对绩效周期的目标进行探讨，最终形成一个绩效合约。由于绩效反馈在绩效考核结束后实施，而且是考核者和被考核者之间的直接对话，因此有效的绩效反馈对绩效管理起着至关重要的作用。

1. 进行绩效面谈前的准备

被考核者准备：员工职位说明书、本阶段工作总结、下一阶段工作计划、员工工作日记、记录文本等文件。

上级准备：员工工作总结的评价，下一阶段的工作或考核重点和加权分数分配方案，选择合适的地点和时间通知员工本人、人力资源部（或人力资源部派的参与人）。

2. 绩效面谈步骤

员工的直接上级提前确定绩效面谈的时间，同时通知员工本人和第三参与方；员工做好准备工作，准时到达绩效评估现场，必须携带好准备的材料；员工首先陈述上阶段（月度）的工作内容、工作计划和自评情况，然后提出上级需要在下一阶段给予的工作支持；上级领导明确回复员工的支持需求，同时开始进行绩效评估；部门主管或人事工作人员从事记录和工作支持；员工上级对员工进行工作评估，评估内容包括工作成绩、工作态度、能力考察等方面；评估工作结束，确定评估结果和等级。

绩效面谈结束后，双方签字确认参加本次评估，参评得分以直接上级的为准。存在分歧时应在参评记录表中书面注明，同时，员工以书面形式向部门经理或人力资源部门提出申述。

3.绩效面谈的内容

（1）谈工作业绩

工作业绩的综合完成情况是主管在绩效面谈中谈论的最为重要的内容。在面谈时应将评估结果及时反馈给下属，如果下属对绩效评估的结果有异议，则需要和下属一起回顾上一绩效周期的绩效计划和绩效考核标准，并详细地向下属介绍绩效评估的理由。通过对绩效结果的反馈，结合以往的经验，找出绩效未能有效达成的原因，为以后更好地完成工作打下基础。

（2）谈行为表现

除了绩效结果以外，还应关注下属的行为表现，比如工作态度、工作能力等，以此帮助下属更好地完善自己，提高技能，有助于帮助下属完善职业生涯规划。

（3）谈改进措施

绩效考核的最终目的是改善绩效。在面谈过程中，针对下属未能有效完成的绩效计划，主管应该和下属一起分析绩效不佳的原因，并设法帮助下属制定出具体的绩效改进措施。

（4）谈新的目标

绩效面谈作为绩效管理流程中的最后一个环节，主管应在这个环节中结合上一绩效周期的绩效计划完成情况，结合下属新的工作任务，和下属一起拟定下一绩效周期的工作目标和工作标准，这实际上是在帮助下属一起制订新的绩效计划。

（三）绩效改进计划

绩效改进是绩效管理过程中的一个重要环节。传统绩效考核的目的是通过对员工的工作业绩进行评估，将评估结果作为确定员工薪酬、奖惩、晋升或降级的标准。而现代绩效管理的目的不限于此，员工能力的不断提高以及绩效的持续改进才是其根本目的。所以，绩效改进工作成功与否，是绩效管理过程能否发挥效用的关键。

1.绩效改进目标的设定

为了改进绩效、提高能力，理想的情况是既要设定绩效目标，又要设定能力发展目标。公司的管理层应该成为目标的最终决定者。管理层必须保证员工正努力在工作中取得业绩来帮助公司完成它的总体目标。

要改进个体绩效乃至组织绩效，首先，必须明确影响绩效改进的因素是什么。只有将影响因素确定下来，才能有针对性地提出绩效改进的计划和方案。这类方案是问题导向型的方案，是真正为解决实际问题而设计的。

一般来说，影响绩效改进的因素有以下几种：能力、性格、态度、动机、价值观、压力、工作条件和工作环境等。在考虑如何改进个体绩效和组织绩效时，虽然能力很重要，但不能唯学历论、唯能力论，也应充分考虑影响绩效改进的其他因素。

2. 绩效改进方案的设计

绩效改进，首先要分析员工的绩效考核结果，找出员工在工作中存在的问题；其次，要针对存在的问题制订改进绩效方案，并确保其能够有效实施，如个性化的培训等。

当人们设定并努力去实现一个具有挑战性的目标时，他们的个人绩效将会得到改善。一个有效的基于能力的绩效改进是一个动态的过程，这个过程应该包括以下活动。

明确绩效改进的前提和理念；目标设定，包括绩效目标和能力发展目标；制定完成目标的行动步骤；解决能力发展中存在的问题和障碍；明确指导者的行动；绩效改进方案的实施。

3. 绩效改进方案的实施步骤

制订绩效改进方案的行动步骤需要具体、清晰，工作内容需要规定得很明确。首先，针对与员工能力相关的关键行为进行评分；其次，评估哪些关键行为在得到改善的情况下将最有可能提高总体能力；最后，制定具体的针对那些关键行为的行动步骤。利用关键行为指导绩效改进，员工可以通过对这些因素的改进来促进自身的发展，即这些因素的改进将会提高员工的总体能力水平。

4. 绩效改进的方法

通常，管理者对低能力、低绩效者采取的措施往往是辞退、再培训或惩罚，而对由外部环境或条件引起的低绩效的情况，则会努力改善工作环境与条件，或改变组织的政策。以下是另外一些较为有效的方法。

（1）员工帮助计划

员工帮助计划主要是帮助员工改正工作中一些习惯性的缺点，而这些缺点是影响他们绩效的主要因素。这种计划在实施过程中，需要高层管理者、部门主管和员工本人三方面的密切配合。

（2）员工忠告计划

这种方法常用于员工经常出现低绩效且正强化不起作用的情况。具体实施要点是：首先，要确认经常出现低绩效的员工，记录这些员工的有关信息，如能力、原因、频次、周期等，并将记录的信息进行分析处理；其次，主管人员要让这些员工意识到问题的严重性，并让他们熟悉组织的绩效考核标准。

第二节 薪酬与福利管理

一、薪酬体系

（一）薪酬的概念

广义上的薪酬是指雇主对雇员为组织所提供的劳动支付的各种报酬的总和。狭义的薪酬是指员工因为雇佣关系的存在而从雇主那里获得的所有形式的货币和可以转化为货币的报酬。通常人们所说的薪酬是指狭义的薪酬。

（二）薪酬的基本构成要素

1. 基本薪酬

基本薪酬是指企业根据员工所承担的或完成的工作，或是员工所具备的完成工作的技能，而向员工支付的稳定性报酬。基本薪酬主要反映的是工作或技能价值，而往往忽视了员工之间的个体差异，因此它主要是为劳动者在法定工作时间和正常条件下，一般都能完成的工作任务或劳动定额而设置的，在不同的情况下都可保证劳动力的恢复、发展和延续。

基本薪酬的变动主要取决于以下几个方面的因素：一是区域总体生活成本的提高或通货膨胀的程度；二是劳动力市场上其他雇主支付给同类劳动者的基本薪酬的变化；三是员工本人所拥有的知识、经验、技能的变化以及由此而导致的员工绩效的变化；四是企业所处的行业、地区以及企业所在产品市场的竞争程度；五是劳动力市场的竞争程度。

2. 可变薪酬

可变薪酬是指与企业、部门、团队和员工个人绩效直接挂钩的、可变动的薪酬组成部分，有时也被称为浮动薪酬，在我国，通常称之为"奖金"。可变薪酬是为了奖励员工超额劳动部分或劳动绩效突出部分而设置的薪酬。可变薪酬制度在员工的绩效和薪酬之间建立起了一种直接的联系，因此对员工具有很强的激励性，对企业绩效目标的达成起着非常积极的作用。

由于可变薪酬的形成机制、运行方式与基本薪酬有很大差异，因此与基本薪酬相比，可变薪酬有两个主要特点。

（1）对基本薪酬起补充作用

基本薪酬具有相对稳定和固定的特点，不能及时反映员工实际工作业绩和企业需要的变化，不能将员工的个人利益与企业、部门、团队的利益紧密结合在一起。而可变薪酬作为其补充形式，恰好能够弥补这个缺陷。

（2）具有可变性，形式多样，支付时间和数额不固定

在可变薪酬中，奖励与企业效益和个人贡献相结合，企业可以根据需要灵活设置可变薪酬，实现利益最大化。

（三）薪酬构成的具体形式

1. 基本薪酬的构成

（1）岗位或职位工资

按照岗位对任职人员在知识、技能和体力等方面的要求以及劳动环境等因素确定的员工报酬。实际上是按照各岗位对企业的价值来确定基本薪酬水平。

（2）职务工资

按照职务对任职人员的知识、技能和体力等方面的要求以及劳动环境等因素确定的劳动报酬。

（3）技能工资

根据员工技术水平和工作能力确定的劳动报酬。

（4）工龄或资历工资

根据员工工龄长度和工作资历确定的劳动报酬。

（5）津贴或补贴

津贴或补贴是指对工资等难以全面、准确反映的劳动条件、劳动环境、社会评价等对员工身心造成的某种不利影响，或为了保证员工工资水平不受物价影响而支付给员工的一种补偿。一般情况下，人们通常把与工作相联系

的补偿称为津贴，例如，员工的工作环境恶劣，可能对身体健康有害而得到的补偿被称为津贴；那些与生活相联系的补偿则称为补贴。

2.可变薪酬的构成

可变薪酬是为了鼓励员工提高劳动效率和工作质量、实现岗位目标而付给员工的货币奖励，随企业、部门、团队和员工个人的绩效变动而变动，支付给那些符合奖励条件的员工。可变薪酬的表现形式多种多样，包括红利、利润分享及通常所说的奖金等。

3.间接薪酬的构成

间接薪酬包括社会保险、带薪休假、工伤事故补偿、免费午餐、免费交通等。福利不同于工资，它具有均等性、集体性等特点。

（四）薪酬的功能

无论对员工还是企业，薪酬都发挥着重要作用。合理的薪酬设计，能使企业利益和员工利益找到平衡点，从而实现双赢。

1.薪酬对员工个人的功能

（1）保障的功能

薪酬收入是大部分劳动者的主要收入来源，它对劳动者及其家庭的保障作用是其他任何保障手段无法替代的，薪酬对员工的保障作用不仅体现在它要满足员工的吃、穿、住、用等方面的基本生存需要，还要满足其发展需求和社会交往需求。

（2）激励功能

所谓激励功能，是指企业用某些激励因素来引导员工按照企业的需求展现特定的思想或行为，从而实现企业目标的职能。很多时候，对员工的激励除了精神激励（员工自我价值的实现）外，还要强调物质利益的激励作用，企业通过包括薪酬在内的各种物质利益形式，把收入与员工对企业提供的劳动贡献联系起来，就能充分发挥薪酬的激励功能，实现企业和员工的双赢。

（3）调节功能

①人力资源流向的合理调节

正常情况下，在自由流动的劳动力市场中，哪个地方的工资越高，哪个地方可以获取的劳动力资源就越丰富。世界各国在发展过程中的实践已经充分证明了这一点。

②人力资源素质结构的合理调整

薪酬是劳动力的价格，高素质劳动力的价格相对较高，如果企业的薪酬在同地区具有很强的竞争力，那么企业就能招到更多适合企业发展的高素质人才。企业可以对不同类型的人才设置不同的薪酬水平，以达到调节人力资源素质结构的目的。

③人力资源价值取向的有效调节

薪酬是劳动力价值的货币体现，通过调整薪酬的水平、结构和支付原则，可以向员工传递企业的价值观，引导员工主动调整自己的思想和行为模式，向企业需要的方向努力。通过薪酬的持续作用，可以使员工的价值观得到调整和固化，最终与企业文化融为一体。

2.薪酬对企业的功能

（1）有利于控制企业的成本

薪酬水平与企业成本之间永远存在难以调和的矛盾，企业往往处于两难的境地，保持一种相对较高的薪酬水平对于企业吸引和保留员工来说无疑是有利的。但是，较高的薪酬水平又会给企业带来较高的成本压力，从而对企业在产品市场上的竞争产生不利影响。在这种情况下，企业薪酬政策的选择至关重要，对于采取低成本战略的企业来说，必然要通过控制薪酬成本来达到控制总成本的目标。

（2）有利于改善企业的经管绩效

薪酬实际上具有强大的信号传递功能，它可以让员工了解什么样的行为、态度以及业绩是受到鼓励的，什么样的态度和行为是企业不想要的或是不允许的，从而引导员工的工作行为、工作态度以及最终的绩效始终朝着企业期望的方向发展，帮助企业实现战略目标。事实证明，经营绩效好的企业都善于运用薪酬作为引导员工行为的有效工具。

（3）有利于塑造和加强企业文化

企业文化可以通过多种形式在企业内部推广和演变，但薪酬无疑在其中发挥着巨大的作用。由于薪酬会对员工的工作行为和工作态度产生很强的引导作用，因此有前瞻性的薪酬战略、合理和富有激励性的薪酬制度会有助于企业塑造良好的企业文化，或者是对已经存在的企业文化起到积极的强化作用。

（4）有利于支持企业变革

变革已成为企业经营过程中的一种常态，凡是变革就会遇到一定的困难和阻力。在这些阻力中，很大一部分来自企业内部。薪酬可以通过作用于员工个人、工作团队和企业整体创造出与变革相适应的内部和外部氛围，从而有效推动企业变革；在变革成功后，变革的成果又以薪酬的形式在企业中固化。

（五）薪酬的分类

1. 货币性和非货币性薪酬

货币性薪酬包括工资、奖金、津贴与补贴、分红等经济性报酬，以货币的形式支付。非货币性薪酬包括为员工提供的所有福利和服务项目，例如，实物、社会保险、企业提供的旅游、文体娱乐、为员工提供的各种服务等。

2. 计时、计件和业绩薪酬

（1）计时工资

计时工资是指根据单位时间的薪酬标准和员工的劳动时间来计量工资数额的付酬方式。它有小时工资制、日工资制、周工资制和月工资制四种，钟点工、临时工分别以小时工资制和日工资制为主。美国许多企业采用周工资制，我国绝大多数企业以月工资制为主。计时工资常用的计算公式是：

计时工资 = 特定岗位单位时间工资标准 × 实际有效劳动时间

计时工资有独特的优点：首先，工资总额的多少取决于员工的工资等级标准和劳动时间的长短，这一特点决定了计时工资不仅能够激励和促进劳动者从物质利益上关心自己业务技术水平的提高，而且可以促进员工提高出勤率；其次，各种劳动都可以直接用时间来计量，并且计算简单，所以计时工资简单易行、适应性强、适用范围广，尤其适用于从业人员多、操作简单的岗位；最后，计时工资不是简单地计算员工的工作时间，而是把产品质量放在核心位置，因此它不是鼓励员工把注意力仅仅集中在提高产品的数量上，而是更关注产品的质量。

（2）计件工资

计件工资是指预先规定好计件单价，根据员工生产的合格产品的数量或完成一定工作量来计量工资的数额。

计件工作有利于员工提高工作效率，使个人利益与企业利益结合起来，但容易出现片面追求产量而忽视质量等情况。

（3）业绩薪酬

业绩薪酬是指根据员工完成工作的绩效来计算薪酬。

3.内在薪酬和外在薪酬

（1）内在薪酬

内在薪酬是指员工通过自己努力工作而受到晋升、表扬或受到重视、实现个人追求、获得社会地位而产生的工作荣誉感、成就感、责任感。简单地说，内在薪酬就是员工在工作中获得的一种满足感。常见的内在薪酬包括参与决策的权力、能够发挥潜力的工作机会、自主安排工作时间、较多的职权、符合兴趣的工作、个人发展的机会以及多样化的活动等。

内在薪酬的特点是难以进行清晰的定义：它完全依赖于员工的个人心理感受，很难甚至无法定义。因此，对内在薪酬进行管理需要较高水平的管理艺术。即便如此，内在薪酬仍然受到较多的重视，已被作为全面薪酬管理的重要组成部分。管理人员或专业技术人员对内在薪酬的不满难以通过加薪获得圆满解决，因此忽视内在薪酬将使薪酬管理工作难以取得理想的效果。

（2）外在薪酬

外在薪酬是指企业针对员工所做的贡献而支付给员工的各种形式的有形收入，包括工资、奖金、津贴、股票期权、红利以及以各种间接的货币形式支付的福利等。外在薪酬的优点是相对于内在薪酬来说比较容易定性及定量分析，便于在不同个人或组织之间进行比较。对于那些从事复杂性劳动的员工来说，如果对内在的薪酬产生不满，可以通过增加外在薪酬来获得部分解决。因此，在目前所有的比较现代化的激励手段中，货币无疑仍是最重要的激励因素。

二、薪酬管理

薪酬管理，就是企业管理者对本企业的薪酬水平、薪酬体系、薪酬结构、薪酬形式等内容进行确定、分配和调整的过程。虽然从定义上看薪酬管理强调的是外在薪酬管理，但内在薪酬管理仍然是现代薪酬管理的重要组成部分。企业应当在薪酬战略制定、薪酬体系实施过程中不断与员工进行沟通，根据企业战略和员工需求不断调整企业的薪酬管理实践，从而提高薪酬对员工的激励程度和效果，更好地实现企业战略。显然，从这个角度看，薪酬管理不是僵化的管理，而是一个持续的动态调整的过程。

（一）薪酬管理的主要内容

现代企业薪酬管理的内容主要包括以下几个方面。

1.薪酬现状的调查

（1）薪酬是否具有外部竞争力

通过了解企业的薪酬竞争力水平，进而制定出对企业有利的薪酬管理体系，对企业具有两大作用：一是确保薪酬能吸引和维系员工，减少员工的流失，防止员工对薪酬不满意；二是防止不合理的人力资源成本支出，控制劳动成本以使本企业的产品或服务具有竞争力。

（2）内部薪酬是否具有一致性

内部薪酬一致性是指同一企业内部不同岗位之间或不同技能水平之间相比，薪酬水平是否处于一个合理的比例关系，这种对比是以对企业所做贡献大小为依据的。内部一致性对薪酬目标的实现有着重要的影响，如企业内部的薪酬差距决定着员工是否愿意额外进行培训投资，以使自己更具有适应性，决定着他们是否会承担更大的责任。内部一致性高的薪酬能促使员工更多地参加培训，提高技能水平，从而提高绩效水平，也就是说，薪酬差距间接地影响着工作效率，进而影响着整个企业的效率。

（3）与员工贡献是否成比例

与员工贡献是否成比例是指薪酬与员工对企业的贡献是否能够保持一个合理的比例关系。薪酬与贡献比例偏低，会挫伤员工的工作积极性，造成员工工作效率下降，甚至离职；而比例偏高，则会使企业承担不必要的成本。只有通过薪酬调查，才能使企业找到一个合理的比例关系。

2.薪酬管理目标的确定

薪酬管理目标根据企业的人力资源战略确定，一般包括以下三个方面：首先，帮助企业建立稳定的员工队伍，吸引高素质的人才；其次，激发员工的工作热情，创造高绩效；最后，努力实现组织目标和员工个人发展目标的协调。

3.薪酬政策的选择

所谓企业薪酬政策，就是企业管理者对企业薪酬管理运行的目标和手段的选择和组合，是企业在员工薪酬上所采取的方针策略。企业薪酬政策的选择主要包括三个方面的内容。

（1）企业薪酬成本投入政策

例如，根据发展的需要，确定未来的薪酬总成本数额和增长比例。

（2）工资制度的选择

例如，是采取计件工资还是计时工资，是采取稳定员工收入的岗位工资制，还是激励员工积极性的绩效工资制？

（3）确定薪酬结构以及薪酬水平

例如，薪酬水平是在市场上领先还是与市场持平？薪酬结构倾向于稳定还是倾向于更大的弹性？

4.薪酬结构的合理比例

所谓的薪酬结构，就是指企业员工之间的各种薪酬比例及其构成。主要包括：不同层级、类别员工的薪酬数额比例关系、员工基本工资与奖金和福利的比例等。它主要涉及薪酬的内部公平性、一致性、激励性的问题。

对薪酬结构的调整要掌握一个基本原则，即给予员工最大的激励。在薪酬总额一定的条件下，在不同员工群体间进行合理的薪酬支付比例设定，以保持员工的活力；确定员工薪酬不同模块的构成比例，以使员工既有安全感，又能充分发挥能力和水平。

（二）薪酬设计

1.薪酬设计的原则

（1）公平性原则

公平是薪酬设计的基础。只有在薪酬设计是公平的前提下，员工才能对企业产生认同感和满意度，薪酬才可能产生应有的激励作用，公平性原则包括两个方面。

①对内公平

对内公平是指企业内部员工的一种心理感受，企业的薪酬制度制定以后首先要得到企业内部员工的认可，让他们觉得与企业内部其他员工相比，所得的薪酬是公平的。

②对外公平

对外公平是指与其他企业特别是带有竞争性质的同行业企业相比，所提供的薪酬是具有竞争力的，只有这样才能吸引和保留优秀员工。为了实现外部公平，管理者往往要进行各种形式的薪酬调查。

（2）合法性原则

薪酬体系的合法性是指薪酬体系必须建立在遵守国家相关政策、法律法规和企业一系列管理制度的基础之上，如果薪酬体系与现行的国家政策和法律法规、企业管理制度不相符，则企业应该迅速改进使其具有合法性。

（3）有效性原则

薪酬体系的有效性是指薪酬管理体系必须能够有效地帮助企业实现战略目标，薪酬不仅是一种制度，更是一种机制。合理的薪酬制度能够驱动有利于企业发展的各种因素的发展和提高，同时，抑制和淘汰不利于企业发展的因素。对于企业来说，薪酬体系是实现战略目标的一种手段，只有薪酬体系充分发挥其应有的功能，推动实现企业的目标，薪酬体系才有价值。因此，薪酬体系的设计必须以有效性作为一个重要标准和原则。

2. 薪酬体系设计的基本流程

（1）确定薪酬战略

企业薪酬战略是企业人力资源战略的重要组成部分，而企业人力资源战略是企业战略在人力资源管理领域的落实。因此，制定企业的薪酬战略要在企业各项战略的指导下进行，要集中反映各项战略的需求。薪酬战略作为薪酬设计的纲领性文件要对以下内容作出明确的规定：对员工本质的认识，对员工总体价值的认识，对管理人才、专业技术人才和营销人才价值评估等；核心价值观；企业基本工资制度和分配原则；企业工资分配政策与策略。

（2）工作分析

工作分析是确定薪酬的基础，它是确定完成各项工作所需技能和知识的系统工程，是一种重要的人力资源管理技术。

（3）职位评价

职位评价是确保薪酬系统达成公平性的重要手段之一。在薪酬设计阶段进行职位评价，主要有两个目的：一是比较企业内部各个职位的相对重要性，得出职位等级序列；二是为进行薪酬调查建立统一的职位评估标准，消除不同企业间由于职位名称不同或即使职位名称相同但实际工作要求和工作内容不同所导致的职位差异，使不同职位之间具有可比性，为确保薪酬的公平性奠定基础。它是职位分析的自然结果，同时又以职位说明书为依据。

（4）薪酬调查

企业要吸引人才、留住员工，不但要保证企业薪酬体系的内在公平性，同时还要保证企业薪酬体系的外在公平性，要解决这个问题，最好的办法是做薪酬调查，薪酬调查的基本程序如下。

①确定调查目的

在实施薪酬调查时，首先要明确调查的目的。一般而言，调查的结果可以为以下工作提供参考和依据：整体薪酬水平的调整；薪酬差距的调整；薪酬晋升政策的调整；具体岗位薪酬水平的调整等。根据调查的目的和用途，确定调查范围、调查方法和统计分析调查数据的方法。

②确定调查范围

薪酬调查重在解决薪酬的对外竞争力问题，薪酬调查的对象，最好选择与本企业有竞争关系的企业或同地区、同行业的类似企业。

③选择调查方式

当企业确定由人力资源部来完成薪酬调查工作时，就要确定调查的目的、被调查对象、所需的信息和使用的方法。目标不同、对象不同，那么所需的信息、选择使用的方法也是有差异的。通常，一些较明确、简单、规范的岗位只需简单的信息就可以实现目标，因此，可选择使用简单的调查方法，如企业之间相互调查、委托调查、调查公开的信息；对一些模糊、复杂、不规范的岗位，则需要使用较复杂的方法才能够实现薪酬调查的目的，如问卷调查。

④提交薪酬调查分析报告

薪酬调查分析报告应该包括薪酬调查的组织实施情况分析、薪酬数据分析、政策分析、趋势分析、企业薪酬状况与市场状况对比分析及薪酬建议。

（5）确定薪酬水平

薪酬水平是企业内部各类职位和人员平均薪酬的高低状况，它反映企业薪酬的外部竞争性。一个组织所支付的薪酬水平无疑会直接影响到企业在劳动力市场上获得劳动能力的强弱，是决定该企业是否能够吸引及保留所需要的员工的主要因素。可供企业选择的薪酬水平策略有以下几项。

①市场领先策略

采用薪酬领先策略的企业，薪酬水平在同行业竞争对手中处于领先地位，领先薪酬策略一般基于以下几点考虑：市场处于扩张期，有很多的市场机会和成长空间，对高素质人才需求迫切；企业自身处于高速成长期，薪酬支付能力强；在同行业处于领导地位等。

②市场跟随策略

采用市场跟随策略的企业，一般都建立或找准了自己的标杆企业，企业的经营与管理模式向标杆企业看齐，同样，薪酬水平也向标杆企业看齐。

③市场滞后策略

市场滞后策略也叫成本导向策略，即企业在制定薪酬水平策略时不考虑市场和竞争对手的薪酬水平，只考虑尽可能地节约企业的成本，这种企业薪酬水平一般比较低。采用这种薪酬策略的企业实行成本领先战略。

④混合薪酬策略

混合薪酬策略就是对不同的部门、不同的岗位、不同的员工，采用不同的薪酬策略。比如，对于企业核心员工和关键岗位采用市场领先薪酬策略，而对一般的员工、普通的岗位采用非领先的薪酬水平策略。

在职位评价和薪酬调查之后，企业根据其薪酬水平策略，确定本企业薪酬水平在市场薪酬水平中的相对位置，并将其与岗位评价结果相关联，从而确定各岗位的薪酬水平。

3.薪酬体系的实施和修正

在制定和实施薪酬体系的过程中，及时的沟通、有效的宣传和培训是保证成功的关键因素之一。管理部门可以利用薪酬制度问答、员工座谈会、满意度调查、内部刊物甚至是微信群、微信公众号等形式，充分介绍企业薪酬体系的制定依据、实施步骤、核算方法、实施前后的差异、注意事项等，做到员工知晓、明白、会用。为保证薪酬制度的适用性，很多企业都在薪酬制度中对薪酬的定期调整等内容做了明确的规定。

薪酬体系的设计和实施，虽然程序比较烦琐，有些麻烦，但只要科学操作，就可以收到良好的效果，能够很好地吸引、保留和激励员工，有效控制企业运行成本。显然，科学合理的设计和操作，是薪酬体系成功的关键。

三、员工福利管理

（一）福利概论

广义的福利是指组织向员工提供共同的物质、文化待遇，以达到提高和改善员工生活水平和生活条件、解决员工个人困难、提供生活便利、丰富精神和文化生活目的的一种社会事业。狭义的员工福利又称劳动福利，它是企业为满足劳动者的生活需要，在正常工资以外为员工个人及其家庭所提供的实物和服务，通常人们所讲的福利就是指狭义的福利。员工福利具有以下特点。

1. 补偿性

员工福利是对劳动者所提供劳动的一种物质补偿，享受员工福利必须以履行劳动义务为前提。

2. 均等性

员工福利在员工之间的分配和享受，具有一定程度的机会均等和利益均沾的特点。每个员工都有享受本企业员工福利的均等权利。

3. 补充性

员工福利是对按劳分配的补充，可以在一定程度上减少按劳分配带来的生活富裕程度的差别。

4. 集体性

员工福利的主要形式是举办员工集体福利事业，员工主要通过集体消费或共同使用公共设施的方式分享员工福利。

5. 差别性

员工福利在同一企业内部实行均等和共同分享的原则，但不同企业的福利项目、水平和享受范围等存在很大差别。

（二）影响福利的因素

1. 高层管理者的经营理念

有的管理者认为员工福利能省则省，有的管理者认为员工福利只要合法就行，有的管理者认为员工福利应该尽可能好，这反映了他们的经营理念。

2. 政府的政策法规

许多国家有明文规定企业员工应该享有哪些福利，一旦企业不为员工提供相应的福利则会被认为是犯法，影响企业的福利管理。

3. 工资的控制

由于所得税等原因，一般企业为了控制成本，不能提供高的工资，但可以提供良好的福利，这也是政府所提供的措施。

4.医疗费用的急剧增加

由于种种原因，近年来世界各地的医疗费都大幅度增加。如果没有相应的福利支持，员工一旦患病，尤其是患危重疾病，往往会造成生活困难。

5.竞争性

由于同行业的类似企业都提供了某种福利，迫于竞争的压力，企业不得不为员工提供该种福利，否则会影响员工的积极性。

（三）员工福利的种类

员工福利种类繁多，涵盖范围广。例如，IBM 的员工福利一般由三部分组成：一是国家立法强制实施的社会保障制度，包括基本养老保险、医疗保险、失业保险、工伤保险等；二是企业出资的企业年金、补充医疗保险、人寿保险、意外及伤残保险等商业保险计划；三是住房、交通、教育培训、带薪休假等其他福利项目。

1.法定福利

我国规定的法定社会福利类型有六种：养老保险、失业保险、医疗保险、工伤保险、生育保险以及住房公积金（俗称"五险一金"）。

（1）养老保险

养老保险是针对退出劳动领域的或无劳动能力的老年人实行的社会保护和社会救助措施。老年是人生中劳动能力不断减弱的阶段，意味着永久性"失业"。每个人都会步入老年，从这种意义上说，由老年导致的无劳动能力是一种确定的和不可避免的风险。随着工业化和现代化的发展，全世界大多数国家都已实行了老年社会保险制度。

（2）失业保险

失业保险是为遭遇失业风险、收入暂时中断的失业者设置的一道安全保障。它的覆盖范围通常是社会经济活动中的所有劳动者。失业保险基金的来源包括：企单位按本单位工资总额的 2% 缴纳的失业保险费、职工按本人工资的 1% 缴纳的失业保险费、政府提供的财政补贴、失业保险基金的利息及依法纳入失业保险基金的其他资金。

（3）医疗保险

医疗社会保险是指由国家立法，通过强制性社会保险原则和方法筹集医疗资金，保证人们平等地获得适当的医疗服务的一种制度。

（4）工伤保险

工伤保险是针对那些最容易发生工伤事故和职业病的工作人群的一种特殊社会保险。工伤保险费用完全由用人单位承担，按照本单位职工工资总额的一定比例缴纳，职工不缴纳工伤保险费。与养老、医疗、失业保险不同，工伤保险除了体现社会调剂、分配风险的社会保险一般原则外，还通过工伤预防、减少事故和职业病的发生来体现企业责任等原则。

（5）生育保险

生育保险费由当地人民政府根据实际情况确定，但最高不超过工资总额的1%。企业缴纳的生育保险费列入企业管理费用，职工不缴纳生育保险费。女职工生育期间的检查费、接生费、手术费、住院费和药费，都由生育保险基金支付，超出规定的医疗业务费和药费由职工个人负担。产假期间按照本企业上年度职工月平均工资计发生育津贴，由生育保险基金支付。

（6）住房公积金

住房公积金是指国家机关和事业单位、国有企业、城镇集体企业、外商投资企业、城镇私营企业及其他城镇企业和事业单位、民办非企业单位、社会团体及其在职职工，对等缴存的长期住房储蓄。

职工和单位住房公积金的缴存比例均不得低于职工上一年度月平均工资的5%；有条件的城市，可以适当提高缴存比例。

2.法定休假

（1）公休假日

公休假日是劳动者工作满1个工作周之后的休息时间。我国实行的是每周40小时的工作制，劳动者的公休假日为每周两天。

（2）法定休假日

法定休假日即法定节日休假。我国法定的节假日包括元旦、春节、清明节、五一国际劳动节、中秋节、十一国庆节和法律法规规定的其他休假日。

（3）带薪年休假

我国实行带薪年休假制度。劳动者连续工作一年以上的，享受带薪年休假。国家单位和公务员带薪年休假制度也早已存在，工作人员在5年、10年和20年以上工龄分别休假7天、10天和15天，但这一政策可在个别单位根据实际工作情况进行调整，并非硬性规定。

3.其他福利种类

（1）饮食服务

很多企业为员工提供某种形式的饮食服务，他们让员工以较低的价格购买膳食、快餐或饮料。在企业内部，这些饮食设施通常是非营利性质的，有的企业甚至以低于成本的价格提供饮食服务。

（2）健康服务

健康服务是员工福利中被使用最多的福利项目，也是最受重视的福利项目之一。员工日常需要的健康服务通常是法律规定的退休、生命、工伤保险所不能提供的。在大多数情况下，健康服务包括为员工提供健身的场所、器械以及为员工举办健康讲座等。

（3）咨询服务

企业可以向员工提供广泛的咨询服务，咨询服务包括财务咨询（如怎样克服现存的债务问题）、家庭咨询（包括婚姻问题等）、职业生涯咨询（分析个人能力倾向并选择相应的职业）、重新谋职咨询（帮助被解雇者寻找新工作）以及退休咨询。在条件允许的情况下，企业还可以向员工提供法律咨询等。

（四）福利管理

1.福利管理的原则

（1）合理性原则

所有的福利都意味着企业的投入或支出，因此，福利设施和服务项目应在规定的范围内，力求以最小的费用达到最大的效果。效果不明显的福利应当予以撤销。

（2）必要性原则

国家和地方规定的福利条例，企业必须坚决严格予以执行。此外，企业提供福利应当最大限度地与员工要求保持一致。

（3）计划性原则

凡事要计划先行。福利制度的实施应当建立在福利计划的基础上，例如，福利总额的预算报告。

（4）协调性原则

企业在推行福利制度时，必须考虑到与社会保险、社会救济、社会优抚的匹配和协调。已经得到满足的福利要求没有必要再次提供，确保资金用在刀刃上。

2. 福利管理的主要内容

（1）福利的目标

每个企业的福利目标各不相同，但有些基本内容还是相似的，主要有：必须符合企业长远目标；满足员工的需求；符合企业的薪酬政策；考虑到员工的眼前需要和长远需要；能激励大部分员工；企业能负担得起；符合法规政策。

（2）福利成本核算

成本管理是企业管理中的关键环节，也是福利管理中的重要部分。没有成本目标，福利成本就会失控，从而侵蚀企业利润，成为企业的负担。因此，各级管理者必须花较多的时间与精力进行福利成本的核算，将其严格控制在预算范围之内。福利成本的核算主要涉及以下方面：通过销量或利润计算出公司可能支付的最高福利总费用；与外部福利标准进行比较，尤其是与竞争对手的福利标准进行比较；进行主要福利项目的预算；确定每一个员工福利项目的成本；制订相应的福利项目成本计划；尽可能在满足福利目标的前提下降低成本。

（3）福利沟通

要使福利项目最大限度地满足员工的需要，就必须让员工了解和接受企业的福利安排，因此，福利沟通相当重要，事实证明，并不是福利投入金额越多，员工越满意。如果沟通不到位，得不到员工的认同，现金的福利投入也可能无法取得理想的效果。员工对福利的满意程度与对工作的满意程度正相关。福利的沟通可以采用以下方法：用问卷法了解员工对福利的需求；用沟通会、个别交流、宣传栏等方式向员工介绍有关的福利项目；找一些典型的员工面谈，了解某一层次或某一类型员工的福利需求；公布一些福利项目让员工自己挑选；利用各种内部刊物或在其他场合介绍有关的福利项目；收集员工对各种福利项目的反馈。

（4）福利调查

福利调查对于福利管理来说十分必要，主要涉及三个方面的内容：一是进行福利项目前的调查，主要了解员工对某一福利项目的态度与需求；二是员工年度福利调查，主要了解员工在一个财政年度内享受了哪些福利项目，各占多少比例，满意与否；三是福利反馈调查，主要调查员工对某一福利项目实施的反应如何，是否需要进一步改进，是否需要取消。

（5）福利实施

福利的实施是福利管理最具体的一个方面，需要注意以下几点：根据目标去实施；预算要落实；按照各个福利项目的计划有步骤地实施；有一定的灵活性；防止漏洞产生；定时检查实施情况。

第八章 核心人才管理

第一节 基本概念

人才是企业的第一资本。国际竞争，说到底是综合国力的竞争，关键是科学技术的竞争，科学技术的竞争实质是人才的竞争。随着社会主义现代化建设的不断发展，科技的不断进步，市场竞争愈来愈激烈，企业对人才素质的要求也愈来愈高，市场经济的竞争最终体现在人才的角逐上。谁拥有一支高素质的人才队伍，谁就有了成功的基础。

一、人才管理概述

（一）人才管理含义

人才管理是指对影响人才发挥作用的内在因素和外在因素进行计划、组织、协调和控制的一系列活动。人才管理的目的是创造良好的外部条件，调动人才的内在因素，最大限度地发挥人的才能，充分开发人才的潜在能力，力求使"人尽其才，才尽其用"。人才管理是人才效能、人才实力的重要影响因素，是人才开发的必要条件。

（二）人才管理对管理实践的影响

1.对人力资源管理理念的影响

人才，即企业的核心人力资源。要想实现对核心人力资源的有效管理，人力资源管理必须贯彻以下理念。

（1）绩效的"二八原则"

公司80%的绩效是由公司20%左右的核心员工创造的，因而在绩效考核的时候要注重核心员工的战略性贡献。

（2）对核心人员的管理是企业的战略性管理

企业的可持续发展最终取决于企业的核心员工，因而对核心员工管理就是企业的战略性管理。

（3）坚持公平、公正的原则，切忌"特殊化"

这里所说的公平、公正主要是指企业规则、规章制度适用的公平、公正，员工之间人格的公平、公正。对核心员工的管理是在上述公平、公正原则基础上的，否则一旦失去这个基础，企业内部就会出现不公平感，内耗增大，企业的管理不可能有效率。

2. 对人力资源规划的影响

传统人力资源规划主要包括三大方面：数量规划、素质规划、结构规划。基于人才的人力资源管理要求人力资源规划必须以企业核心人力资源的实现为基础与核心，具体而言就是：①识别企业的核心能力与核心人力资源；②盘点企业当前核心人力资源状况；③根据企业战略明确未来核心人力资源需求，并确定缺口；④在上述基础上，以满足企业核心人力资源缺口为核心来开展企业人力资源规划。

3. 对绩效考核的影响

对绩效考核的影响主要体现在以下两个方面：①在考核指标的选取上注重与企业战略高度相关的指标，突出核心员工对企业的战略性价值贡献。②在考核结果的应用上，注重绩效反馈，查找绩效不良的原因，其根本目的在于提升员工的能力。

4. 对薪酬设计的影响

（1）重视外部薪酬调查

确保核心员工工资具有外部竞争力。核心员工是企业的战略性资源，因而在薪酬设计方面必须确保其外部竞争力，避免核心员工流失。

（2）薪酬设计要体现为知识、能力、经验付酬

知识、能力、经验等是核心员工的共同特征，在薪酬体系设计中要突出对核心员工的重视。

（3）配套措施，如股权激励、高级福利等

要从多角度、多种方式出发，确保有效留住企业的核心员工。

5. 对培训的影响

企业的核心能力不是一成不变的，要想长久保有企业的核心优势，必须通过不断地培训以提升核心员工的能力，主要通过以下两个途径展开：持续的在岗培训和基于公司业务特点的特殊培训。

二、核心人才的界定

在了解核心人才之前，得先了解企业的核心能力。

（一）核心能力

企业的核心能力来源于企业内部所拥有的知识、技术、关系和流程，而这四个要素同时存在于企业内部的人员和系统之中，通过人员与系统的整合，形成企业的人力资本、社会资本和组织资本，从而成为企业核心能力的源泉。企业的核心能力是能给消费者带来特殊利益和价值的一系列知识、技术和技能的组合。因此，要培育核心能力，就要将整合企业内部的知识与提高企业为客户创造价值的能力相结合。可通过以下三种机制来实现对企业核心能力的支撑。

第一，通过形成人力资本、社会资本和组织资本的存量来支撑企业的核心能力，即通过战略人力资源管理实践，可以使企业内部人员与系统有机整合，从而促进企业内部核心人力资本的形成，并结合企业的社会资本和组织资本，共同形成具有价值有效性、稀缺性、难以模仿性和组织化特征的智力资本，最终支撑企业的核心、能力和竞争优势。

第二，通过促进企业内部的知识流动来支撑企业内部的知识管理，从而支撑企业的核心能力，即通过上述分层分类的战略人力资源管理实践，可以促进企业内部的知识管理，使知识得以有效地整合、转化、创新，从而帮助企业尤其是知识创新型企业提高其核心能力。

第三，通过战略能力的变革来支撑企业的核心能力，即通过战略人力资源管理实践提升企业适应市场变革和创造市场变革的运作能力，进而提升企业知识系统把握市场机会、为消费者创造价值的能力，从而对企业核心能力给予支持。

上述三个方面存在的内在关系：学习与创新、适应市场的战略能力是形成企业核心能力的两个支柱，这两个支柱又是通过人力资本、社会资本和组织资本的整合而形成的。因此，通过人力资源管理实践形成企业的核心人力资本，是战略人力资源管理系统支撑企业核心能力的关键。

（二）人力资源的分层分类

一个企业的人力资源可以根据价值与稀缺性两个维度划分成四大类，其中有一类是核心人力资源。这可以通过一个以稀缺性为横轴，以价值性为纵轴的矩阵反映出来。

在这个矩阵中，有四种组合，第一种组合是"双高"——高价值、高稀缺的，这个是企业的核心人力资源；第二种组合是高价值、低稀缺的，这个是企业的通用人才；第三种组合是低价值、高稀缺的，这个是企业的特质人才；第四种组合是低价值、低稀缺的，这是企业的辅助人才。

核心人力资源一般占企业人力资源的 20% 左右，是企业知识管理的重心，是形成企业核心能力的关键要素。核心人力资源具有高价值性，直接与核心能力相关；是独一无二的，掌握了公司特殊的知识和技能；主要从事知识工作；以责任为基础的人力资源管理系统。

人力资源的管理体系对不同的人力资源应该有不同的管理方法，具体而言，对核心人力资源应该采取基于承诺的人力资源管理方法，对于必备型人力资源应该采取基于效率的人力资源管理方法，对于辅助的人力资源应该采取基于服从的人力资源管理方法，而对于特质的人力资源应该采取合作的人力资源管理方法。四种不同的管理方法，可概括为承诺、效率、服从与合作。

第二节 企业应对核心人才的策略

一、优化人才配置

所谓优化配置，简单来说是让合适的人在合适的岗位上有效工作。为求得人与事的优化组合，人员配备应遵循因事择人、因才使用、动态平衡的原则，做到用当其长，发挥最佳才能；用当其位，放在最佳位置；用当其时，珍惜最佳时期。一方面，根据岗位的要求，选择具备相应的知识与能力的人员到合适的岗位，以使工作卓有成效地完成；另一方面，要根据人的不同特点来安排工作，以使人的潜能得到最充分的发挥。简言之，人才资源配置力图同时使工作的效率、人才资源开发、个人满意度这三个变量都得到最大限度的匹配。这就要求分析人才的职业经历、个性特点、年龄结构、身体状况、文化层次等，进行合理的调整组合，发挥协同效应，实现最佳匹配。

（一）人才与企业的匹配

企业通过提高与人才资源的匹配度，有效地挖掘潜力，提高人才资源使用效率。

人才与企业匹配模型的要点包括以下几点。

1. 匹配的焦点是价值观一致

价值观是企业对人才要求的理想态度和行为标准。例如，诚实、正直、成就感、关注顾客等。

2. 匹配内容还包括新工作职责、工作多样性、未来的工作

企业希望任用那些可能完成新职责的人，以减少雇用额外员工的费用；企业也期望雇用能够从事多样性工作的新员工。对未来的工作，企业和个人需要思考长远的匹配、调换和晋升过程。

3. 考察人才与企业匹配对员工工作态度的影响

人才与企业的匹配还会影响人才的工作态度，一般体现在满意度、缺勤率、离职率等方面。研究表明，人才与企业的匹配会影响人才的组织认同、组织公民行为和离职意向。

（二）完善配置机制

科学配置人才资源，给予其合理报酬，为其提供深造机会和从其他方面关心他们，是企业管理的重要职能。如何做好人员配置是一项长期、复杂、有计划的系统工程，公司不同发展阶段的变化，时间推移的影响，人才胜任工作的情况也会发生相应的变化。人才配置的职能在于知人善任，在于培养人，使适当的人从事适当的工作。

人才配置应晋升最优秀的人才，给予他们发展机会，同时淘汰表现差的干部。因此，人员配置一般有人员的晋升、淘汰与轮换三种重要影响的机制。三者并行，可帮助提高企业人才队伍的整体能力素质水平。但是，如果一个环节出现问题，做得不好，将会影响全局。

1. 晋升

对职位要求进行审核；发掘合适人选，加强竞争，使选择更公平；根据考评情况，决定最后人选。

2. 淘汰

根据绩效、工作态度，进行全方位的分析，决定淘汰名单，衡量淘汰执行情况。

3. 轮换

明确轮换岗位要求；对人才条件及个人发展需要进行分析；讨论、决定人才轮换名单；定期检查人才轮换执行情况。

4. 后备

对关键职位要求进行分析，确定岗位后备名单；对后备人才提出发展方向；定期对后备人才进行追踪、评审。

二、挖掘高潜能人才

在过去，组织结构、战略，甚至市场都相对静止，人们几乎在一个组织中度过了全部的职业生涯，并最终被推向领导角色。现在企业要获得成功，不仅要求企业中所有员工有适应不同环境的能力，而且要有极强的主动性。企业相当重视人才的挖掘与培养，老板们非常乐意在那些有能力引领企业迈向未来的人才身上投入更多关注与精力。

（一）高潜能人才界定

对高潜能人才的界定，不同企业的定义或有不同，有些企业甚至没有正式区分高潜能人才和普通员工。研究显示，企业往往采用以下标准选出最优秀的3%～5%的人才：在各种场合和环境中的表现，总是显著地优于同事；在取得优异表现的同时，他们的行为也堪称典范，体现了公司文化和价值观；他们显示出在公司职业道路上成长、发展并取得成功的卓越能力，且比他们的同事成长得更快、更强。

高潜能人才的界定以"潜能模型"作为指导，它包括三个紧密相关的组成部分。

能力：做事有始有终，思路清晰，逻辑严密；敢于承担责任，具有很强的领导才能。

上进心：敢于表现，渴望进步，富有感染力；能争取"天降大任"的报酬。

承诺：有一种信仰和情感引导员工，能够始终和企业站在一起，并为之奉献。

（二）高潜能人才的特质

发现未来的潜力人才需要回答两个问题：这样的人才能运营什么级别的部门（公司）；这些人是否具有能使他们在未来角色中成功的复合素质。高潜质人才需要有三个重要特质。

第一个特质是自信和自我意识。他们能否挑战更高的目标？他们是否了解自己的强项和弱项？他们通过建立新项目来挑战自己，尽管阻碍很多，但是能在挑战中获得成长。

第二个特质是能够客观地评价他人的强项和弱项。领导人才应该避免快速判断他人并迅速作出反应。要想善于挑选合适的人选为其工作，就要做到并不急于对他人作出判断。相反，要花时间来判断他人的强项和弱项，及如何与自己和团队进行互补。

第三个特质是情绪韧性，能够通过公平的方式来应对高压的环境。每天长时间工作，但是确保自己不在新环境里产生挫败感，这里的关键是能够平衡和坚持。高潜质的人才最起码需要三个特质中的两个来使自己持续、积极地获得绩效。

具有高水平的三个个性特质的高潜质人才能够将这些特质整合为自己的人格。比如，自信不是在接受挑战时展现出来，而是在面临艰难决策时通过直觉显示出来的态度。随着时间的增长，人才对自己更加了解，能够更好地整合自己的判断和行为。尽管周围环境的节奏越来越快，压力越来越大，但他们更加客观，在艰难情况下表现出良好的适应性。

（三）高潜能人才取决于内在素质

作为企业的一员，你所做的一切都无可挑剔，创造了价值，早早取得了良好的成绩；面对日益复杂的诸多挑战，掌握了新的知识和技能；恪守公司的文化和价值观；自信溢于言表，也赢得了他人的尊敬。

尽管如此，你未必就能被列为高潜能人才。因为真正让高潜能人才拥有的与众不同的特质，它们看不见、摸不着，也不会出现在领导能力清单或绩效评估表格中。这些特质能起到画龙点睛的作用，帮助你取得并保持令人欣羡的高潜能人才地位。

1. 追求卓越

高潜力人才不仅成就高，而且有追求成功的渴望。尽管他们已经做得不错，甚至可以说相当好，但是对他们来说都还不够好——远远不够。他们非常愿意加倍努力，也明白在前进的道路上或许不得不牺牲个人生活。这并不表示他们会违背自己的价值观，但是远大的抱负或许会促使他们作出一些艰难的选择。

2. 敏捷的学习能力

我们往往认为高潜能人才都是不知疲倦的好学者，其实持续学习的大有人在，但很多人缺乏行动力，或不以结果为导向。高潜力人才都拥有"敏捷学习能力"。

敏捷的学习能力是对组织有效的行为，具备敏捷学习能力的人才更有可能获得成功并适应变化，这需要人才在这些方面具有适应性：人际敏捷，能够很好地了解自我，反应积极，面对周围的压力具有弹性。结果敏捷，能够在恶劣的环境下取得结果并且促使他人做出相似的行为。心智敏捷，能够想出新的点子，轻松解释复杂和模棱两可的概念。改变敏捷，渴望建立和体验新的案例，不断地发展自己。

他们会不断寻找各种新思想、新观念，并有能力去理解和吸收，还能将学到的新知识转化为高效的行动，为客户和公司创造价值。

3. 进取精神

高潜能人才总是在找寻开辟新途径的好方法，他们是积极的开拓者，因而为了取得进步，他们会跨出自己的职业舒适区，接受挑战。这种变动可能前途未卜，如接手一个棘手的国际岗位，或者奔赴另一个需要全新技能的部门。高潜能人才渴求成功，但对于冒险却很兴奋，认为机会大过风险。

4. 敏锐的感知力

追求卓越、富有进取精神，再加上渴望找到新方法，这完全可能带来职场灾难。高潜能人才可能因各种原因而失败。

举例来说，他们可能一时冲动接受一个看似不错的机遇，结果发现那是一个注定会失败（而非努力就能成功）的任务，或者对于长期职业发展没有好处。另一种失败原因是试图取悦他人。高潜能人才会避免与上司公开产生分歧，或者不愿给同事以坦率的、可能让对方失望的反馈意见。成功的高潜能人才具有更好的判断力，更看重高质量的结果。

除了判断力，高潜能人才具备"敏锐的感知力"，这让他们能够有效地规避风险。他们把握时机的意识很好，能够迅速看清形势，还能敏锐地发现机遇。尽管高潜能人才的进取精神或许会导致他们作出愚蠢的决策，但敏锐的感知力有助于他们判断何时出击，何时收手，这让他们能在合适的时间出现在合适的地方。

（四）如何成为高潜能人才

1. 要成为高潜能人才，需要具备三大要素

（1）表现优异且踏实可靠

实现业绩目标很重要，但这还不够。如果你的表现并不出色，或者你的成绩是以牺牲他人为代价的，那你永远进不了高潜能人才名单。胜任是高潜能的基础。除此之外，你还要证明自己踏实可靠。这意味着赢得同事的信任和信心，从而对更多的利益相关者产生影响力。

（2）掌握新型专业知识

职业生涯初期，要获得关注，就必须具备职位所要求的专业知识与技术。随着资历的提升，还需要不断拓展自己的知识领域。之前你只管一名职员或一个小型团队，接着就会管理规模更大的团队，担任更高的职位（如加入公司总部），这时你就要在正式职权有限的情况下施展影响力。例如，担任高层职位时，技术能力的价值便不如战略思维和激励技巧等能力。到了一定的阶段，你会发现自己还要学会"放手"，而不是一味"加码"。因为你不能指望自己既是最优秀的工程师，又是最优秀的设计团队领导。

（3）注意自己的行为

虽然你的业绩能为你在职业生涯早期赢得关注并获得晋升，但你的行为才是让你保持高潜能人才地位的关键。杰出的技能始终很重要，但随着职位的提升，人们期待你在接触面更广的角色上表现卓越，这时杰出的技能就只是一个基本条件。要成为令人欣羡的高潜能人才，你必须完成从"胜任/从属"到"楷模/导师"的转变。

2. 高潜能人才的成长和阻碍因素

（1）成长因素

多视角，代表了跨领域思考的能力，能够从不同的角度去看待问题，能够更深层次地去思考问题而不是简单地就事论事，对于未来的企业领军人物，跨领域思考的能力尤其重要；好奇心，代表自我学习的能力，渴望通过

不断的学习来加强自我的发展；同理心，代表了社会洞察力及人际理解力，能尽早了解并鼓励这种能力非常重要，能够聆听对方，并且准确理解他人，尤其在意见相左的情况下这样做，能够更好地得到他人的支持和反馈；成熟度，即情感的成熟度；个人发展，尤其是领导力的发展是个漫长的历程。

（2）阻碍因素

成长的阻碍因素可以分为个人因素和组织因素。

个人因素：个人因素是指个体自身的心理和行为特点对成长的阻碍作用。例如，缺乏自信心、动力不足、学习方法不当、学习态度不积极等都是个人因素的表现。

组织因素：组织因素是指学习和工作环境对成长的阻碍作用。

3.发展自己与众不同的特质

第一步便是了解自己哪些方面存在不足。例如，如果你发现自己总是被各种事情搞得措手不及，那可能是因为你的感知力不够敏锐。有些人适应环境的能力比别人强，但是你也可以学着采取一些简单的措施来提升自己的敏锐度。这些措施包括细心地倾听别人的话语，观察他们在你说话时的反应，以及更新自己的关系网络，让自己能够更好地适应公司准备拓展的新业务和新市场。

第二步是改变。学习，却不改变自身行为，就是浪费机遇。培养积极性或进取精神不是件容易的事，但是通过反省，你能变得更积极主动或愿意多承担一点风险。这些都表明你很有必要在自省上面投入一些时间和精力。你也必须认识到从教练或导师那里征求建议的价值，并弄清什么时候应该不再寻求导师的帮助，而开始自己独立思考和行动。

进入高潜能人才名单可以带来重要的发展机遇，获得这一地位的回报非常可观。当然，要记住：业绩永远重要；随着职位的提升，你的行为变得越来越重要。

三、培养核心人才

企业要培养核心人才，必须建立核心人才培育机制。使人才成为企业核心竞争力最重要的手段。核心人才队伍培养不是一朝一夕之事，是一个长期、系统的工程，需要一套完善的机制来保证。

（一）核心人才培养四要素

核心人才的培养要注意四个要素。

1. 多元培育

核心人才是企业的骨干力量，必须注重才华的专业性和能力的综合性兼具。因此，多元化培育方式可以提高核心人才的综合能力，高等院校、科研院所、企业都是多元培育核心人才的主体，多元培育的方式有：内部导师制、内部岗位轮换、内部技能比武及送出去的方式（如出国深造、高校进修、短期封闭训练等）。

2. 完善计划

根据企业经营所需，对核心人才的培育要建立详细的培育计划。列明培育的重点、方向、内容、对象、培育方式、激励方式、效果评估，确保核心人才的培养有章可循。

3. 资源投入

企业核心人才培养队伍建设是企业投资回报率最高的项目，需要企业持续投入。因此，有必要建立相关保障机制，确保资源投入持续性。像联想、海尔、华为等国内一流企业都在企业培训计划中明确了核心人才培养经费。进入国内保险业的友邦保险，在短短几年时间内飞速发展，就得益于对保险业核心人才的培养。

4. 体系保障

要使企业核心人才能力不断提升，人才队伍保持梯级发展，必须建立培养体系。要建立四大机制：核心人才评价机制、培养机制、激励机制、使用机制。使企业内部形成核心人才你追我赶，百花齐放，互帮、互学、互相激励的良好局面。

（二）核心人才培养步骤

企业核心人才的培养，必须有丰富的培养方法和手段，确保培养出人才、出成果、出经验、出示范。要做好核心人才培养"三步曲"。

1. 第一步：明目标

核心人才培养工作要落到实处，必须明确培养目标，使人才培养有方向、有重点、有规划。

2. 第二步：多方式

培养核心人才一定是多角度、多元化的培养，不同于新员工进企业时的入职培训。培养核心人才的手段多种多样，既有个性化的培养，也有多元化的培养，要相互结合起来做。

（1）个性化培养

核心人才与普通员工培训的主要区别在于个性化和多样化。个性化的培养是针对个别核心人才的特征、能力、岗位要求采用个性化的方式、建立个人职业发展计划。

（2）多元化培养

建立核心人才培养多元模式，如岗位轮换、导师制、阶梯式、开放式等培养方法，不断培养与提高核心人才的素质。

3. 第三步：重激励

核心人才的培养，目的是为企业创造核心价值，更要使核心人才能持续为企业服务。必须系统构建核心人才激励体系，以最大限度留住核心人才。核心人才的激励不能用普通的激励方式，必须采用非常规的激励手段，如事业激励、名誉激励、股权激励等方式。同时，企业在加大对核心人才激励力度的同时，必须建立严格的考核评价制度，使核心人才能上能下，形成人才活力。

（三）应用长期激励留住核心人才

为了吸引和留住核心人才，企业必须了解他们的需求，提供适当的激励组合来保证这些绩优人员受到企业的重视并使其对企业忠诚。在这个过程中，给关键人才提供适当的经济激励是必不可少的组成部分。如果设计合理，长期激励能在促进留住和提升核心人员对所处企业兴趣方面发挥重大作用。

1. 未来的前景

明确有形的报酬，如薪资和福利，经常可以吸引高绩效员工加入企业。一些无形的报酬，却往往能促使优秀员工敬业并在企业内留任，如企业高管的才干以及通过诸如密切关注员工福利、不断增加的晋升机会和企业文化来激发员工忠诚度的能力。

核心人才与其他员工这两个群体在被什么吸引和激励方面存在一些有意思的差异：①与其他员工相比，核心人才对工作环境更加认同，特别是称赞企业的绩效管理实践、企业开放程度及与管理者的双向沟通。②相反，核心员工比其他人对企业的竞争力、创新和应对市场变化的行动能力方面有更多的批判和质疑。③和其他员工一样，核心人才期望有强有力的领导，以及可充分利用的职业发展机会。除此之外，核心人才还需要参与到企业的愿景、价值和战略，这样他们才能被完全吸引。确保这些员工认同（并被引导）企业的价值，对于保持他们长期处于忠诚状态是非常重要的。④处于离职风险中的核心员工可能有一系列原因让他们失望和挫败，其中包括缺乏赞扬、奖励及管理者在区分重点、快速行动、设定明确目标上的无能。除了晋升和奖赏机会，核心员工还需要得到针对企业发展重心和战略进行的清晰的沟通。

有离职风险的员工普遍存在对奖励的不满意，不仅仅局限于核心人才。当然，这也为长期激励作用的研讨提供了重要的背景信息。处于最高的留任风险中的核心人才对激励机会的认同显著地低于其他的高绩效员工。

2. 长期激励的类型和作用

长期激励为人们提供了一个机会来认识在较长的时间段内由特定的绩效所带来的经济效益。长期激励已经在美国盛行了数十年，但是最初的长期激励主要关注高级管理者。这些激励计划设计的目的在于，让员工的绩效和报酬与长期商业目标和最终的商业结果相对应。设计的另一项重要的出发点是，这些报酬计划可以被用于提升高级管理者和其他核心员工的留任，随着长期激励计划的演变，它们不再被仅仅用于高层管理人员，也提供给比较低层级的高绩效员工和核心员工。在互联网时代，愈来愈多的企业，特别是在技术产业领域，提供股票期权作为对广大员工的长期激励，它将员工和股东的利益结合在一起，并在竞争激烈的人才市场中提高企业吸引和留住稀缺人才的能力。然而近些年，面向更广泛群体的期权计划的趋势在很大程度上被颠覆，因为激励方式开始向各有所好的方向转变。由于当前企业在期权兑现时会耗费一大笔财务费用，股票期权的授予资格也不断收窄。

不同的企业采用不同的长期激励方式来达到各种目的。基本的长期激励类别有股票期权、限制股股份和长期绩效计划。

第一，股票期权。股票期权是一种奖励，它提供员工可以有权利在指定时期内以预先设定的价格定额购买股票。而预设的价格最常用的是授予期权买卖特权时的股票价格。为了确保着眼于长期，期权一般经过 3 ~ 4 年才可兑现。股票期权的价值取决于企业股票在期权期限内的价格评估，这个期限一般是 10 年。股票期权的价值体现为股票市场价与预设价的差值。

企业长期以来都用股票期权来激励为股东创造价值的员工——他们的贡献将驱使企业的股票价格上升。股票期权对年轻的快速成长型企业尤其有效，同时在股票市场的上升期也是一个有效的激励工具。但它们可能对成熟型企业吸引、留住核心绩效人才的价值不会很明显，尤其在股票市场动荡期。

第二，限制股股份。限制股股份是一种奖励，它授予员工真正的股份（或代表股份的物质），这些股份在一定的期限内是受到限制的。股份接受者在企业中的工作年限必须满足授予期限才能获得股份奖励。当限制期结束，一般是 3～5 年，股份接受者可以获得全部股份。即使那些股份是受限制的，股份接受者通常也拥有投票和分红的权利。

限制股股份主要被用于留任，通常不会带来预测性的绩效条款。然而，限制股股份越来越多地被用作一种针对企业底层高绩效员工的激励机制，它提供了一种平等的激励，表达了企业对这些员工的努力和成就的认同。这相应地鼓励了员工继续为企业服务。

近年来，随着企业对期权的依赖下降，限制股股份应用得越来越多。它不像期权，即使接受者仍然留在企业也可能会变得一文不值，限制股股份永远是"赚钱的"。即使股票价值下跌，他们仍然可以有一定的货币价值，除非这个企业破产。

第三，绩效计划。绩效计划也是一种激励手段，它根据特定的企业目标在规定的绩效周期内的实现程度而定，这个周期一般是 3 年或更长。大部分企业每年都使用绩效计划作为新的年度奖励周期，这种计划参与者支付股份、股份单元或者现金，激励的水平通常和企业或业务单元相对于既定目标的绩效相挂钩。

绩效计划的目的是激励管理者和其他高绩效并对企业（业务单元）的成功有关键作用的人。绩效的高低是根据员工的成就水平和绩效标准相比较得到的。绩效标准包括业务上的测量（如销售额或收益的增长）到财务上的测量（如投资回报、毛收益），绩效计划的关注点在于长期商业目标的实现。

由于绩效计划按照企业长期目标的实现状况来确定实际给予参与者的激励等级，所以在推进"按业绩付酬"方面相当有效。有两点对于绩效计划的成功是关键的：绩效计划的核心在于获得这些奖励的员工要清楚地理解面临的目标是什么，以及必须达到什么样的成就水平；员工必须明确他们在实现既定目标中的作用。在绩效计划的衡量指标和如何根据指标产生绩效之间，绩效计划的参与者要有一个清晰的视角。

第四，企业与人才互惠双赢。驾驭绩效的关键在于识别核心人才。从更具引导力的视角，针对真正对企业至关重要的人所具备的特点，采用基于研究的素质测评和模型构建，将是一种有用的方法。可以把测评看作另一种奖励核心人才的方式。很明显，不是每一个企业都能提供，当然也不是每个人都能获得这样的机会，对他／她的技能和发展需要进行一次专业的测评。进展顺利的话，它往往会被那些参与测评者视为一份礼物。在这个过程中，会生成一些揭示本质的信息，这需要以专业的方式来处理，尤其在涉及反馈时，会相当敏感。然而，有大量的应用服务适用于各种各样的需要和经费条件。

测评信息是一种途径，它帮助那些被邀请参加的员工选择最佳的方式来为企业做更大的贡献。如果你致力于为核心绩效的员工提供这类机会，那么可以加强使用测评频率，并视之为员工全部奖励的一部分。他们获得了深刻领悟的机会，通过这些领悟，他们提高了自我意识，更加关注自己的发展成果，否则，这些领悟将在不经意间消失。还有一种情况，那就是在参与测评之后，有人确认"这里不适合我"。不过，在他们的职业生涯早期，或者至少在把时间和金钱投向并不那么向往的工作之前，能够有这种顿悟，还是不错的。

第九章 人力资源管理的转型与创新

第一节 人力资源管理职能的战略转型

一、人力资源管理职能的变化

（一）以战略和客户为导向的人力资源管理

随着全球化步伐的加快，网络和信息技术突飞猛进，经营环境的复杂化、员工队伍的多元化对人力资源管理职能提出了越来越严峻的挑战。在这种情况下，出现了很多关于人力资源管理职能变革的呼声。例如，人力资源管理应当从关注运营向关注战略转变，从监督检查向业务部门的伙伴转变，从关注短期向关注长期转变，从行政管理者向咨询顾问转变，从以职能管理为中心向以经营为中心转变，从关注内部向关注外部和关注客户转变，从被动反应向主动出击转变，从以完成活动为中心向以提供解决方案为中心转变，从集中决策向分散决策转变，从定性管理向定量管理转变，从传统方法向非传统方法转变，从狭窄视野向广阔视野转变，等等。

毋庸置疑，上述提法都有一定道理，但我们必须清楚的一点是，人力资源管理职能的战略转变并不意味着人力资源管理彻底抛弃过去所做的一切，或者是完全放弃过去的所有做法。相反，现代人力资源管理职能必须在传统和现代之间找到一个适当的平衡点，只有这样才能为组织的经营和战略目标的提供附加值，帮助组织在日益复杂的环境中获得竞争优势。

人力资源管理在一个组织的战略制定及执行过程中起着非常重要的作用，它不仅要投入组织的战略制定过程，还要负责通过制订和调整人力资源管理方案和计划来帮助组织制定的战略得到贯彻和执行。然而，人力资源管理职能部门要想真正在组织中扮演好这种战略性角色，就必须对传统的人力资源管理职能进行重新定位，同时，要围绕新的定位来调整本部门的工作重点及在不同工作活动中所花费的时间。

如果想把人力资源管理定位为一种战略性职能，就必须把人力资源部门当成是一个独立的经营单位，它同样有自己的服务对象，即内部客户和外部客户。为了向各种内部客户提供有效的服务，这个经营单位同样需要做好自己的战略管理工作，在组织层面发生的战略规划过程同样可以在人力资源管理职能的内部进行。近年来，在人力资源管理领域出现了一个与全面质量管理哲学一脉相承的新趋势，这就是企业的人力资源部门应当采取一种以客户为导向的方法来履行各种人力资源管理职能，即人力资源管理者把人力资源管理职能当成一个战略性的业务单位，从而根据客户基础、客户需要以及满足客户需要的技术等来重新界定自己的业务。以客户为导向是人力资源管理在试图向战略性职能转变时所发生的一个最为重要的变化。

这种变化的第一步就是要确认谁是自己的客户。需要得到人力资源服务的直线管理人员显然是人力资源部门的客户；组织的战略规划团队也是人力资源部门的一个客户，因为这个小组也需要在与人有关的业务方面得到确认、分析并且获得建议；此外，员工也是人力资源管理部门的客户，他们因与组织确立雇佣关系所获得的报酬、绩效评价结果、培训开发计划以及离职手续的办理等，也都是由人力资源部门来管理的。

第二步是确认人力资源部门的产品有哪些。直线管理人员希望获得忠诚、积极、有效且具有献身精神的高质量员工；战略规划团队不仅在战略规划过程中需要获得各种信息和建议，而且需要在战略执行过程中得到诸多人力资源管理方面的支持；员工则期望得到一整套具有连续性、充足性和公平性特征的薪酬福利计划，同时还希望能够得到公平的晋升及长期的职业生涯发展。

最后一个步骤是，人力资源部门要清楚，自己应通过哪些技术来满足客户的需要，客户的需要是不同的，因此，人力资源部门需要运用的技术也就有所不同。人力资源部门建立的甄选系统必须能够确保所有被挑选出来的任职者都具有为组织带来价值增值所必需的知识、技术和能力。培训和开发系统则需要通过为员工提供发展机会来确保他们不断增加个人的人力资本储备，为组织创造更高的价值，从而最终满足直线管理人员和员工双方的需要。绩效管理系统则需要向员工表明，组织对他们的期望是什么，同时还要向直线管理人员和战略制定者保证，员工的行为将与组织的目标保持一致。此外，报酬系统需要为所有的客户（直线管理人员、战略规划人员以及员工）带来收益。总之，这些管理系统必须向直线管理人员保证，员工将运用他们的知识和技能服务于组织的利益，同时，它们还必须为战略规划人员提供相应的措施，以确保所有的员工都采取对组织的战略规划具有支持性的行为。最后，报酬系统还必须为员工所做的技能投资及所付出的努力提供等价的回报。

人力资源管理部门除了要把组织的战略规划人员、直线管理人员以及员工作为自己的客户，事实上还应该把外部求职者作为自己非常重要的客户。在当前人才竞争日益激烈的环境中，人力资源部门及其工作人员在招募、甄选等过程中表现出的专业精神、整体素质、组织形象等，不但直接影响到组织是否有能力雇用到高素质的优秀员工，而且对组织的雇主品牌塑造、在外部劳动力市场上的形象都有重要的影响。因此，人力资源部门同样应当非常关注这些外部客户，同时设法满足他们的各种合理需求。

（二）人力资源管理职能的工作重心调整

在现实生活中，很多企业的人力资源管理者经常抱怨自己不受重视。他们认为，尽管我们在招聘、培训、绩效、薪酬等很多方面做了大量工作，受了不少累，但却没有真正受到最高领导层的重视，一些工作得不到高层的有力支持，很多业务部门也不配合，自己就像是在"顶着磨盘跳舞——费力不讨好"。为什么会出现这种情况呢？除了与组织自身的问题有关外，与人力资源管理部门及其工作人员由于未能围绕组织战略的要求来调整自己的工作重心，合理安排在各种不同工作活动中的时间和精力也有很大的关系。这是因为尽管从理想的角度来说，人力资源管理职能在所有涉及人力资源管理的活动中都应该做到非常出色，但是在实践中，由于面临时间、经费和人员等方面的资源约束，人力资源管理职能想要同时有效地承担所有工作活动往往是不可能的。因此，人力资源部门必须做出这样一种战略选择，即应当将现有的资源分配到哪里及如何进行分配，才最有利于组织的价值最大化。

对人力资源管理活动进行类别划分的一种方法是将其归纳为变革性活动、传统性活动和事务性活动。变革性活动主要包括知识管理、战略调整和战略更新、文化变革、管理技能开发等战略性人力资源管理活动。传统性活动主要包括招募和甄选、培训、绩效管理、薪酬管理、员工关系等传统的人力资源管理活动。事务性活动主要包括福利管理、人事记录、员工服务等日常性事务活动。

在企业中，这三类活动耗费人力资源专业人员的时间比重大体上分别为 5% ~ 15%，15% ~ 30% 和 65% ~ 75%。显然，大多数人力资源管理者把大部分时间都花在了日常的事务性活动上，在传统性活动上花费的时间相对来说较少，至于在变革性活动上所花费的时间就更是少得可怜。由于事务性活动只具有较低的战略价值，传统性活动尽管构成了确保战略得到贯彻执行的各种人力资源管理实践和制度，也只具有中度的战略价值，而变革性活动则因帮助企业培育长期发展能力和适应性而具有最高的战略价值，所以，人力资源管理者在分配时间投入方面显然是存在问题的。他们应当尽量减少事务性活动和传统性活动上的时间分配，更多地将时间用于对企业最具战略价值的变革性活动。如果人力资源专业人员在三种活动上的时间分配能够调整到 25% ~ 35%，25% ~ 35% 和 15% ~ 30%，即增加他们在传统性尤其是变革性活动方面付出的努力，那么人力资源管理职能的有效性必然能得到很大的提高，为企业增加更多的附加价值。

值得注意的是，压缩人力资源管理职能在事务性活动上所占用的时间并不意味着人力资源部门不再履行事务性人力资源管理活动职能。相反，人力资源部门必须继续履行这些职能，只不过是采取一种更为高效的方式来完成这些活动。

二、人力资源专业人员扮演的角色

在人力资源管理职能面临更高要求的情况下，人力资源专业人员和人力资源部门应如何帮助组织赢得竞争优势以及实现组织的战略目标呢？人力资源管理者和人力资源部门在组织中应当扮演好哪些角色呢？很多学者和机构都对此进行了研究。

人力资源管理专业人员主要应当扮演好以下三个方面的角色，即授权者、技术专家以及创新者。所谓授权者，是指人力资源管理人员授权直线管理人员成为人力资源管理体系的主要实施者。所谓技术专家，是指人力资源专业人员将从事与薪酬及管理技能开发等有关的大量人力资源管理活动。所谓创新者，是指人力资源管理者需要向组织推荐新的方法来帮助组织解决各种与人力资源管理有关的问题，如生产率的提高及由于疾病导致的员工缺勤突然上升等。

在人力资源管理者及人力资源管理部门所扮演的角色方面，一个组织的人力资源部门所扮演的角色和所承担的职责主要反映在两个维度上：一是人力资源管理工作的关注点是什么，二是人力资源管理的主要活动内容是什么。从关注点来说，人力资源管理既要关注长期战略层面的问题，也要关注短期日常操作层面的问题。从人力资源管理活动的内容来说，人力资源管理既要做好对过程的管理，也要做好对人的管理。基于这样两个维度，就产生了人力资源管理需要扮演的四个方面的角色，即战略伙伴、行政专家、员工支持者以及变革推动者。

国际公共部门人力资源管理学会也提出了一个模型，用以阐明人力资源管理者在公共部门中所应当扮演的四大角色，即人力资源专家、变革推动者、经营伙伴以及领导者。其中，人力资源专家的角色强调，人力资源专业人员应当做好传统的人力资源管理中的各项专业技术工作。变革推动者的角色强调，人力资源专业人员一方面要帮助直线管理人员应对变革，另一方面要在人力资源管理职能领域内部进行有效的变革。经营伙伴的角色强调，人力资源专业人员不仅要告诉直线管理人员不能做什么，还应当向他们提出有助于他们解决组织绩效难题的有效建议，参与组织的战略规划，以及围绕组织的使命和战略目标帮助组织达成结果。领导者的角色强调，人力资源专业人员一方面必须对功绩制原则及其他道德伦理保持高度的敏感性，另一方面也要平衡好员工的满意度、福利与组织的要求和目标之间的关系。

第二节 人力资源管理职能的优化

一、循证人力资源管理

（一）循证人力资源管理的内涵

在当今社会，企业界越来越充分地认识到人力资源管理对组织战略目标的实现和竞争优势的获得所具有的重要战略作用。不仅人力资源专业人员，组织内各级领导者和管理者在人力资源管理方面投入的时间、精力、金钱也在逐渐增多。组织期望自己的人力资源管理政策和实践能够帮助自己吸引、招募和甄选到合适的员工，进行科学合理的职位设计和岗位配备，实现高效的绩效管理和对员工的薪酬激励等。但是，随着人力资源管理的投入不断增加，企业也产生了一些困惑。其中的一个重要疑问就是：这些人力资源管理政策、管理活动以及资金投入是否产生了合理的回报、达到了预期的效果？这就要求对组织的人力资源管理活动进行科学的研究和论证，以可靠的事实和数据来验证人力资源管理的有效性，进而不断实施改进。这种做法称为循证人力资源管理（又称为实证性人力资源管理，或基于事实的人力资源管理）。

循证人力资源管理实际上是循证管理理念在人力资源管理领域的一种运用，它是指运用数据、事实、分析方法、科学手段、有针对性的评价以及准确的案例研究，为人力资源管理方面的建议、决策、实践以及结论提供支持。简而言之，循证人力资源管理就是审慎地将最佳证据运用于人力资源管理实践的过程。循证人力资源管理的目的就是要确保人力资源管理部门的管理实践对于组织的收益或者其他利益相关者（员工、客户、股东）产生积极的影响，并且能够证明这种影响的存在。通过收集关于人力资源管理实践与生产率、流动率、事故数量、员工态度以及医疗成本之间的关系的数据，循证人力资源管理实践就可以向组织表明，人力资源管理确实能对组织目标的实现做出贡献，人力资源管理对组织的重要性实际上和财务、研发以及市场营销等其他职能是一样的，因此，组织对人力资源项目进行投资是合理的。从本质上说，循证人力资源管理代表的是一种管理哲学，即用可获得的最佳证据来代替陈旧的知识、个人经验、夸大的广告宣传以及盲目的模仿，摒弃直觉式思维，使人力资源决策牢固建立在实实在在的证据之上，同时证明人力资源管理决策的有效性。

通过对很多组织的人力资源管理实践进行考察，我们不难发现，很多人力资源管理决策都缺乏科学依据，往往依靠直觉和经验行事，这不仅难以保证人力资源决策本身的科学合理，同时也无法证明或者验证人力资源管理活动对组织的战略和经营目标的实现所做出的实际贡献，结果就导致人力资源管理在很多组织中处于一种比较尴尬的境地。因此，学会基于事实和证据来实施各项人力资源管理活动，将会产生两个方面的积极作用。一是确保并且向组织中的其他人证明人力资源管理职能确实是在努力为组织的研发、生产、技术、营销等其他职能提供有力的支持，而且对组织战略目标的实现做出了实实在在的贡献；二是考查人力资源管理活动在实现某些具体目标和有效利用预算方面取得的成效，从而不断改善人力资源管理活动本身的效率和效果。

（二）循证人力资源管理的路径

既然循证人力资源管理如此重要，人力资源管理者在日常工作中要怎样做才能有助于真正实现循证人力资源管理呢？总的来说，如果人力资源管理者做好以下四个方面的工作，将有助于贯彻循证人力资源管理的理念，提高人力资源管理决策的质量，增加对组织的贡献。

1. 获取和使用各种最佳研究证据

所谓最佳研究证据，是指经过同行评议或同行审查的质量最好的实证研究结果，这些结果通常是公开发表的、经过科学研究得到的。在科学研究类杂志（主要是符合国际学术规范的标准学术期刊）上发表的文章都是按照严格的实证标准要求并且经过严格的同行专家匿名评审的，这类研究成果通常必须达到严格的信度和效度检验要求才能发表。举例来说，想要研究绩效标准的高低对员工绩效的影响，那么，在一项高质量的实证研究中，通常会使用一个控制组（或对照组），即在随机分组的情况下，要求两个组完成同样的工作任务，但是对实验组的绩效标准要求较高，然后考虑两组的实际绩效水平差异。在另外一些情况下，则需要采取时间序列型的研究设计。比如，在考查晋升决策对于员工工作状态的影响时，可以在晋升之前对晋升候选人的工作积极性或绩效进行评估，再在晋升决策公布之后，隔一段时间来考查这些人的工作积极性或工作绩效。当然，有时无法进行理想状态的实证研究，在这种情况下，能够控制住一些误差（尽管不能控制所有误差）的实证研究也是有一定价值的，因为有这样一些证据仍然会比没有任何证据要好，这种证据对于改进人力资源决策，质量多多少少会有一些好处，只不过在使用这些证据时，最好能搞清楚哪些证据是可用的，以及应当如何使用这些证据。

2. 了解组织实际情况，掌握各种事实、数据以及评价结果等

要系统地收集组织的实际状况、数据、指标等信息，从而确保人力资源管理决策和所采取的行动是建立在事实基础之上的，即使是在使用最佳实证

研究证据时，也必须同时考虑到组织的实际情况，从而判断哪些类型的研究结果可能是有用的。总之，必须将各种人力资源判断和决策建立在对事实尽可能全面和准确把握的基础之上。例如，如果组织希望通过离职面谈发现导致近期员工流动的主要原因，而很多离职者都提到了组织文化和领导方式的问题，那么，人力资源管理人员就应当继续挖掘，搞清楚到底是组织文化还是领导方式中的哪些问题最有可能导致员工流失。只有揭示了某种情况的具体事实，才更容易找到和运用适当的证据来确认导致问题出现的主要原因，同时发现可以对问题进行干预的措施以及如何最好地实施这些干预措施。当然，关于组织实际情况的所谓事实既可能涉及一些相对软性的因素，比如组织文化，员工的教育水平、知识技能，以及管理风格等，同时也可能会涉及一些比较硬性的因素，比如部门骨干员工流动率、工作负荷以及生产率等。

3. 利用人力资源专业人员的科学思考和判断

人力资源专业人员可以借助各种有助于减少偏差、提高决策质量、能够实现长期学习的程序、实践以及框架的支持，做出科学的分析和判断。有效证据的正确使用不仅有赖于与组织的实际情况相关的高质量科学研究结果，还有赖于人力资源决策过程。这是因为证据本身并非问题的答案，而是需要放在某个具体的情况下考虑，即要想做出明智的判断和高质量的人力资源决策，还需要对得到的相关证据和事实进行深入的思考，而不能简单地拿来就用。但问题在于所有的人都会存在认知局限，从而在决策中不可避免地会存在各种偏差。这样，就需要有一些方法和手段帮助我们做出相对科学和客观的决策。幸运的是，在这方面，一些经过论证和实际使用效果很好的决策框架和决策路径有助于提醒决策者注意一些很可能会被忽视的特定的决策影响因素。例如，如果这家公司已经是从最好的学校中挑选成绩最好的毕业生，那么，这种测试实际上已经暗含在组织的现有甄选标准中。在这种情况下，人力资源管理人员就要判断影响新入职员工绩效的其他因素，如他们是否具备特定职位所要求的特定技能，或者是否存在需要解决的某种存在于工作环境之中的特定绩效问题，比如上级的监督指导不够、同事不配合等。总之，在批判性思考的基础上对情境因素仔细分析，找到一个能够对判断所基于的各种假设进行考查的决策框架，了解事实和目标等，将给问题找到更为准确的判断和解释。

4. 考虑人力资源决策对利益相关者的影响

人力资源管理者在进行人力资源决策时，必须考虑到伦理道德层面的因素，权衡决策对利益相关者和整个社会可能产生的长期和短期影响。人力资源决策和人力资源管理实践对于一个组织的利益相关者会产生直接和间接的后果：这些后果不仅会对普通员工产生影响，而且会对组织的高层和中层管理人员产生影响，同时还有可能对组织外部的利益相关者，如供应商、股东或者普通公众产生影响。例如，组织的人力资源招募和甄选政策会对不同群体的求职者产生不同的影响，一些影响是正当的，而另一些影响却是有问题的。例如，某种测试工具导致某种类型的求职者总体上的得分低于其他求职者群体，但是这种测试工具却与求职者被雇用之后的工作绩效并无太大关系，那么，这种测试工具就应当舍弃。总之，对各种利益相关者的关注是考虑周全且基于证据的人力资源决策所具有的重要特征之一，它有助于人力资源决策避免在无意中对利益相关者造成不必要的伤害。

（三）人力资源管理职能的有效性评估

循证人力资源管理一方面要求组织的人力资源管理决策和人力资源管理实践建立在事实和数据等的基础之上，另一方面也要求对人力资源管理职能的有效性进行评估。在评估组织的人力资源管理职能有效性方面，可以运用两种方法，即人力资源管理审计法和人力资源管理项目效果分析法。

1. 人力资源管理审计

在人力资源管理领域，以数字为基础的分析常常始于对本组织内人力资源管理活动进行人力资源管理审计。人力资源管理审计是指按照特定的标准，采用综合研究分析方法，对组织的人力资源管理系统进行全面检查、分析与评估，为改进人力资源管理功能提供解决问题的方向与思路，从而为组织战略目标的实现提供科学支撑。作为一种诊断工具，人力资源管理审计能够揭示组织人力资源系统的优势与劣势以及需要解决的问题，帮助组织发现所缺失或需要改进的功能，从而支持组织根据诊断结果采取行动，最终确保人力资源管理职能最大限度地为组织使命和战略目标的达成做出贡献。

人力资源管理审计通常可以划分为战略性审计、职能性审计和法律审计三大类。其中，战略性审计主要考查人力资源管理职能是不是企业竞争优势的来源以及对组织总体战略目标实现的贡献程度；职能性审计旨在帮助组织分析各种人力资源管理职能模块或政策的执行效率和效果；而法律审计则比较特殊，它的主要作用在于考查组织的人力资源管理活动是否遵循了相关的规定。

当然，比较常见的人力资源管理审计都是考查人力资源管理对于组织的整体贡献以及各人力资源管理职能领域的工作所产生的结果，即以战略性审计和职能性审计居多。其中，战略性审计主要考查人力资源管理对组织的利润、销售额、成本、员工的离职率和缺勤率等整体性结果所产生的影响，而职能性审计则主要通过收集一些关键指标来衡量组织在人员的招募、甄选与配置、培训开发、绩效管理、薪酬管理、员工关系、接班计划等领域的有效性。关于人力资源管理审计中的战略性审计和职能性审计所使用的指标，因为审计的出发点不同，各个组织的行业特点存在差异，所以审计指标的选取以及指标的详细程度也会有所差异。

在确定了人力资源管理审计使用的绩效衡量指标之后，相关人员就可以通过收集信息来实施审计了。关键经营指标方面的信息通常都能在组织的各种文件中找到。有时，人力资源部门为了收集某些特定类型的数据，可能需要创建一些新的文件。比如，在人力资源管理审计中通常都会涉及对人力资源管理职能所要服务的相关客户（主要是组织的高层管理人员、各级业务部门负责人以及普通员工等）的满意度进行调查和评估。其中，员工态度调查或满意度调查能够提供关于一部分内部客户的满意度信息，而对组织高层直线管理人员的调查则可以更好地判断人力资源管理实践对组织的成功经营所起到的作用。此外，为了从人力资源管理专业领域的最佳实践中获益，组织还可以邀请外部的审计团队对某些具体的人力资源管理职能进行审计。现在，由于电子化员工数据库及相关人力资源管理信息系统的建立，人力资源管理审计所需要的关键指标的收集、存储、整理以及分析工作越来越容易，很多满意度调查也可以通过网络来完成，这些情况都有助于推动企业通过实施人力资源管理审计来提高人力资源管理政策和实践的效率及有效性。

2. 人力资源管理项目效果分析

衡量人力资源管理有效性的另一种方法是对某项具体的人力资源管理项目或活动进行分析。该分析方法对人力资源管理项目进行评价的方式有两种：一是以项目或活动的预期目标为依据来考查某一特定的人力资源管理方案或实践（比如某个培训项目或某项新的薪酬制度）是否达到了预定的效果；二是从经济的角度来估计某项人力资源管理实践可能产生的成本和收益，从而判断其是否为组织提供了价值。

企业在制订一项培训计划时，通常会同时确定这个计划期望达成的目标，比如通过培训在学习层、行为层及结果层（绩效改善）等方面产生一定的效果。这样，人力资源管理项目分析就会衡量该培训计划是否实现了之前设定的目标，即培训项目对于受训者的学习、行为及工作结果到底产生了怎样的影响。例如，一家公司在设计一个培训项目时，将目标定位于帮助管理人员将领导力水平提升到某个既定的层次。那么，在培训结束之后，公司就想要评价这项培训计划是否真的实现了之前确定的目标，即对培训计划的质量进行分析。于是，该公司在培训计划刚刚结束时，要求受训者对自己的这段培训经历进行评价；在几个月之后，培训部门还对受训者的实际领导绩效是否有改善或行为是否有所改变进行评估。此外，员工对于公司的整体领导力所做的评价也可以用来衡量这些管理人员培训计划的有用性。

对上述培训项目还可以采用经济分析的方法，即在考虑与培训项目有关的所有成本的前提下，对该培训项目所产生的货币价值进行评估，这时，企业并不关心培训项目到底带来了多大变化，而只关心它为组织贡献的货币价值（收益和成本之间的差异）大小，这些人力资源管理项目的成本包括员工的薪酬以及实施培训、员工满意度调查等人力资源管理计划所支付的成本；收益则可能包括与员工的缺勤率和离职率相关的成本下降，以及与更好的甄选和培训计划有关的生产率上升等。显然，成功的人力资源管理项目所产生的价值应当高于其成本，否则这个项目从经济上说就是不合算的。

在进行成本—收益分析时，通常可以采取两种方法，即人力资源会计法和效用分析法。人力资源会计法试图为人力资源确定一个货币价值，就像为物力资源（比如工厂和设备）或经济资源（比如现金）进行定价一样，如它要确定薪酬回报率、预期薪酬支付的净现值以及人力资本投资收益率等。而效用分析法则试图预测员工的行为（比如缺勤、流动、绩效等）所产生的经济影响，如员工流动成本、缺勤和病假成本、通过甄选方案获得的收益、积极的员工态度所产生的效果、培训项目的财务收益等。与审计法相比，人力资源管理项目分析法的要求更高，因为它要求必须得到较为详细的统计数据，同时需要支出较多的费用。

二、人力资源管理职能优化的方式

为了提高人力资源管理职能的有效性，组织通常可以采取结构重组、流程再造、人力资源管理外包以及人力资源管理电子化等几种不同的途径。

（一）人力资源管理结构重组

传统的人力资源管理结构是围绕员工配置、培训、薪酬、绩效以及员工关系等人力资源管理的基本职能构建的，是一种典型的职能分工形式。这种结构的优点是分工明确、职能清楚，但是问题在于，人力资源部门中的每一个人往往都只了解组织内部全体员工某一个方面的情况，如员工所受过的培训或员工的薪酬水平、绩效状况等，却没有人对某一位员工尤其是核心员工的各种人力资源状况有一个整体性的了解。这样，人力资源部门在吸引、留住、激励以及开发人才方面能够为组织做出的贡献就会大打折扣。同时，由于各个人力资源管理的职能模块往往各行其是，各种人力资源管理职能之间的匹配性和一致性较差，无法满足战略性人力资源管理的内部契合性要求，从而使人力资源管理工作的整体有效性很容易受到损害。因此，越来越多的组织发现，传统的人力资源部门结构划分需要重新调整。

近年来，很多大公司都开始实施一种创新型的人力资源管理职能结构，即人力资源管理的基本职能被有效地划分为三个部分：专家中心、现场人力资源管理者和服务中心。专家中心通常由招募、甄选、培训及薪酬等传统人力资源领域中的职能专家组成。这些人主要以顾问的身份来开发适用于组织的各种高水平人力资源管理体系和流程。现场人力资源管理者是由人力资源管理多面手组成的，他们被分派到组织的各个业务部门之中。他们常常有双重工作汇报关系，既要向业务部门的直线领导者报告工作，同时也要向人力资源部门的领导报告工作。这些现场人力资源管理者主要承担两个方面的责任：一是帮助自己所服务的业务部门的直线管理者从战略的高度来强化人的问题，解决作为服务对象的特定业务部门中出现的各类人力资源管理问题，相当于一个被外派到业务部门的准人力资源经理；二是确保整个组织的人力资源管理体系能够得到全面、有效的执行，从而强化帮助组织贯彻执行战略的功能。在服务中心工作的人员所承担的主要任务是，确保日常的事务性工作能够在整个组织中有效地完成。在信息技术不断发展的情况下，这些服务中心常常能够非常有效地为员工提供服务。

这种组织结构安排通过专业化改善了人力资源服务的提供过程，真正体现了以内部客户为导向的人力资源管理思路。专家中心的员工可以不受事务性工作的干扰，专注于开发自己现有的职能性技能。现场人力资源管理者则可以集中精力来了解本业务部门的工作环境，而不需要竭力维护自己作为一个专业化职能领域中的专家地位。服务中心的员工可以把主要精力放在为各业务部门提供基本的人力资源管理服务方面。

此外，从激励和人员配备的角度来看，这种新型的人力资源部门结构设计方式也有其优点。过去，由于人力资源管理职能是按模块划分的，每一位人力资源管理专业人员往往都陷入了本职能模块所必须完成的事务性工作中。尽管在一些人力资源管理专业人员的工作中也有小部分需要较高水平的专业知识和技能才能完成的工作，但是大部分工作都属于日常事务性的，这必然会导致一些人力资源管理专业人员感觉工作内容枯燥，缺乏挑战性。而根据工作内容的复杂性和难度设计的三层次人力资源部门结构，可以让相当一部分人力资源管理专业人员摆脱日常事务性工作的束缚，集中精力做专业性的工作，同时还可以让一部分高水平的人力资源管理专业人员完全摆脱事务性的工作，主要发挥他们在知识、经验和技能上的优势，重点研究组织在人力资源管理领域中存在的重大问题，从而为人力资源管理职能的战略转型和变革打下良好的基础。这不仅有助于组织的人力资源管理达到战略的高度，同时也有利于增强对高层次人力资源管理专业人员的工作激励。

这种新型的人力资源部门的结构设计方式已经在很多大型企业中得到有效实施。例如，在西门子公司，人力资源管理职能就划分为三类。其一是人力资源战略职能，主要负责与大学的联络、人力资源管理工具的开发等，包括招聘、薪酬福利、领导艺术方面的培训课程、人力资源政策开发、法律事务等。其二是人力资源咨询职能，即由人事顾问向各业务部门的经理和员工提供招聘、雇用以及员工发展方面的咨询。其三是事务性管理职能，主要完成日常工资发放、医疗保险、养老金上缴、档案管理、签证等方面的事务。这种组织结构设计的特点是，将第二种职能当作人力资源管理部门面向公司员工与经理人员的窗口，一个工作人员负责几个部门。第一和第三种职能分别作为两个支柱，给人事顾问以强大的支持。

IBM（国际商业机器公司）的人力资源管理人员也同样划分为三个层次。第一个层次是受过各种训练的人力资源管理多面手，他们负责接听 IBM 公司 70 万名客户打进的电话，回答公司的自动应答系统所不能回答的各种问题。第二个层次是少量受过深度专门培训的专家（如职业安全与健康专家、甄选标准专家等），他们处理人力资源管理多面手不能回答的电话。第三个层次是数量更少的公司高层经营管理人员，他们负责确保人力资源管理实践与公司战略保持一致。

（二）人力资源管理流程再造

所谓流程，就是指一组能够一起为客户创造价值的相互关联的活动进程，它是一个跨部门的业务进程。一个流程就是一组将输入转化为输出的活动进程。显然，流程是一组活动，而非单独的活动，同时，流程是一组以客户为导向创造价值的活动。所谓流程再造，通常也称为业务流程再造，是指对企业的业务流程尤其是关键或核心业务流程进行根本的再思考和彻底的再设计，其目的是使工作流程的效率更高，能够生产出更好的产品或提高服务质量，同时更好地满足客户需求。尽管流程再造常常需要运用信息技术，但信息技术的应用并不是流程再造的一个必要条件。此外，从表面上看，流程再造只是对工作的流程所做的改进，但事实上，流程再造对员工的工作方式和工作技能等都提出了全新的挑战，因此，组织的业务流程再造过程往往需要得到员工的配合并做出相应调整，否则，流程再造很可能会以失败告终。

流程再造的理论与实践起源于 20 世纪 80 年代后期，当时的经营环境是以客户、竞争和快速变化等为特征的，而流程再造正是企业为最大限度地适应这一时期的外部环境变化而实施的管理变革。它是在全面质量管理、精益生产、工作流程管理、工作团队、标杆管理等一系列管理理论和实践的基础上产生的，是发达国家在此前已经运行了一百多年的专业分工细化及组织科层制的一次全面反思和大幅改进。

流程再造可以用于对人力资源管理中的某些具体流程，如招募甄选流程、薪酬调整流程、员工离职手续办理流程等进行审查，也可以用于对某些特定的人力资源管理实践，如绩效管理系统等进行审查，在大量的信息系统运用于组织的人力资源管理实践的情况下，很多组织的人力资源管理流程可能都需要进行优化和重新设计。

在对人力资源管理的相关流程进行再造时，可以由人力资源部门的员工首先对现有的流程进行记录、梳理和研究，然后由公司的高层管理人员、业务部门管理人员以及人力资源专业人员共同探讨，确定哪些流程有改进的必要。在进行人力资源管理流程优化的过程中，很多时候会用到人力资源管理方面的信息技术，大量的人力资源管理软件以及共享数据库的建立等，为人力资源管理的流程再造提供了前所未有的便利。流程再造以及新技术的应用通常会带来书面记录工作简化、多余工作步骤的删减、手工流程的自动化以及人力资源数据共享等多方面的好处，这些都能大大提高人力资源管理工作的效率和有效性，企业不仅可以节约在人力资源管理方面耗费的时间，有时还能降低成本。

IBM 公司的经历就很好地说明了一个组织的人力资源部门怎样能够适应公司的战略，通过流程再造调整自己的职能履行情况，从而不断提升人力资源管理活动的效率，强化其对组织的贡献。

（三）人力资源管理外包

在人力资源管理职能内部进行结构重组和流程再造，是一种从内部来改善人力资源管理职能有效性的方法。除了通过内部的努力来实现人力资源管理职能的优化，近年来，很多企业还在探讨如何通过外包的方式来改善人力资源管理的系统、流程和服务的有效性。所谓外包，通常是指一个组织通过与外部的专业业务承包商签订合同，让他们为组织提供某种产品或者服务，而不是利用自己的员工在本企业内部生产这种产品或服务。

很多组织之所以选择将一些人力资源管理活动或服务外包，主要原因可能有以下四点。第一，与组织成员自己完成这些工作相比，外部的专业化生产或服务提供商能够以更低的成本提供某种产品或服务，从而可以使组织降低生产或管理成本。第二，外部伙伴有能力比自己更有效地完成某项工作。之所以出现这种情况，往往是因为这些外部服务提供者通常是某一方面的专家。由于专业分工的优势，他们能够建立和培育起一整套可以普遍适用于多家企业的综合性专业知识、经验和技能，因而这些外部生产或服务承包商所提供的产品或服务的质量往往也会更高。事实上，很多组织一开始都是出于效率方面的原因才寻求业务外包的。第三，人力资源管理服务外包有助于组织内部的人力资源管理工作者集中精力做好对组织具有战略意义的人力资源管理工作，摆脱日常人力资源管理行政事务的困扰，从而使人力资源管理职能对组织的战略实现做出更大、更显著的贡献，真正进入战略性人力资源管理的层次。第四，有些组织将一些人力资源管理活动外包则是因为组织本身由于规模等方面的原因，根本没有能力自行完成相关的人力资源管理活动。例如，由于组织规模较小，缺乏相关人力资源管理领域的专业人员，只能借助外部的专业化人力资源管理服务机构来提供某些特定的人力资源管理服务，将培训体系的建立、设计及一些培训课程外包给专业培训机构。

那么，哪些人力资源活动可以被外包出去呢？刚开始的时候，企业主要是把人力资源管理中的一些事务性的工作外包出去。例如，招募和甄选的前期工作、一些常规性的培训项目、养老金和福利的管理等。现在，许多传统性活动和一些变革性活动也已经被企业用外包的方式加以处理。有些企业甚至将人力资源管理中 50% ~ 60% 的成本和职责都外包出去，只把招募高层管理人员和大学毕业生的工作及人力资源的战略管理工作留在组织内部来完成。然而，一方面，人力资源管理活动的外包可能会帮助组织节约时间和成本，有利于为组织提供最优的人力资源管理实践，提高组织为员工提供的各种人力资源管理服务的质量，同时还能够使组织将精力集中在自己的核心经营活动上；另一方面，实施外包的很多公司也面临潜在的问题。这主要表现在以下几个方面。

第一，成本节约的情况在短期内可能不会出现。这是因为这些将人力资源业务外包出去的公司不仅要设法处理好与外部伙伴之间的合作关系，同时还要重新思考战略性人力资源管理在公司内部扮演的角色。尽管从理论上讲，将人力资源管理中的一些行政职能外包出去可以将人力资源专业人员的时间解放出来，从而使他们能够将精力集中于战略性人力资源管理活动，但是，企业中现有的人力资源专业人员可能并不具备做出战略贡献的能力。因此，企业还必须在提升现有人力资源专业人员水平方面进行投资。

第二，将人力资源管理业务外包出去的企业可能会对某个单一外部服务提供者产生依赖，这会促使供应商随后提高服务价格。此外，有时处理具体问题，在究竟谁应当占据主导地位方面，原组织与外包商之间也不可避免地会产生一些冲突。

第三，人力资源管理外包可能会向员工发出一个错误的信号，即如果一家公司将太多的人力资源管理职能外包出去，那么，员工可能会认为公司并没有认真对待人的问题。

人力资源管理外包服务的上述潜在问题提醒企业，在实施人力资源管理服务外包时，必须充分考虑外包的成本和收益以及可能出现的各种问题。同时，在选择人力资源管理服务提供商的时候，也要综合考虑其资质、服务能力、业务专长、未来服务的可持续性，并就相关的人力资源数据的保密等问题签订相关协议，以确保组织及员工隐私的安全。

目前，我国出现了一批专业化的人力资源管理外包服务提供商，可以提供从人员招募甄选、员工培训、薪酬福利管理到外派员工管理、劳务派遣、劳动合同管理等各种人力资源管理外包服务，但是各企业的服务水平参差不齐，因此，企业如果决定选择人力资源管理服务外包，应当慎重选择适当的服务提供者。

尽管人力资源管理服务外包有上述潜在问题，但这些问题并没有解决。这种情况提醒组织内部的人力资源管理者必须不断开发战略性人力资源管理方面的技能，如果组织内部人力资源管理长期只能够承担一些行政事务性或初级的服务性工作，那么，将来很可能会因为工作全部被外包出去而撤掉人力资源管理部门。

（四）人力资源管理电子化

在提升人力资源管理的效率和有效性方面，计算机、互联网以及相关的一系列新工具和新技术的出现发挥着非常重要的作用。不仅如此，信息技术的发展还为人力资源管理职能朝战略和服务方向转型提供了极大的便利。从人力资源管理信息技术应用的角度来看，这一转型大体经历了三个阶段：一是人力资源信息系统阶段，二是人力资源管理系统阶段，三是人力资源管理电子化阶段。

1. 人力资源信息系统阶段

人力资源信息系统是一个组织在从事人力资源管理活动的过程中，对员工及其从事的工作等方面的信息进行收集、保存、分析和报告的系统。人力资源信息系统早期主要是对员工个人的基本情况、教育状况、技能、经验、所在岗位、薪酬等级以及家庭住址、紧急联络人等基本信息加以整理和记录的系统，后来在这些基本的人事管理信息模块的基础上，逐渐扩展到出勤记录、薪酬计算、福利管理等基本人力资源管理功能方面。可以说，人力资源信息系统是一个人力资源管理辅助系统和基础性的人力资源管理决策支持系统，它可以随时提供组织的人力资源决策所需要的各项基础数据以及基本的统计分析数据。尽管人力资源信息系统也可以是手工的，如以人工档案系统和索引卡片系统为载体，而不一定要计算机化，但是随着计算机的普及，目前人力资源信息系统基本上都是在电脑上运行的。对于大企业来说，由于员工人数众多，数据量较大，需要的计算、统计和查询的人力资源信息非常多，通过计算机存储和使用人力资源信息更是必然的。在人力资源信息系统中往往有一个关联性数据库，即相关的人力资源信息存储在不同的文件之中，但是这些文件可以通过某些共性要素或字段（如姓名、员工号、身份证号等）连接在一起。例如，员工的个人信息保存在系统的一份文件中，但是薪酬福利信息、培训开发信息却保存在其他文件中，但是可以通过员工的姓名将几份文件中的信息联系在一起，这样就方便在进行人力资源管理活动时随时取用和合并相互独立的员工资料。

2. 人力资源管理系统阶段

人力资源管理系统是在人力资源信息系统上进一步发展而来的，这种系统在传统的人事信息管理模块、员工考勤模块以及薪酬福利管理模块等一般性人力资源管理事务处理系统的基础上不断扩展，进一步增加了职位管理系统、员工招募甄选系统、培训管理系统、绩效管理系统、员工职业生涯规划系统等几乎人力资源管理的所有职能模块。此外，人力资源管理系统以互联网为依托，属于互联网时代的人力资源管理信息系统，它从科学的人力资源管理角度出发，从企业的人力资源规划开始，一般包括个人基本信息、招募甄选、职位管理、培训开发、绩效管理、薪酬福利管理、休假管理、入职离职管理等基本的人力资源管理内容。它能够使组织的人力资源管理人员从烦琐的日常工作中解脱出来，将精力放在更加富有挑战性和创造性的人力资源管理活动上，如分析、规划、员工激励以及战略执行等工作领域。

概括来说，人力资源管理系统在人力资源信息系统的日常人力资源管理事务处理功能之外，增加了决策支持系统和专家系统。首先，日常事务处理系统主要提供在审查和记录人力资源管理决策与实践时需要用到的一些计算和运算，其中包括对员工工作地点的调整、培训经费的使用、课程注册等的记录以及填写各种标准化的报告。其次，决策支持系统主要用来帮助管理人员对相对复杂的人力资源管理问题提出解决方案。这种系统中常常包括一些"如果……"的字句，它使得该系统的使用者可以看到，一旦假设或数据发生了改变，结果将会出现怎样的变化。举例来说，当企业需要根据不同的人员流动率或劳动力市场上某种类型的劳动力的供给量来决定需要雇用多少位新员工时，决策支持系统就能够给企业提供很大的帮助。最后，专家系统是整合某一领域中具有较丰富专业知识和经验的人所遵循的决策规则而形成的计算机系统。这一系统能够根据使用者提供的信息向他们提出比较具体的行动建议。而该系统所提供的行动建议往往都是现实中的人力资源专家在类似的情形下可能会采取的行动。例如，在与一位员工进行绩效面谈时，如果员工情绪激动或者不认可领导做出的绩效评价结果，则主持面谈的管理者应当采取何种行动。

3. 人力资源管理电子化阶段

电子化人力资源管理，是指基于先进的软件、网络新技术和高速且大容量的硬件，借助集中式的信息库、自动处理信息、员工自助服务及服务共享实施人力资源管理的一种新型人力资源管理实践，它通常能起到降低成本、提高效率以及改进员工服务模式的作用。概括地说，电子化人力资源管理实际上是一种电子商务时代的人力资源管理综合解决方案，它包含"电子商务""互联网""人力资源管理业务流程再造""以客户为导向""全面人力资源管理"等核心理念，综合利用互动式语音技术、国际互联网、客户服务器系统、关联型数据库、成像技术、专业软件开发、可读光盘存储器技术、激光视盘技术、呼叫中心、多媒体和各种终端设备等信息手段和信息技术，极大地方便了组织人力资源管理工作的开展，同时为各级管理者和广大员工参与人力资源管理工作以及享受人力资源服务提供了很大的便利。显然人力资源信息系统、人力资源管理系统都只是电子化人力资源管理得以实现和运行的软件平台和信息平台之一。这些平台在集成之后，以门户的形式表现出来，再加上外部人力资源服务提供商，共同构成了一个电子商务网络，如电子化学习系统、电子化招募系统、在线甄选系统、在线人力资源开发系统、在线薪酬管理系统等。

总的来说，电子化人力资源管理可以给组织带来以下四个方面的好处。

　　第一，提高人力资源管理的效率以及节约管理成本。相比传统手工操作的人力资源管理，电子化人力资源管理的效率显然要高得多。由于电子化人力资源管理是一种基于互联网和内联网的人力资源管理系统，公司的各种政策、制度、通知等可以通过这个渠道来发布，很多日常人力资源管理事务，如薪酬的计算与发放、所得税的扣缴以及各种人力资源报表的制作等，都可以自动完成，并且员工和各级管理人员也可以通过系统自主查询自己需要的各种人力资源信息，或者自行注册自己希望得到的各种人力资源服务（如希望参与的培训项目或希望享受的福利计划等），因此，组织实施人力资源管理活动以及提供人力资源服务的速度得以加快，效率得以大大提升。与此同时，人力资源管理活动或服务所占用的组织人员数量和工作时间则相应地大幅减少，管理成本大幅降低，尤其是对那些员工分散在世界各地的国际化企业来说更是如此。

　　第二，提高人力资源管理活动的标准化和规范化水平。由于电子化人力资源管理通常是对数据进行集中式管理，将统一的数据库放在客户服务器上，然后通过全面的网络工作模式实现信息全面共享，这样，得到授权的客户都可以随时随地接触和调用数据库中的信息。此外，在电子化人力资源管理中，很多人力资源管理实践都是建立在标准的业务流程基础之上的，它要求使用者的个人习惯服从于组织的统一管理规范，这对实现人力资源管理行为的一致性是非常有价值的。这种信息存储和使用模式就使得人力资源管理活动和服务可以跨时间、跨地域实现，能够确保整个组织的人力资源管理信息和人力资源管理过程的规范性、统一性、一致性，同时也提升了人力资源管理工作的透明度和客观性，有助于避免组织因为人力资源管理事务处理的过程不一致或者其他个人的因素掺入其中而陷入法律诉讼，从而确保员工受到公平对待，提升员工的组织承诺度和工作满意度。

　　第三，彻底改变人力资源部门和人力资源专业人员的工作重心。在传统的人力资源管理方式下，人力资源部门和人力资源专业人员大量从事的是行政事务性工作，其次是职能管理类工作，而在战略性工作方面花费的时间很少，在电子化人力资源管理的环境下，人力资源专业人员所从事的主要工作就是帮助企业在人员管理上提供管理咨询服务，行政事务性工作被电子化、自动化的管理流程大量取代，甚至过去需要完成的大量数据维护工作，也可以逐渐由直线经理与员工自己分散完成，这样，人力资源管理工作的效率就会明显提高。因此，电子化人力资源管理积极推动了人力资源职能的变革进程，它使人力资源部门和人力资源专业人员能够真正从烦琐的日常行政事务中解脱出来，同时使他们从简单的人力资源信息和日常性人力资源服务的提供者转变为人力资源管理的知识和解决方案的提供者，能够随时随地为领导层和管理层提供决策支持，促使他们真正对组织最为稀缺的战略性资源即各类人才给予更为全面的关注。由于电子化人力资源管理能够为人力资源管理专家提供有力的分析工具和可行的建议，帮助人力资源部门建立积累知识和管理经验的体系，所以它还有助于提升人力资源部门和人力资源专业人员的专业能力和战略层次，提高他们为组织做出贡献的能力，这不仅有助于其他组织成员对人力资源专业人员的重视，而且有助于人力资源部门名副其实地扮演组织战略伙伴的角色。

第四，强化领导者和各级管理者的人力资源管理责任，促进对组织人力资源管理活动的全员参与。首先，电子化人力资源管理带来的另一个变化是，随着人力资源管理过程的标准化、简便化以及决策支持力度的增强，除了人力资源管理体系的建立，人力资源管理活动的规划，对整个组织的人力资源管理过程的监控，人力资源管理结果的汇总、分析，以及电子化人力资源管理平台的搭建等工作仍然需要人力资源部门来统一完成，具体人力资源管理活动将会越来越多地委托给直线经理来完成。直线经理在授权范围内可在线查看所有下属员工的相关人事信息，更改员工的考勤信息，向人力资源部提交招聘或培训等方面的计划，对员工提出的转正、培训、请假、休假、离职等流程进行审批，并且能够以在线方式对员工的绩效计划、绩效执行以及绩效评价和改进等绩效管理过程加以管理。其次，电子化人力资源管理也会成为组织领导者对重要的人力资源信息和人力资源指标变化情况进行查询、展示以及做出相关决策的支持平台。领导者不仅可以通过电子化人力资源管理平台直接在网上（在离开办公室的情况下甚至可以利用智能手机）进行相关人力资源事务的处理，而且可以在不依赖人力资源部门的情况下，自助式地获知组织的人力资源状况并且对其进行实时监控。同时，电子化人力资源管理平台也有助于他们获得做出决策所需要的各项人力资源指标变动情况等方面的信息，从而使领导者和管理者越来越直接地参与到人力资源管理的各项决策和政策的实施过程之中。最后，员工也可以利用电子化人力资源管理平台，通过在线的方式查看组织制定的各项规章制度、组织结构、岗位职责、业务流程、内部招募公告、员工的各种人事信息、薪酬的历史与现状、福利申请及享受情况、考勤休假情况、注册或参加的组织内部培训课程、提交的请假或休假申请等。此外，员工还可以在得到授权的情况下自行修改某些个人信息数据，填报个人绩效计划及绩效总结，还可以与人力资源部门进行电子方式的沟通和交流等。

第三节　信息时代人力资源管理模式发展与创新

一、人力资源在网络经济中的作用与影响

任何企业都拥有三种基本资源，即物力资源、财力资源和人力资源。

对于企业来说，物力资源和财力资源是企业的有形资源，是衡量企业的重要尺度，但二者都具有有限性；而人力资源正好与之相反，它是一种无形资源，具有相对无限性，是可再生资源。企业可以通过教育、培训和开发等活动提高人力资源的品质，增加人力资源的数量，用人力资源代替非人力资源，从而减轻企业发展过程中非人力资源稀缺的压力。同时，企业为提高产品质量、降低成本和在市场上占据优势，纷纷改进工艺，运用先进机器设备，而这些又需要高素质的人力资源来完成。所以，人力资源开发的好坏，在很大程度上决定了企业的兴衰。

二、网络对人力资源开发与管理的影响

（一）网络对人力资源组织的影响

在传统的金字塔式组织结构中，强调命令、控制以及清晰地描述员工的任务，因此，组织对员工的期望是明确的，员工的晋升路线也是垂直的。晋升意味着责任的增加、地位的提高和更高的报酬，人力资源管理的全部信息都集中在组织的最高管理层。

网络时代，由于信息沟通及处理的便捷性，公司的管理层次将大大减少，所以，扁平式、矩阵式、网络状的结构将变成多数公司的组织架构模式。项目管理小组和在线合作将成为工作中最常见，也最有效的一种方式。组织将鼓励员工扩大自己的工作内容，提高员工的通用性和灵活性。正如 GE 的

前任 CEO 杰克·韦尔奇所说，确保组织在未来成功的关键，在于有合适的人去解决最重要的业务问题，无论他处在企业的哪一个等级和组织的何种职位，也无论他身处世界的任何角落。

（二）网络对人力资源管理各职能的影响

1. 网络对绩效评估的影响

网络将遥远的距离拉近，主管可以很快看到来自各地的每个下属定期递交的工作反馈。员工考核及述职也可以在网络中实现。员工的工作地点已经不是很重要了，只要具备工作条件，他只需按计划去完成工作就可以了，员工的满意度将大大提高。

在线评估系统实时录入公司所有员工的评估资料，其强大的后台处理功能将出具各种分析报告，为公司的管理改进提供及时的依据。对于评估结果，系统自动根据权重改进评分进行统计，并将结果与薪酬以及人才培养计划挂钩。

2. 网络对员工培训的影响

网络时代，员工培训的形式更加多样化，已经不再是简单的"我说你听"。网络资源极其丰富，鼓励员工充分利用网络资源进行岗位培训，成为许多公司的一个培训方向。通过网络的形式进行员工培训，企业不单可以提高效率，更可以节约成本。企业的人才培训可以请专家来公司讲课，也可以让员工脱产外出学习，但这两种方法都是小范围的，而且费用较高，因此仅适用于公司高层人员；对于基层人员的培训，因人员较多，如仍采用上述方法，相应的费用较高，但以网络为基础的虚拟学习中心可以大大节约费用。通过开发远程教育系统，人力资源部门可以选择最好的、性价比最高的培训公司实施培训。

三、网络化人力资源实践

人力资源管理职能在下面几个领域可以采用网络化管理方式。

（一）网络化招聘

与传统的招聘方式相比，网络化招聘的优势十分明显，其优势集中表现在以下几个方面。

1. 扩大了招聘范围

互联网的全球性、交互性、实时性的特点，使企业有可能在世界上任何一台计算机终端上找到其潜在的合格人选。

2.增强了招聘信息的时效性

企业可以全天候地向潜在的应聘者发出招聘信息，而应聘者也可以随时随地与招聘企业联系，同时，企业可以根据需要及时更新招聘岗位，传递最新信息。

3.降低了招聘成本

网络化招聘不受时间、地域、场所等条件的限制，供需双方足不出户即可进行直接交流。这样既可以节约传统招聘活动中的各项开支，又可以节省人力资源管理部门的精力和时间，企业还不必向"猎头公司"等中介组织支付高昂的服务费用。

（二）网络化沟通

网络使企业的信息沟通更为快捷、广泛、有效，企业内部的信息交流、情感融合也更为通畅。组织可以在内部网上贴出各方面的情况介绍，还可以建立员工的个人主页，开设论坛、聊天室、建议区、公告区以及企业各管理层的公共邮箱。

网络化沟通方式有助于克服人际沟通过程中的一些人为障碍，使企业的上行、下行及横向沟通更为通畅，为企业员工参与管理、反映问题、发表评论和提出建议提供了更为方便的渠道和途径。这样的沟通方式有利于企业良好心理氛围的建立，有利于员工创造性、自主性、责任感以及自我意识的提高，有利于员工工作生活质量的提高。

（三）网络化绩效考核

网络化绩效考核在一定程度上可以克服人际知觉和判断上的偏差。它可以远距离进行工作实绩和工作情况的客观评价，避免了人与人之间的心理影响，减少了考核中的主观因素，这对建立规范化和定量化的员工绩效评价体系，以代替以经验判断为主体的绩效考评手段有很大的作用，能使员工绩效考评更为公正、合理、科学。

参考文献

[1] 刘娜欣 . 人力资源管理 [M]. 北京：北京理工大学出版社，2018.

[2] 陈伟 . 腾讯人力资源管理 [M]. 苏州：古吴轩出版社，2018.

[3] 奚昕，谢方 . 人力资源管理（第 2 版）[M]. 合肥：安徽大学出版社，2018.

[4] 欧阳远晃，王子涵，熊晶远 . 现代人力资源管理 [M]. 长沙：湖南师范大学出版社，2018.

[5] 林忠，金延平 . 人力资源管理（第 5 版）[M]. 沈阳：东北财经大学出版社，2018.

[6] 张同全 . 人力资源管理 [M]. 沈阳：东北财经大学出版社，2018.

[7]（英）汤姆·雷德曼（Tom Redman），（澳）阿德里安·威尔金森（Adrian Wilkinson）. 当代人力资源管理 [M]. 沈阳：东北财经大学出版社，2018.

[8] 吕菊芳 . 人力资源管理 [M]. 武汉：武汉大学出版社，2018.

[9] 游富相，余宜娴，宋丹莉，等 . 酒店人力资源管理 [M]. 杭州：浙江大学出版社，2018.

[10] 杨阳 .EXCEL 人力资源管理 [M]. 天津：天津科学技术出版社，2018.

[11] 曹科岩 . 人力资源管理 [M]. 北京：商务印书馆，2019.

[12] 刘燕，曹会勇 . 人力资源管理 [M]. 北京：北京理工大学出版社，2019.

[13] 祁雄，刘雪飞，肖东，等 . 人力资源管理实务 [M]. 北京：北京理工大学出版社，2019.

[14] 陈锡萍，梁建业，吴昭贤 . 人力资源管理实务 [M]. 北京：中国商务出版社，2019.

[15] 田斌.人力资源管理 [M].成都：西南交通大学出版社，2019.

[16] 蔡黛沙，袁东兵，高胜寒.人力资源管理 [M].北京：国家行政学院出版社，2019.

[17] 何伉.人力资源法务指南 [M].上海：上海社会科学院出版社，2019.

[18] 李志.公共部门人力资源管理 [M].重庆：重庆大学出版社，2019.

[19] 徐艳辉，全毅文，田芳.商业环境与人力资源管理 [M].长春：吉林大学出版社，2019.

[20] 薛维娜.医疗机构人力资源管理理论与实践 [M].延吉：延边大学出版社，2019.

[21] 赵继新，魏秀丽，郑强国.人力资源管理 [M].北京：北京交通大学出版社，2020.

[22] 黄铮.一本书读懂人力资源管理 [M].北京：中国经济出版社，2020.

[23] 王文军.人力资源培训与开发 [M].长春：吉林科学技术出版社，2020.

[24] 杨丽君，陈佳.人力资源管理实践教程 [M].北京：北京理工大学出版社，2020.

[25] 曹锋，赵秀荣.人力资源高手实战笔记 [M].北京：中国友谊出版公司，2020.

[26] 杨宗岳，吴明春.人力资源管理必备制度与表格典范 [M].北京：企业管理出版社，2020.

[27] 温晶媛，李娟，周苑.人力资源管理及企业创新研究 [M].长春：吉林人民出版社，2020.

[28] 巴杰.软件可靠性分配与人力资源调度方法 [M].北京：中国宇航出版社，2020.

[29] 叶云霞.高校人力资源管理与服务研究 [M].长春：吉林大学出版社，2020.

[30] 张绍泽.人力资源管理六大模块实操全案 [M].北京：中国铁道出版社，2020.